Du hast das nicht, was andre haben,
Und andern mangeln deine Gaben;
Aus dieser Unvollkommenheit
Entspringet die Geselligkeit.

GELLERT

1

»Ich brauch' Tapetenwechsel, sprach die Birke...«, schmetterte mein Gatte und bemühte sich erfolgreich, das Röhren des defekten Rasierapparats zu übertönen. »Was hältst du davon?«

»Bei der Knef klingt es besser!«

Rolf singt ebenso gerne wie falsch, am liebsten im Bad, und dort meistens beim Rasieren. Wenn die Arien abrupt abbrechen, weiß ich, daß er gerade die Mundpartie schabt.

»Ich meine doch nicht meinen gutturalen Bariton«, korrigierte er mich, »ich spreche vom Text.«

»Na ja, von Birke kann ja wohl nicht mehr die Rede sein, eher von deutscher Eiche!«

Den Mann, den ich vor knapp sieben Jahren geheiratet hatte, sah zwar immer noch gut aus, und graue Schläfen wirken bei Männern bekanntlich sehr dekorativ (bei Frauen spricht man in diesem Fall von Alterserscheinungen), aber die einstmals sportlich-schlanke Figur war dem gewichen, was man so schön als männlich-kraftvoll bezeichnet. In Gegenwart von Damen, hauptsächlich jüngeren, pflegt Rolf denn auch immer den Bauch einzuziehen, was die jeweiligen Unterhaltungen in der Regel auf ein Mindestmaß beschränkt. Gelegentlich muß man ja mal wieder richtig durchatmen können!

Mein Gatte hatte seine Morgentoilette beendet und nahm den Faden wieder auf: »Was hältst du nun wirklich von einem Tapetenwechsel?«

»Nicht schon wieder die Maler!« jammerte ich, weise geworden durch die Erfahrung, daß Rolfs Aktivitäten sich darin erschöpften, Tapeten oder Kacheln auszusuchen, einen

Kasten Bier zu holen und sich mit den Vertretern der handwerklichen Zünfte über die politische Lage zu unterhalten. Da die Gesprächspartner selten einer Meinung sind und eben diese gründlich ausdiskutiert werden muß, stimmen hinterher weder Kostenvoranschläge noch Termine. Alles dauert länger, und alles wird teurer als vorgesehen.

»Ich rede nicht von Malern! Ich rede von einem Umzug!« Rolf zupfte vor dem Spiegel ein letztes Mal die Krawatte zurecht, klopfte mir gönnerhaft auf die Schulter und griff nach den Autoschlüsseln, die aus dem Zahnputzbecher hingen. »Wir sprechen heute abend darüber. Jetzt muß ich weg! Tschüß!«

»Aber wieso...?«

Die Wohnungstür schlug zu. »Ich brauch' Tapetenwechsel...«, klang es aus dem Treppenhaus.

Ich nicht!

Während ich das Bad aufräumte, überlegte ich, was Rolf wohl mit »Umzug« gemeint haben könnte. Er hatte zwar schon des öfteren den Wunsch geäußert, sein Arbeitszimmer in das jetzige Schlafzimmer zu verlegen, weil ihn die Trauerweide vor dem Fenster angeblich immer dann in elegische Stimmung versetzte, wenn er optimistische Werbetexte zu schreiben hatte, aber bisher hatte ich ihm diese innenarchitektonischen Pläne jedesmal ausreden können. Nun war's offenbar mal wieder soweit, und ich überlegte mir neue Gegenargumente. Das Schlafzimmer lag nach hinten raus, und zumindest nachts hörte man kaum etwas. Tagsüber pflegten allerdings meine Nachbarinnen von Fenster zu Fenster die Tagesneuigkeiten auszutauschen, und da es in einer Großstadt wie Düsseldorf viele gibt, dauerten diese Unterhaltungen manchmal stundenlang. Nur im Winter wurden sie im Telegrammstil geführt. Jetzt hatten wir Juni. Aber notfalls konnte man ja das Fenster schließen.

Irgendwo klirrte etwas.

»Is nich schlimm, Mami!« tönte es aus dem Hintergrund.

»Sascha hat bloß mit der Lokomotive die Lampe getroffen. Die is aber nur ein ganz kleines bißchen kaputt!«

Ich raste ins Kinderzimmer. Sascha strahlte mich an. »Hat bum demacht!«

»Das ist jetzt die dritte Lampe, die auf dein Konto geht! Nun reicht es!«

»Für einen Dreijährigen kann der schon ganz prima zielen!« Sven betrachtete seinen Bruder mit sichtbarem Wohlwollen.

»Hättest du ihm die Lok nicht vorher wegnehmen können?«

»Dann hätte er gebrüllt, und dann hätte die olle Schmidt von unten wieder gemeckert. Und du hast selbst gesagt, wir sollen nich so'n Krach machen!«

»Ach, und wenn ihr mit Holzeisenbahnen werft, macht das keinen Krach?«

»Jedenfalls nich so lange. Aber wenn Sascha erst mal schreit...« Quasi als Antwort hörten wir energisches Klopfen gegen den Fußboden.

»Das is aber anders als sonst«, konstatierte Sven. »Vielleicht is ihr Besen nu kaputt!«

Frau Schmidt war Oberstudienratswitwe ohne Kinder, aber mit Migräne, die immer dann auftrat, wenn es regnete und unser temperamentvoller Nachwuchs im Zimmer spielen mußte.

»Frau Schmidt ist krank«, erklärte ich Sven zum fünfzigstenmal.

»Frau Schmidt ist doof?« erwiderte er mit der Konsequenz eines Fünfjährigen, für den es keine Alternative zu doof oder nicht doof gibt.

Ein eigenes Haus sollte man haben, grübelte ich, mit Garten drumherum, den nächsten Nachbarn fünfhundert Meter weit weg, und wenn er außerdem noch schwerhörig wäre, würde das auch kein Fehler sein. Man sollte im Lotto gewinnen oder wenigstens einen reichen Vater haben. Ein Erbonkel täte es auch, aber ich habe ja nicht mal einen ganz gewöhnlichen. Lotto spielen wir auch nicht – wo sollte also das Geld für ein Eigenheim herkommen?

Rolf verdiente zwar als Werbeberater nicht nur die Brötchen, sondern auch noch die Butter dazu, aber andererseits bewies er auch die Richtigkeit jener Statistiken, nach denen die Durchschnittsfamilie mehr ausgeben könnte, als sie einnimmt – und das zumeist auch tut. Wir würden also vorläufig in unserer Vierzimmerwohnung bleiben, Frau Schmidt weiter ertragen und unsere Kinder zum Flüstern erziehen müssen, was zumindest bei Sascha ein aussichtsloses Unterfangen wäre. Er redete sehr viel. Und sehr laut. Und wenn man nicht sofort antwortete, brüllte er. Nach Rolfs Ansicht war er prädestiniert für eine Offizierslaufbahn bei der Bundeswehr.

Rolfs anfängliche Begeisterung für seine Rolle als Vater zweier Söhne war im Laufe der letzten Jahre merklich geschwunden. Seinen Erstgeborenen hatte er noch stolz im Kinderwagen spazierengefahren, hatte ihn gebadet und angezogen (»Ist doch ganz einfach! Sieh zu, daß du einen Knopf zu fassen bekommst, und warte dann, bis das Knopfloch erscheint!«), den ersten Zahn in Postkartengröße fotografiert und mit mir gewettet, daß Svens erstes Wort »Papa« und nicht etwa »Mama« sein würde (es war »Auto«). Er hatte die ersten Gehversuche seines Sohnes überwacht, freiwillig auf die Skatrunde verzichtet, um Svens Dreirad zu reparieren, und sämtliche Spielwarenverkäufer zur Verzweiflung getrieben. »Lehrreich? Was lehrt es denn, außer daß man heute für zehn Mark nicht viel bekommt!«

Als Sascha geboren wurde, entdeckte Rolf plötzlich, daß Brutpflege wohl doch eine überwiegend weibliche Tätigkeit sei und er außerdem genug damit zu tun habe, eben diese Brut zu ernähren. Das hinderte ihn aber nicht, stolz von »meinen Söhnen« zu reden, wenn sie von Gelegenheitsbesuchern bewundert wurden, und sie als »deine Bengels« zu apostrophieren, sobald sich Frau Schmidt wieder einmal lautstark bei ihm beschwert hatte.

Am Abend dieses Tages hießen sie ausnahmsweise einmal »unsere Kinder«.

»In einem Fünf-Familien-Haus können sich unsere Kinder wirklich nicht richtig entwickeln. Sie brauchen Freiraum, und sie brauchen die Möglichkeit, sich individuell zu entfalten«, dozierte Rolf, der sein vorangegangenes Lamento wegen der demolierten Lampe offenbar schon wieder vergessen hatte. Da war von »hemmungslosem Zerstörungstrieb« die Rede gewesen und nicht von Individualismus.

»Was hältst du von einem Umzug nach außerhalb? Ich habe da etwas an der Hand. Reihenhaus in einer Neubausiedlung am Stadtrand.«

»Am Stadtrand von Düsseldorf?« fragte ich verblüfft, denn diese Gegenden waren dem Geldadel vorbehalten und fest in Industriellenhand.

»Natürlich nicht«, dämpfte Rolf meinen Optimismus, »aber gar nicht so weit weg davon. Der Ort heißt Monlingen und liegt an der Strecke nach Opladen.«

»Aha! Und wo liegt Opladen?«

»In Richtung... Du hast aber von Heimatkunde auch nicht die geringste Ahnung!« Rolf erhob sich kopfschüttelnd und suchte im Bücherschrank nach dem Autoatlas. Er schlug eine schon etwas zerknitterte Seite auf und wies mit dem Finger auf ein winziges Pünktchen. »Das ist Monlingen. Und etwa hier« – der Finger wanderte noch einen Zentimeter westwärts – »steht die Reihenhaussiedlung.«

»Also so eine Art Grüne-Witwen-Getto?«

»Blödsinn! Eine ganz normale Neubausiedlung mitten im Grünen.«

»Wie grün?«

»Was soll das heißen, wie grün? Vermutlich mit Büschen und Bäumen, weil die Gärten noch nicht angelegt sind.«

»Auf gut deutsch heißt das also, du hast dieses Dorado noch gar nicht gesehen?«

»Nur auf dem Bauplan, aber es ist genau das, was wir

brauchen!« Nun gehen unsere Meinungen über »das, was wir brauchen«, meist ziemlich auseinander. Als wir unsere erste Polstergarnitur kauften, begeisterte Rolf sich für sandfarbenen Velours, während ich für dunkelbraunes Leder plädierte. Sven war damals gerade ein Jahr alt!

Steht die Anschaffung eines Schrankes zur Debatte, entscheidet Rolf sich garantiert für eine Konstruktion aus einzelnen Teakholzbrettern, worin außer Büchern noch drei enggefaltete Tischdecken und notfalls ein halbes Dutzend Weingläser Platz haben – nicht gerechnet die zahllosen Schlingpflanzen, die dieses Möbel im Prospekt so dekorativ machen. Ich suche aber nach Schubladen, verschließbaren Türen sowie nach unsichtbaren Ablagemöglichkeiten für Streichholzschachteln, Matchboxautos und Bügelwäsche.

Von einem idealen Haus erwartete ich denn auch schalldichte Wände, eine gefederte Treppe, die unseren derzeitigen Verbrauch an Heftpflastern etwas reduzieren würde, ein Kinderzimmer mit den Ausmaßen eines Tennisplatzes und einen Garten mit künstlichem Rasen, den man weder zu sprengen noch zu mähen braucht und der keine ungenießbaren Pflanzen hervorbringen könnte, für die Kleinkinder eine unbegreifliche Vorliebe haben.

Rolfs Vorstellungen von den eigenen vier Wänden waren natürlich etwas anders. Er träumte von einem schneeweißen Bungalow mit rustikalem Kamin (den *ich* natürlich würde säubern müssen), einem elfenbeinfarbenen Flügel im Wohnraum (immerhin hatte er es im Klavierunterricht seinerzeit schon bis zu Beethoven-Sonaten gebracht) und einem Garten, in dem hundertjährige Buchen stehen müßten. Vielleicht sollten es auch Birken sein, das weiß ich nicht mehr, auf jeden Fall müßten sie rauschen.

Nun pflegen speziell in Neubaugebieten keine alten Bäume zu stehen. Etwa vorhandene werden vor Baubeginn entfernt, damit die Bagger Platz haben, und später pflanzt man anderthalb Meter hohe Stämmchen, die aber auch nicht hundert Jahre alt werden, weil sie nach spätestens einem Dutzend Jahren einer Straßenbegradigung oder einem Parkplatz weichen müssen.

»Am besten sehen wir uns die ganze Sache morgen mal an!« beendete Rolf die noch gar nicht richtig begonnene Debatte und wich damit auch allen weiterführenden Fragen aus. Aber was interessierte es ihn schon, ob ich die täglichen Einkäufe zwei oder fünf Kilometer weit würde heranschleppen müssen, ob es in erreichbarer Nähe so segensreiche Institutionen wie Kindergarten und Schule gab, ob man außer in der hoffentlich vorhandenen Wanne auch noch woanders würde baden können, ob Arzt, Friseur und Feuerwehr am Ort... Und wer sollte dieses Haus eigentlich bezahlen???

»Nicht kaufen, nur mieten«, beruhigte mich Rolf und vertiefte sich in die Wochenendausgabe der Tageszeitung, wobei er der Sonderbeilage »Haus und Garten« eine bisher nie gezeigte Aufmerksamkeit widmete. »Hast du gewußt, daß man Radieschen bis zum Spätherbst ernten kann?«

Monlingen war damals, also vor etwa zwanzig Jahren, ein kleines Städtchen, das von den Segnungen der Zivilisation noch weitgehend verschont geblieben war. Es gab keine Hochhäuser, keine Schnellstraße, keine Mülldeponie und nicht mal eine Verkehrsampel. Geschäftsleute wohnten über ihren Läden und waren selten ungehalten, wenn man noch nach Ladenschluß angerannt kam, weil kein Brot mehr im Haus war oder man die Butter vergessen hatte. Es gab eine gemütliche Kneipe, deren Wirt die Polizeistunde insofern beachtete, als er die Fensterläden schloß, das Licht abschaltete und auf die meist noch vollbesetzten Tische Kerzen stellte. An die Tür hängte er ein schon etwas abgegriffenes Schild mit der Aufschrift »Geschlossene Gesellschaft«, womit den gesetzlichen Anordnungen Genüge getan war. Der eine ortsansässige Friseur, Schmitz, hatte sein Handwerk erlernt, als die Herren einen militärisch-kurzen Schnitt, die Damen überwiegend Treppchen in die Haare onduliert bekamen, und da er es ablehnte, »dieses ganze chemische Zeugs, wo man nich weiß, was drin ist«, zu benutzen, lief zumindest die ältere Generation Monlingens mit Frisuren von Anno 1936 herum. Die Jüngeren gingen lieber zu Angelo, der eigentlich Arthur hieß, aber zwei Jahre lang in Turin Damenköpfe frisiert hatte und seitdem nur noch gebrochen Deutsch sprach. Außerdem nannte er sich Coiffeur, was nun wesentlich moderner klang als Herrn Schmitz »Damen- und Herren-Salon«.

Es gab eine Mangelstube, die eine füllige Matrone namens Adelmarie Köntgen befehligte und wo man neben schrankfertiger Wäsche auch sämtliche Neuigkeiten geliefert bekam. Es gab nichts, was Adelmarie nicht wußte, und der Fama zufolge soll sie sogar einmal einem ratlosen Abgesandten des Jugendamts geholfen haben, den unbekannten Vater von Fräulein Sigrids Baby ausfindig zu machen. Der allgemeine Konkurrenzkampf und die damit verbundene Preissenkung von Waschmaschinen setzte Adelmaries Mangelstube ein jähes Ende, aber nach vorübergehender Schließung des Etablissements eröffnete sie in denselben beiden Räumen eine Änderungsschneiderei. Adelmarie stellte zwei Hilfskräfte ein, die in den Nachbarorten wohnten und den Zustrom von Informationen wesentlich vergrößerten.

Natürlich gab es auch eine Schule in Monlingen, deren Rektor im Gemeinderat saß, so daß er sich alle Anforderungen gleich selbst bewilligen konnte. Nur einen Kindergarten gab es nicht, dafür aber auch kein Altersheim, was die Schlußfolgerung nahelegte, daß Großmütter und -tanten im Familienverband lebten, den Nachwuchs betreuten und somit dem Kindergarten die Grundlage entzogen.

Aber das alles wußte ich noch nicht, als wir durch die Monlinger Kopfsteinpflasterstraßen fuhren und vergebens nach dem Wiesengrund suchten. Wir hatten schon eine Schachtelhalmstraße überquert und einen Sumpfdotterweg, waren versehentlich in die Ringelblumenzeile eingebogen und vermuteten mit einiger Berechtigung, nun auch irgendwo auf den Wiesengrund zu stoßen. Fehlschluß! Eine Dame mit Hund, hinten Dackel, vorne Boxer, klärte uns auf:

»Dat is hier janz falsch! Dä Wiesengrund liecht da draußen« – sie deutete auf eine entfernte Wiese, wo tatsächlich noch Kühe weideten – »noch hinter dä Köbes seine Scheune. Wenn die Straße zu Ende is un dä Schotter anfängt.«

Also fuhren wir die Straße weiter, und als sie aufhörte, begann ein glitschiger Lehmweg, auf dem ein paar zerbrochene Ziegelsteine und leere Zementsäcke lagen.

»Der Schotter!« vermutete ich. »Sieh mal, da liegt noch welcher!« Rolf knurrte Unverständliches, krampfhaft bemüht, in der Mitte dieses Lehmweges zu bleiben. Bei einem eventuellen Abweichen würden wir hoffnungslos steckenbleiben.

»Immerhin wird ja dran gebaut.« Er wies auf eine leere Teertonne, die umgekippt in einer Pfütze schwamm.

»Wer weiß, wie die hierhergekommen ist. Sie sieht aus, als ob sie schon dreimal überwintert hat.«

Weitere Anzeichen von Straßenbau gab es nicht. Dafür tauchten die ersten Häuser auf. Ein bißchen schmalbrüstig drängten sie sich aneinander, als ob sie in dieser Einöde gegenseitig Schutz suchten.

Jeweils drei Häuser bildeten eine Einheit, dann kam ein asphaltierter Zwischenraum, und daran schlossen sich die anderen drei Häuser an. Die nächste Häuserzeile stand etwa vierzig Meter hinter der ersten, genau parallel, was ein bißchen monoton wirkte, aber vermutlich lange Rechnereien erspart hatte. Wenn man die zweite Häuserreihe etwas nach rechts versetzt hätte und die nächste noch ein bißchen... aber was soll's, ich bin kein Architekt, und außerdem standen sie ja schon. Zumindest die ersten zwölf Häuser. Von den restlichen sechs sahen wir im Augenblick lediglich die Grundmauern.

»Da wohnen ja schon Leute drin«, wunderte ich mich, als

Rolf endlich einen halbwegs festen Ankerplatz gefunden hatte und den Motor abstellte. An den Fenstern von Nr. 1 hingen Gardinen, in Nr. 2 hing etwas, das entfernte Ähnlichkeit mit Bettlaken hatte, Nr. 3 zeigte gerafften Tüll, Nr. 4 und Nr. 5 waren offensichtlich unbewohnt, und in Nr. 6 waren sämtliche Fenster mit etwas Gelbem verhüllt. Ein Schild, zwei Meter davor in den Boden gerammt, besagte, daß es sich um das Musterhaus handele und man es jeweils an den Wochenenden zwischen 12 und 17 Uhr besichtigen könne.

Ich machte meinen Gatten darauf aufmerksam, daß es jetzt zehn Uhr und außerdem Mittwoch sei.

»Betrifft uns nicht«, sagte der, watete auf Zehenspitzen durch eine Schlammkuhle und steuerte das Haus Nr. 1 an. »Nun komm doch endlich!«

Das galt mir. Ich öffnete die Wagentür, stieg aus und stand bis zu den Knöcheln im Wasser. »Hiiilfe!«

Rolf drehte sich um. »Du hättest lieber auf der anderen Seite aussteigen sollen!« bemerkte er ganz richtig, machte aber nicht die geringsten Anstalten, wieder zurückzukommen. Hatte er nicht mal versprochen, mich auf Händen zu tragen?

Also fischte ich meine Schuhe aus der Lehmbrühe und beeilte mich, meinem Herrn und Gebieter zu folgen. Der hatte inzwischen das rettende Ufer in Gestalt einer dreistufigen Treppe erreicht und bemühte sich vergebens, die zentimeterdicke Lehmschicht von seinen Schuhen zu kratzen. »So kann ich doch nicht ins Haus?!«

»Was soll *ich* denn sagen? Du kannst ja notfalls die Schuhe ausziehen, wenn du nicht gerade wieder die Strümpfe mit dem Loch anhast, aber ich?« Der Lehm begann zu trocknen und zu bröckeln, und meine Füße sahen aus wie Fresken. »In diesem Aufzug kann ich unmöglich...«

Die Tür öffnete sich. Es erschien eine Hand mit einem Wassereimer, darüber hing ein Handtuch, und schließlich tauchte auch der Besitzer von beidem auf. Es handelte sich um einen großen schlanken Mann um die Vierzig, der mich fröhlich angrinste.

»Det kenn' wa schon, und drum sind wa ooch uff so 'ne Zwischenfälle einjerichtet. Wasser jibt's vorläufig noch jratis, weil die Uhren noch nich anjeschlossen sind.«

Während ich meine Füße nacheinander in den Eimer tauchte, beeilte sich Rolf, die gesellschaftlichen Formen zu wahren.

»Mein Name ist Sanders. Ich glaube, wir haben gestern miteinander telefoniert.«

»Obermüller. Anjenehm«, sagte Herr Obermüller und reichte mir seinen Arm, weil ich wie ein Storch auf einem Bein herumstelzte. »Nu komm' Se erstmal rin, und denn jehn wa hintenrum, weil det da noch am trockensten is. Ick hab schon zigmal Krach jemacht bei die Bauleitung, damit die wenigstens mal'n paar Bretter hier hinlejen, aber bis jetzt is noch nischt passiert. Am besten schicken Se den Brüdern Ihre versauten Schuhe und verlangen Ersatz, denn wern die vielleicht uffwachen. Dabei is det ja jetzt noch janischt. Sie müssen det mal sehn, wenn et zwee Tage lang jeregnet hat. Ohne Jummistiebel is da überhaupt nischt zu machen. Am besten welche bis zum Knie. Ick stell meinen Wagen ooch immer vorne neben die Scheune ab. Zweemal hat mich der Bauer schon aus'm Matsch ziehn müssen, vom drittenmal ab kostet's wat, hat er jesacht.«

Herr Obermüller führte uns ins Wohnzimmer und machte uns mit Frau Obermüller bekannt, einer sympathischen Mittdreißigerin, die bereits eine Kognakflasche schwenkte. »Zum Aufwärmen«, wie sie versicherte. Also wärmten wir uns auf, und während wir das taten, erklärte mir Herr Obermüller, daß er im Augenblick die Rolle eines Beschließers spiele und etwaigen Interessenten die noch vakanten Häuser zeige.

»Die Hälfte is nu schon vakooft, aber die meesten Besitzer

woll'n ja weitervermieten, und von denen habe ick' die Schlüssel. Wenn ick richtich verstanden habe, reflektieren Sie uff die Nummer vier. Is'n Eckhaus, jenau wie det hier. Is zwar'n bißken windig, aber dafür haben Se bloß uff eener Seite Nachbarn, und det jenüchtooch schon. Wir hab'n welche, die een ziemlich lautstarkes Familienleben führn. Jott sei Dank sind se bloß abends da, weil se in Düsseldorf een Friseurjeschäft hab'n, aber die Stunden von sieben bis Mitternacht sind immer mächtig bewegt.«

»Nun übertreib aber nicht, Hans«, unterbrach ihn Frau Obermüller lachend. »Mindestens zweimal pro Woche sind sie eingeladen.«

»Det stimmt. Denn jeht der Krach erst um Mitternacht los. Ick weeß nich, warum die beeden überhaupt jeheiratet hab'n. Sie wirft ihm immer vor, det se wat viel Besseres hätte kriejen können, und er schreit denn, det er se bloß aus Pflichtbewußtsein jenommen hat. Ick bin bloß noch nich dahinterjekommen, worin nu eijentlich die Pflicht besteht.«

»Was wohnen denn sonst noch für Leute hier?« fragte ich verschüchtert, denn die Bewohner von Nr. 2 schienen nicht gerade das zu sein, was man sich als Nachbarn wünscht.

»Wir kennen sie auch noch zu wenig«, sagte Frau Obermüller, »die meisten sind erst vor kurzem eingezogen. Wittingers aus Nummer drei wohnen seit vorgestern hier. Junges Ehepaar mit einer zweijährigen Tochter. Er arbeitet auf dem Flugplatz in Lohausen, Verwaltung oder so ähnlich. Es heißt, daß er sechs Richtige im Lotto hatte und sich daraufhin das Haus kaufen konnte. Möglich ist es, denn die ganze Einrichtung kam direkt vom Möbelgeschäft. Alles nagelneu.«

»Wie lange wohnen Sie denn schon hier?« wollte Rolf wissen.

»Wir warn die ersten. Det war so kurz nach Ostern. Denn kamen die Missionare aus Nummer sieben, die hab'n sich von ihrem Ersparten det Haus als Alterssitz jekooft, und denn is der Tropendoktor in Nummer neun einjezogen. Oder warn die Vogts von zehn schon früher da?«

»Nein, die sind nach Dr. Brauer gekommen. Vorher sind noch die Damen in Nummer zwölf eingezogen.«

»Ach richtig, die beeden komischen Schachteln.« Herr Obermüller schüttelte den Kopf. »Die treten nur als Duo uff. Ick hab noch nich eenmal erlebt, det die jetrennt det Haus valassen. Die eene schwimmt immer im Kielwasser von die andre. Wovon die eijentlich leben, weeß keen Mensch. Aussehn tun se wie Gouvernanten aus'm vorichten Jahrhundert, so mit Tweedkostüm und Dutt. Ick muß wirklich mal die Missionare fragen, denn det sind die einzigen, mit denen se ab und zu reden.«

Hm. Hier schien jeder alles über jeden zu wissen, und was er noch nicht wußte, kriegte er zweifellos heraus. In Windeseile durchforschte ich unser bisheriges Leben, konnte aber so auf Anhieb keinen dunklen Punkt entdecken. Auch die Verwandtschaft, gottlob weit entfernt und nicht eben reiselustig, würde kein diskriminierendes Angriffsziel bieten.

»Nu werde ick Ihnen mal Ihre künftige Heimstatt zeijen«, meinte Herr Obermüller, nachdem die Flasche leer und er selbst etwas unsicher auf den Beinen war. Er öffnete die Terrassentür, betrat den Schotterhaufen, der erst eine Terrasse werden sollte, und wies mit ausladender Gebärde auf die angrenzende Lehmwüste. »Det sind die Järten. Werden im Herbst anjelegt. Oder soll'n se wenigstens. Jroß sind se nich, aber für Schnittlauch, Petersilie und Federball reicht et. Und nu kommen Se jenau hinter mir her, sonst jehn Se noch mal baden.«

Gehorsam stapften wir im Gänsemarsch hinterdrein. Frau Obermüller hatte sich der Expedition angeschlossen. »Wenn das alles mal fertig ist, werden wir hier bestimmt sehr schön und vor allem sehr ruhig wohnen. Kein Verkehr, viel frische Luft, Platz für die Kinder – haben Sie welche?«

»Ja, zwei Jungs, drei und fünf Jahre alt.«

»Wie schön, dann hat Riekchen ja gleich einen Spielkameraden. Wir haben nämlich eine Tochter im gleichen Alter. Außerdem noch einen Sohn. Aber Michael ist schon zehn und fühlt sich im Augenblick noch ein bißchen vereinsamt. Er vermißt Kino, Fußballplatz, Freibad – also alles das, was nach seiner Ansicht lebensnotwendig ist.«

Wir hatten den Asphaltplatz erreicht, überquerten ihn und standen wieder vor einer Lehmbarriere. Mitten drin drei Treppenstufen, links davon eine zweieinhalb Meter hohe Ziegelmauer.

»Is als Windschutz jedacht. Wäre ja ooch jar keene schlechte Idee, wenn et nich meistens von die andre Seite wehn würde. Und det Rieselfeld hier müssen Se sich natürlich wegdenken, det wird der Vorjarten. Allet einheitlich, so mit Hecke und Kletterrosen, damit die Zuchthausmauer nich so uffällt.«

Obermüller fischte einen Schlüsselbund aus der Hosentasche, suchte kurz, fand das Passende und schloß auf. »Also mit die Türn hab'n die Mist jebaut. Die Dinger sind nämlich jenauso breit wie der Flur. Man muß se immer erst janz uffmachen, bevor man weeß, wer draußen steht. Oder man muß'n Kopp um die Ecke hängen, aber det sieht ziemlich dußlig aus.«

Wir betraten einen nicht allzu großen Flur, von dem links ein kleinerer abging, der zur Küche führte. Daneben befand sich eine Toilette, deren Installationen wir ungehindert besichtigen konnten. Die Tür fehlte.

»Det is nich det einzije, wat noch jemacht wern muß. Det Parkett liecht ja ooch noch nich.«

Das war unschwer festzustellen. Der Flur endete vor dem Wohnzimmer, das außer einer durchgehenden Fensterfront nur zwei graue Heizkörper aufwies. Die staubten in einer Ecke vor sich hin. Immerhin war der Raum groß genug, auch eine Eßecke aufzunehmen, ohne daß man auf dem Weg dahin über Sessel klettern oder die Stehlampe zur Seite räumen mußte. Ich trat ans Fenster. Die Terrasse bestand noch aus

Schotter, von der anschließenden Schotterhalde durch eine gemauerte Sichtblende getrennt. Der Rest war Lehm. Aber im Geist sah ich schon dunkelgrünen Rasen, blühende Kirschbäume, einen Sandkasten und hinten am auch noch nicht vorhandenen Zaun bunte Wicken.

»Woll'n wir nu mal nach oben?«

Die Treppe war natürlich nicht gefedert, aber sie sah einigermaßen solide aus und wendelte sich auch nicht in abenteuerlichen Windungen aufwärts, sondern führte schnurgerade ins obere Stockwerk. Ein durchbrochenes Metallgitter grenzte den oberen Flur nach unten ab. Die vier Zimmer hatten normale Ausmaße und konnten auch bei mißgünstigster Beurteilung nicht mit eingebauten Kleiderschränken verwechselt werden. Das Bad war erfreulicherweise quadratisch, ziemlich groß und bonbonrosa gekachelt. Der als Schlafzimmer vorgesehene Raum hatte sogar einen schmalen Balkon, auf dem zwar kaum Stühle, mit Sicherheit aber die zum Lüften auszulegenden Betten Platz hatten. Am Haus Nr. 3 zierte Buntgeblümtes die Brüstung.

»Na, wie gefällt es dir?« fragte Rolf erwartungsvoll.

»Das Haus ist hübsch, aber...«

»Dann nehmen wir's!« unterbrach er kategorisch, »vorausgesetzt, es wird in diesem Jahr noch fertig.«

»Da brauchen Se sich keene Sorjen zu machen. Wenn die wissen, det wieder eener einziehn will, jeht allet janz schnell. Denn hab'n se nämlich plötzlich ooch Leute, die Klodeckel anschrauben und die Scheuerleisten anklopen. Sie müssen bloß uffpassen, det bei Ihrem Einzug ooch allet fix und fertig is. Wenn Se nämlich erst mal drin sitzen, kommt keen Mensch mehr, selbst wenn et oben reinregnet. Wann woll'n Se denn übersiedeln?«

Rolf sah mich an. »Wie wäre es mit September? Bekanntlich hat der Herbst auch noch schöne Tage, und wenn man dann auf der Terrasse sitzen und den Sonnenuntergang beobachten...«

»Den könn' Se nur vom Küchenfenster aus sehn. Hier is nämlich Osten!«

»Hm... Na ja, Sonnenaufgänge können ja auch sehr malerisch sein!« Rolf schüttelte Herrn Obermüller die Hand. »Vielen Dank für Ihre Mühe. Wir werden uns in den nächsten Wochen bestimmt noch öfter sehen, und besonders meine Frau wird Ihre Hilfe brauchen. Da gibt es doch sicher noch einiges auszumessen und zu fragen.«

»Genau. Das fängt bei den Gardinenleisten an und hört beim Elektriker noch lange nicht auf!« Ich sah mich schon wieder inmitten von Kisten und Kartons stehen mit Gardinen, die nicht passen, und mit Lampen, die keiner anschließen kann. Dazu zwei muntere Kinder mit einer ausgesprochenen Vorliebe für Porzellan.

Frau Obermüller zog mich zur Seite: »Sie können von mir die genauen Maße aller Zimmer haben, einschließlich Fenster. Außerdem gibt es in Monlingen einen recht ordentlichen Dekorateur und einen Elektriker, der nicht nur zuverlässig, sondern sogar noch preiswert ist. Wenn Sie bei dem noch eine Lampe und ein paar Glühbirnen kaufen, schließt er Ihnen auch alle anderen Geräte an. Im übrigen können Sie jederzeit zu mir kommen, wenn Sie nicht weiterwissen. Hier draußen sind wir ohnehin alle aufeinander angewiesen. Der nächste Laden ist drei Kilometer weit weg, und der Bus fährt nur alle zwei Stunden.«

So etwas Ähnliches hatte ich mir schon gedacht! Und das bei meinem Hang, meterlange Einkaufslisten zusammenzustellen und im ersten Geschäft zu entdecken, daß ich sie zu Hause vergessen hatte!

Als mir Obermüller die Hand reichte, fragte ich neugierig: »Aus welcher Ecke Berlins kommen Sie eigentlich? Ich bin nämlich auch Spreeathenerin.«

»Ick aber nich! Ick bin jewissermaßen Weltbürger. Jeboren bin ick in Prag. War aber bloß Zufall, weil meine Eltern jrade in Marienbad zur Kur warn und zwischendurch een bißchen in Kultur machen wollten. Damit war et denn aber Essig, weil se ja bloß det Krankenhaus jesehn hab'n. Uffjewachsen bin ick allerdings in Berlin, in Schöneberg, um jenau zu sein. Meine Sturm- und Drangjahre habe ick in Rußland verbracht, und als mich der Iwan endlich aus Sibirien rausjelassen hat, war meine linke Hand zum Teufel. Erfroren. Dafür halte ick jetzt aber die rechte auf und kassiere Rente. Hat lange jenug jedauert, bis ick welche jekriegt habe. Vorher hab ick zwee Semester Jura studiert in Hamburg, denn hab ick bei meinem Vater in Köln Speditionskoofmich jemimt, und nu mach ick in Versicherungen. Is ooch nich det Wahre, aber ick jehöre ja zu der verlorenen Jeneration, die von der Schulbank weg in'n Kriech jeschickt worden is. Und hinterher hab'n wir Überleben jelernt, aber nich, wie man Jeld verdient. Det Haus hier jehört meinem Vater, deshalb können wir mietfrei wohnen. Sonst könnten wir uns den Schuppen jar nick leisten. Peinlich is bloß, det alle Welt jloobt, wir schwimmen im Jeld. Ick weeß nich, warum, aber hier in die Jejend heißen die Häuser bloß die ›Millionärssiedlung‹. Na, wenigstens 'nen halben hab'n wir ja – den Lottokönig. Soll ick Sie mal bekannt machen?« Bereitwillig strebte Obermüller auf die Tür zu.

»Vielen Dank, aber nicht heute«, wehrte ich erschrocken ab. »Wir sind sowieso schon viel zu lange geblieben. Ich habe die Kinder bei Bekannten abgestellt, aber länger als zwei Stunden kann ich sie niemandem zumuten. Und die sind fast herum.«

»Is ja ooch nich so wichtig. Wir werden uns noch lange jenug jejenseitig uff'n Wecker fall'n. Ick freu mich aber trotzdem, det Se herziehn. Endlich mal Leute, mit denen man reden kann. Die andern müssen det erst noch lernen.«

Obermüllers brachten uns auf Schleichpfaden, aber halbwegs trockenen Fußes zum Wagen, nicht ohne Rolf zu empfehlen, das Auto bis auf weiteres neben »Köbes« Scheune abzustellen.

»Und nich drum kümmern, wenn er meckert. Der wartet ja bloß druff, det eener hier steckenbleibt und ihm wat in die Hand schiebt, damit er ihn wieder aus die Brühe zieht!«

Die Rückfahrt verlief ziemlich schweigsam. Rolf behauptete, sich auf den Verkehr konzentrieren zu müssen, und ich stellte in Gedanken schon wieder Listen zusammen von Dingen, die gekauft, erledigt oder sonstwie beachtet werden mußten. Bedauerlicherweise waren diese Gedächtnisprothesen immer im entscheidenden Augenblick verschwunden und tauchten erst dann wieder auf, wenn ich sie nicht mehr brauchte, weil sowieso schon alles schiefgegangen war.

Unsere Umzüge schienen von Mal zu Mal problematischer zu werden. Den ersten hatten wir noch spielend bewältigt, vor allem deshalb, weil wir kaum Möbel und keine Kinder gehabt hatten. Beim zweiten hatte Sven das Spektakel außerhalb des unmittelbaren Gefahrenbereichs von seinem Kinderwagen aus verfolgt und sich lediglich einen verdorbenen Magen geholt, weil unsere neuen Nachbarn ihn mit Süßigkeiten vollgestopft hatten. Aber diesmal würden wir nicht nur die Möbelmänner beaufsichtigen müssen, sondern gleichzeitig zwei unternehmungslustige Knaben, die flink wie Wiesel waren, neugierig wie junge Dackel und stur wie sizilianische Maulesel.

»Wir werden Felix als Hilfskraft anheuern!«

Rolf mußte Gedanken lesen können. Genau dasselbe hatte ich auch gerade gedacht, obwohl mir sofort Zweifel kamen, ob diese Idee wirklich so gut war.

Felix Böttcher war von Rolf mit in die Ehe gebracht worden – rein symbolisch natürlich. Inzwischen ist er auch mein Freund geworden, was er als besondere Ehre ansieht, denn ich kenne ja sein bewegtes Liebesleben und mag ihn trotzdem. Angeblich ist er nur deshalb noch Junggeselle, weil ich nicht mehr zu haben sei.

Felix ist mittelgroß, schlank und hat ein Dutzendgesicht,

das sich auch durch die verschiedenartigsten Barttrachten nicht vom männlichen Durchschnittsbürgerantlitz unterscheidet. Seitdem ihm Sven einmal unverblümt erklärt hatte: »Aber Onkel Felix, Bärte sind doch bloß was für junge Leute!« geht er wieder ohne.

Er ist Buchbindermeister – Kenner behaupten, sogar ein sehr guter – und Kapazität für alle Situationen außerhalb des gewöhnlichen Alltags. Niemand kann so originelle (und so mangelhafte) Parties organisieren wie Felix. Man bekommt zwar nichts zu essen, sitzen muß man auf Lederresten oder Stapeln von Kaliko, rauchen darf man nur vor der Tür, weil sonst die ganze Werkstatt hochgehen könnte – aber man lernt jedesmal neue interessante Leute kennen. Es ist also immer amüsant.

Niemand außer Felix wird mit so unfehlbarer Sicherheit die mieseste Inszenierung heraussuchen, die gerade auf dem Programmplan steht, wenn er jemanden ins Theater einlädt. Und hinterher behauptet er dann noch strahlend: »Ein Glück, daß ich vorher die Kritiken gelesen habe, sonst hätte es mir womöglich noch gefallen!«

Nur Felix kriegt es fertig, sich einen rassereinen Chow-Chow andrehen zu lassen, der sich später zu einem keineswegs rassereinen Spitz auswächst. Und Felix war es auch, der aus eigener Erfahrung den Begriff »Düsenzeitalter« so definierte: »Frühstück in London, Mittagessen in New York, Abendessen in San Francisco, Koffer in Buenos Aires. Ein Glück, daß Weltraumreisen noch nicht gang und gäbe sind. Da müßte man seinem Fluggepäck ja durchs ganze Sonnensystem nachjagen!«

Im übrigen ist Felix ein wahrhafter Freund: Immer dann zur Stelle, wenn er uns braucht.

Jetzt brauchten wir *ihn*.

»Wann wollt ihr umziehen? Ersten September? Und dann macht ihr jetzt schon die Pferde scheu? Nächste Woche fliege ich nach Bangkok, aber ganz privat, Ende Juli muß ich nach

Rom, geschäftlich natürlich, irgendwann dazwischen drei Tage nach Stockholm und Mitte September zu einer Hochzeit nach Münstereifel. Sonst liegt nichts an. Ist doch klar, daß ich euch helfe. Soll ich die Einstandsparty gleich mitorganisieren? Und was ist als Mitbringsel genehm? Wieder'n Gummibaum, oder darf's auch etwas anderes sein? Wolltet ihr nicht schon immer mal 'nen gipsernen Beethoven? Oder war's Wagner? Ich könnte aber auch...«

Wütend knallte Rolf den Hörer auf die Gabel. »Entweder ist er blau oder endgültig reif für die Klapsmühle. Ich versuche es nächste Woche noch mal, vielleicht ist er dann wieder zurechnungsfähig.«

»Bestimmt nicht, dann ist er doch in Bangkok!«

2

Der Umzugstag beginnt damit, daß der Möbelwagen nicht kommt. Dafür kommt die Krankenschwester vom Parterre und fragt, ob ich ihr eine Zwiebel leihen könnte. Kann ich nicht. Das einzig Eßbare in Reichweite ist Pulverkaffee und ein Rest angebrannter Grießbrei samt Topf. Beides soll in die Mülltonne. Die Mülltonne ist unser Eigentum und gehört zum Umzugsgut. Ich will aber keinen angebrannten Grießbrei mitnehmen!

Rolf hängt am Telefon. In der Speditionsfirma meldet sich niemand. Wieso auch? Normalbürger sitzen frühestens um acht am Schreibtisch. Jetzt ist es sieben. Übrigens regnet es. Die Gehwege in der Millionärssiedlung sind inzwischen asphaltiert, die Zufahrtsstraße ist es noch nicht. Ob man wohl einen vollbeladenen Möbelwagen mit einem ganz gewöhnlichen Trecker aus dem Schlamm ziehen kann? Bauer Köbes meint ja.

Es klingelt Sturm. Die Möbelmänner! Nein, bloß Felix. Seiner Vorliebe für ausgeleierte Manchesterhosen hat er jetzt die Krone aufgesetzt. Er trägt Hosenträger. Grüne, mit Edelweiß drauf.

Halb acht. Frau Schmidt kommt. Aus lauter Freude über unseren Auszug hat sie sich freiwillig bereit erklärt, auf Sven und Sascha aufzupassen. Daß unsere Nachmieter *drei* Kinder haben, werde ich ihr erst nachher erzählen. Meinen alten Besen lasse ich ihr da, ich habe mir einen neuen gekauft.

Felix schwärmt von Thailand. Es gelingt ihm sogar, die Schönen des Landes zu beschreiben, ohne die Hände zu benutzen.

Acht Uhr. Der Möbelwagen fährt vor. Niemand steigt aus.

Rolf geht runter. Die Insassen machen Frühstückspause. Sie kommen gerade aus Dortmund und sind seit halb sechs unterwegs. Ob ich wohl die Suppe ein bißchen wärmen könnte? Ich hole mir von Frau Schmidt einen Kochtopf. Sven steht auf ihrem Balkon und spuckt Weintrauben in die Gegend. Sascha plärrt: »Will nach Hause!« Geht nicht. Zur Zeit haben wir keins.

Rolf sucht seine Brille. Ohne ist er blind wie ein Maulwurf. Wie kann jemand, der nichts sieht, etwas suchen? Ich finde sie neben dem Grießbreitopf.

Felix hat das Kommando übernommen. Mit Bierflasche in der Hand dirigiert er die Möbelmänner. Die scheinen begriffsstutzig oder schwerhörig zu sein. Niemand kümmert sich um ihn. Felix hockt sich beleidigt aufs Fensterbrett und faltet Papierflieger. Einer landet in der Trauerweide, ein zweiter bei Lemkes im Küchenfenster. Frau Lemke schreit. Felix schreit zurück. Er bedauert, daß wir aus dieser schönen Gegend wegziehen.

Im Wiesengrund hatte sich das Empfangskomitee versammelt. Die Familie Obermüller war vollzählig angetreten, Frau Wittinger von Nr. 3 hing aus dem Fenster, schüttelte ein Staubtuch aus und begann die ohnehin blitzblanke Scheibe mit einer bemerkenswerten Intensität zu bearbeiten. Auch in Haus Nr. 10 putzte jemand Fenster.

Herr Obermüller strahlte. »Vor zwee Stunden hat der Maler die letzte Tapetenrolle anjeklebt, und wenn ick nich danebenjestanden hätte, würde er jetzt immer noch kleistern. Aber bis uff'n paar Kleinigkeiten is wirklich allet fertigjeworden, und den Rest kriejen wir ooch noch zusammen.«

Der Sinn dieser Prophezeiung wurde mir erst am Abend klar, als die drei Männer auf Beutejagd gingen.

Frau Obermüller schnappte sich Sascha, bevor er geradewegs in eine große Schlammpfütze marschieren konnte. »Du kommst jetzt mit zu mir, ich habe einen ganz großen Schokoladenpudding gekocht.«

Mißtrauisch plierte Sascha rauf: »Mit Nilljesoße?«

»Natürlich mit Vanillesoße! Und mit Mandeln! Magst du Mandeln?«

»Weiß nich. Sven soll aber mitkommen!«

Sven wollte nicht. »Ich will mir erst das Haus angucken!«

»Das kannst du auch bei uns, da sieht es genauso aus. Nur seitenverkehrt.«

»Ich will nich die verkehrte Seite sehen, ich will ins richtige Haus!« Er rannte Rolf hinterher, der gerade von Herrn Obermüller die Haustürschlüssel in Empfang nahm. »Warum steht da Nummer elf drauf?.«

»Det Schloß is noch nich ausjewechselt, und die unbewohnten Häuser kann man alle mit demselben Schlüssel uffmachen. Eijentlich sollte der Schlosser ja schon jestern kommen!«

Erwartungsvoll betrat ich unser neues Heim. Es roch nach Farbe, nach Leim, nach Salmiak und nach öffentlicher Bedürfnisanstalt. Kein Wunder, die Toilettentür fehlte immer noch.

Obermüller bemerkte meinen entgeisterten Blick. »Wir müssen warten, bis et dunkel is!«

»Wieso?«

»Denn jehn wir abmontieren!«

Dank Felix' Mithilfe landeten die Kinderzimmermöbel im Schlafzimmer und der Schreibtisch im Wohnraum, aber sonst verlief das Ausladen relativ schnell. Der Dekorateur hatte schon die Gardinen angebracht, der Elektriker die bei ihm gekauften Lampen aufgehängt, nur baumelte jetzt die kugelrunde Bastlampe in der Küche, während die Neonröhre Svens Zimmer in ein grellweißes Licht tauchte, aber das waren lediglich kleine Schönheitsfehler. Außerdem wollte Herr Meisenhölder nachher noch mal kommen, um den Herd anzuschließen.

Frau Obermüller erschien, den brüllenden Sascha unterm Arm. »Ist der immer so lebhaft?«

»Warum? Was hat er denn angestellt?«

»Nicht weiter schlimm! Ich weiß nur nicht, wie man Schokoladenpudding von Tapete abkriegt!«

Michael Obermüller, zehn Jahre alt, mit Sommersprossen und einem unschlagbaren Mundwerk, trompetete lautstark: »Eben is Dr. Brauer nach Hause gekommen – zu wie 'ne Handbremse! Die letzten hundert Meter ist er im Zickzack marschiert.«

»Ich habe dir schon hundertmal gesagt, Michael, daß dich das überhaupt nichts angeht. Such lieber deine Schwester, die ist plötzlich verschwunden!«

»Bin ich ja gar nicht!« tönte es von oben. »Ich spiele Kaufladen.« Ulrike, genannt Riekchen, hatte sich seelenruhig in Svens Zimmer verkrümelt und angefangen, die dort abgestellten Kisten auszupacken.

»Komm sofort runter, Rieke!«

»Warum denn?«

»Du wohnst hier nicht, und außerdem störst du!«

»Du bist ja auch hier, wieso störst du denn nicht?«

Frau Obermüller zuckte mit den Schultern. »Kindliche Logik ist selten zu widerlegen.« Dann etwas lauter: »Riekchen, ich gehe jetzt, und die beiden Jungs kommen mit zu uns. Dann bist du hier ganz allein!« Ulrike erschien am Treppenabsatz. »Aber in mein Zimmer dürfen die nich!«

»Brauchen sie ja auch nicht! Wir kochen jetzt Kaffee und Kakao, und wenn Sanders' ein bißchen aufgeräumt haben, kommen sie zu uns rüber.« Widerwillig kam Riekchen die Treppe herab. »Na gut, aber nur, wenn ich den Kakao auch an die Wand kippen darf!«

Um fünf Uhr hatte ich wenigstens die Küche in einen betriebsfertigen Zustand gebracht und begann meine hausfrauliche Tätigkeit. Ich spülte Gläser. Felix und Herr Obermüller waren sich auf der Grundlage von Cointreau nähergekommen, hatten die neue Freundschaft mit kanadischem Whisky begossen und danach mit Bacardi Brüderschaft getrunken.

Jetzt tauschten sie Kriegserlebnisse aus.

Rolf war vor zwei Stunden »mal eben kurz« nach Monlingen gefahren und noch nicht wieder aufgetaucht. Dreimal war Michael als Abgesandter erschienen, um zu vermelden, daß der Kaffee fertig, lauwarm und endgültig kalt sei. Dann kam er ein viertes Mal und berichtete, daß Sven und Sascha schliefen – einer im Schaukelstuhl, der andere in Riekchens Bett.

Ich brachte einen Stoß Aschenbecher ins Wohnzimmer. Felix stand auf der Zentralheizung und malte einen buddhistischen Tempel auf die beschlagene Fensterscheibe. »So ähnlich hat das ausgesehen, und überall waren Affen«, erklärte er dem erstaunten Obermüller.

»Richtige Affen?«

»Falsche gibts ja wohl nicht«, gluckste Felix, krampfhaft bemüht, das Gleichgewicht zu halten.

»Anscheinend hast du dir einen mitgebracht!« sagte ich, aber Felix glotzte mich nur verständnislos an. »Wollt ihr Kaffee?«

»Wir wollen Rum tralala, Rum tralala, Rum tralala...« sang Obermüller.

»Die Kneipe ist geschlossen! Macht, daß ihr rauskommt!«

Wütend knallte ich die Tür hinter mir zu.

»Warum brüllst du denn so? Was sollen die Nachbarn von dir denken?« Rolf stand in der Haustür, beladen wie ein Weihnachtsmann.

»Erstens haben wir noch keine, und zweitens kannst du dich mit den beiden Schnapsdrosseln da drinnen nur schreiend verständigen!«

Er lud seine Pakete auf dem Küchentisch ab. »Für's Abendessen.«

»Hoffentlich sind Rollmöpse dabei!«

Innerhalb von wenigen Minuten schaffte Rolf Ordnung. Er holte Michael, der seinen Vater mit bemerkenswerter Routine nach Hause führte, zerrte Felix die Treppe hinauf und deponierte ihn auf der Couch im Arbeitszimmer.

»Der trinkt doch sonst nicht soviel«, wunderte er sich, als er leicht lädiert in der Küche erschien.

»Er leitet ja auch nicht jeden Tag einen Umzug!«

Drei Stunden später. Ich hatte Sven und Sascha aus ihrem Exil geholt, ins Bett gesteckt und bezog gerade im Schlafzimmer die Kopfkissen, als es klingelte. Wer wollte denn jetzt noch was von uns?

Also Tür auf, Treppe runter, sieben Schritte bis zum Eingang, Haustür öffnen – prompt rammte ich sie mir zum viertenmal an den Kopf – und nichts sehen!

Straßenlaternen gab es noch nicht, und als ungeübte Einfamilienhausbewohner hatten wir natürlich vergessen, eine Lampe für die Außenbeleuchtung zu kaufen. Für derartige Dinge war bisher immer der jeweilige Hauswirt zuständig gewesen.

»Könn' wa?« Vor mir stand Herr Obermüller, in einen dunklen Trainingsanzug gehüllt und erstaunlich nüchtern. An seiner linken Armprothese hing ein Schlüsselbund, in der rechten Hand hielt er eine Taschenlampe. »Jetzt is nämlich der jünstigste Zeitpunkt!«

»Wofür denn bloß?« Rolf war aus dem Wohnzimmer gekommen. Erstaunt musterte er unseren Nachbarn. »Wollen Sie einbrechen gehen?«

»Det is nich die richtige Formulierung. Wenn ick mit 'nem regulären Schlüssel die Tür uffschließe, breche ick nich ein. Ick bin ja dazu befugt. Aba wat wir denn vorhaben, liegt vielleicht doch 'n bißchen außerhalb von die Legalität.«

»Können Sie nicht deutlicher werden?« Ich war müde und wollte ins Bett. Nächtliche Exkursionen, zu welchen

Zwecken auch immer, waren das letzte, wofür ich mich jetzt begeistern konnte.

Obermüller kam ins Haus und schloß die Tür hinter sich. »Ick hab' heute früh bei meinem letzten Rundgang hier festjestellt, det außer der Klotür noch'n paar andere Sachen fehlen. Der Badewannenstöpsel zum Beispiel und die beeden Schiebetüren von det Spülbecken in der Küche. Vermissen Se sonst noch wat?«

»Ja, einiges. Wir haben bloß drei Zimmerschlüssel, im Bad fehlt der Kopf von der Dusche, im Arbeitszimmer läßt sich der eine Fensterflügel nicht schließen, und im Keller stimmt auch manches nicht. Ich habe alles aufgeschrieben, damit mein Mann morgen früh gleich die Baufirma anrufen kann.«

Obermüller grinste. »Anrufen kann er ja, aber deshalb passiert jarnischt. Ick hab drei Wochen uff Steckdosen jewartet und die Dinger immer wieder reklamiert, bis ick denn zur Selbsthilfe jejriffen habe. Und det machen wir jetzt ooch! Wir jehn die janzen unbewohnten Häuser ab und holen uns allet zusammen, wat Se brauchen. Nach welchen Jesichtspunkten die Baujesellschaft ihre Häuser zusammen jekloppt hat, weeß ick nich, aber keens is komplett. Bloß fehlt überall wat anderet. In eenem Haus sind die Installationen in Ordnung, dafür jibts keene Türklinken. Woanders wieder fehlt noch det Treppenjeländer, und in Nummer acht haben se die Balkontür verjessen. Dreißig verschiedene Handwerker, und det Janze nennt sich denn Teamwork. Jeder macht, wat er will, und keener det, wat er soll!«

Rolf protestierte: »Wir können doch nicht einfach die anderen Häuser ausräumen. Die sind doch teilweise schon verkauft!«

»Aba noch nich bewohnt, und darauf kommt's an. Den letzten beißen eben die Hunde. Soll der sich doch mit die Bauheinis rumschlagen. Wenn Se allerdings Manschetten hab'n, denn reklamieren Se ruhig. Ick kann Ihnen bloß aus eigener Erfahrung sagen, det Se denn noch zu Weihnachten ohne Klotür dasitzen. Ick weeß sowieso nich, ob wir 'ne passende finden. Die Auswahl is ja nich mehr so jroß wie damals, als wir einjezogen sind. Am besten fangen wir im Nebenhaus an!« Obermüller strebte wieder zur Haustür, drehte sich dann aber noch mal um. »Wo is'n Herr Böttcher? Zu dritt jeht's nämlich schneller!«

»Herr Böttcher schläft schon. Meinen Sie denn nicht, daß wir es auch allein schaffen?« Rolf hatte sich einen dunklen Pullover übergezogen und wippte unternehmungslustig auf den Schuhspitzen. Ihm schien die Sache langsam Spaß zu machen.

»Ich schlafe überhaupt nicht, weil man bei dem Krach gar nicht schlafen kann!« Felix äugte über das Geländer, entdeckte unseren Besucher und kam die Treppe herab. »Haste Nachschub geholt?«

»Jetzt wird nich jesoffen, jetzt wird jearbeitet!«

»Mitten in der Nacht? Ihr spinnt doch! Arbeit ist eines der größten Dinge auf der Welt, und deshalb sollten wir uns etwas davon für morgen aufheben.«

Als er allerdings erfuhr, um welche Art von Arbeit es sich handelte, war er Feuer und Flamme. »Außer zwei Aschenbechern und ein paar Kleiderbügeln habe ich noch nie was Richtiges geklaut. Habt ihr denn Dietriche?«

Rolf schüttelte den Kopf. »So was benutzen bloß Amateure. Wir haben richtige Schlüssel. Und jetzt komm endlich, du Rififi-Verschnitt!«

Die drei zogen los. Als erster tauchte Felix wieder auf, unterm Arm vier Schiebetüren für die Küchenspüle. Eine paßte. »Wenigstens etwas!« meinte er befriedigt, bevor er sich mit den anderen drei Türen wieder auf den Weg machte. Das fehlende Pendant brachte Obermüller zusammen mit dem Duschkopf. »Beinahe hätten wir ooch die Klotür in Nummer acht ausjehängt, aba mir is noch rechtzeitig einjefallen, det die ja wieda seitenverkehrt is. Nu woll'n wir et mal in Nummer elf probiern.«

Kurz nach Mitternacht luden Rolf und Felix das letzte Stück ihrer Beute ab. Der Fensterflügel von Nr. 5 paßte zwar auch nicht ganz genau in den Rahmen, aber wenigstens ließ er sich schließen. Den ausrangierten brachten sie ins Nebenhaus und hängten ihn provisorisch ein, worauf er zwei Tage später prompt herausfiel. Wir hörten es sogar klirren.

Während ich den neuen Duschkopf ausprobierte und bibbernd unter dem eiskalten Wasserstrahl stand (Rolf hatte sich vorher noch nie als Heizer betätigt und nach kurzer Besichtigung des Kellers erklärt, daß er zunächst einmal fachmännische Unterweisung brauche, um den Kessel in Gang zu bringen), begossen die drei Einbrecher ihren erfolgreichen Beutezug. Ich ging lieber schlafen. Weil die Beteiligten sich später nicht mehr erinnern konnten, wann und vor allem wie sie überhaupt in ihre Betten gekommen waren, blieb der Rest dieses ereignisreichen Tages für immer in gnädiges Dunkel gehüllt.

Mit einem freiberuflichen Ehemann verheiratet zu sein hat Vor- und Nachteile. Die Vorteile bestehen darin, daß er sein eigener Herr ist und in Ausnahmesituationen immer zur Verfügung stehen kann. Der Nachteil ist, daß er es nicht tut, sondern einen wichtigen Termin vorschiebt, dessen Wichtigkeit sich selten nachprüfen läßt.

So war es auch am nächsten Morgen kein Wunder, daß Rolf sich nach einem kurzen Inspektionsgang durch das häusliche Chaos daran erinnerte, um elf Uhr mit dem Leiter einer Kölner Werbeagentur verabredet zu sein.

»Es tut mir leid, Schatz, daß ich dich in diesem Tohuwabohu allein lassen muß, aber es geht um einen großen Auftrag, und einer muß schließlich das Geld verdienen, das du immer so großzügig ausgibst!«

»Wer? Ich? Seit wann trage ich Flanellanzüge für ich weiß nicht wieviel hundert Mark? Seit wann kaufe *ich* französischen Kognak? Seit wann muß *ich* für das Auto...«

Der Gatte war ins Bad enteilt. Kurz darauf war er wieder da.
»Hier ist ja gar keine Steckdose?!«

»Mir egal. Ich brauche keine!« bemerkte ich schnippisch, trabte auf den Balkon und überlegte, ob ich nun zuerst die Wäsche auspacken, die Bücher einräumen, die Fenster putzen oder mich bei Frau Obermüller ausheulen sollte.

Die Entscheidung wurde mir abgenommen. Eine Tür quietschte, jemand stöhnte ganz entsetzlich, und während ich mich zu erinnern versuchte, in welcher Kiste die Hausapotheke verstaut war, rannte ich ins Bad zurück. Es war leer. Das Schlafzimmer ebenfalls. Ob Rolf in der Küche...? Was macht man überhaupt bei einem Herzinfarkt? Seit Jahren wollte ich schon einen Erste-Hilfe-Kurs... Telefon! Wo ist das nächste Telefon? Ich raste zur Haustür.

Mein Gatte stand vor dem Küchenherd, in der linken Hand die verchromte Aufschnittplatte, und rasierte sich.
»Gott sei Dank, dir ist nichts passiert! Aber warum hast du so entsetzlich gestöhnt?«

»Ich stöhne nicht, ich fluche! Wo sind eigentlich unsere ganzen Spiegel?«

»Noch nicht ausgepackt. Du kannst sie ja suchen. Im übrigen kann ich Stöhnen von Fluchen unterscheiden, ich bin ja nicht schwerhörig. Und irgend jemand hat gestöhnt!«

»Vielleicht ist Felix aufgewacht!« Rolf hatte seine Rasur beendet, legte die Chromplatte auf den heißen Herd, den Rasierapparat in den Brotkorb, fuhr sich noch einmal mit dem Kamm durch die Haare und verschwand fröhlich pfeifend nach draußen.

»Ich frühstücke lieber unterwegs, sonst hast du noch mehr Arbeit«, hörte ich, bevor die Haustür klappte.

Es gibt doch wirklich rücksichtsvolle Ehemänner!

Eine Jammergestalt taumelte die Treppe herunter. »Mensch, ist mir mies! Habt ihr mir gestern Brennspiritus eingeflößt?« Felix wankte zum Spülbecken und hielt den

Kopf unter die Wasserleitung. »Mein Schädel brummt wie eine Dampframme!«

»Wovon sollte dir denn der Kopf wehtun? Du hast ihn doch gestern abend gar nicht gebraucht.«

»Angesichts eines todkranken Menschen ist dein Sarkasmus gänzlich unangebracht!« Er warf mir einen vernichtenden Blick zu und schlurfte zur Treppe.

»Gehst du wieder schlafen?«

»Quatsch! In zehn Minuten bin ich unten. Hast du irgend etwas Eßbares im Haus?«

»Natürlich. Wie möchtest du denn die Eier! Gekocht, gebraten oder intravenös?«

Seine Augen zeigten Mordgelüste. »Widerliches Weib! Dem Himmel sei Dank, daß ich nie geheiratet habe und trotz aller Anfeindungen immer noch Junggeselle bin.«

»Ich weiß. Deshalb kommst du ja auch jeden dritten Tag aus einer anderen Richtung in deinen Laden!«

Felix zog es vor, schweigend zu verschwinden.

Nach einem frugalen Frühstück aus Ölsardinen, Knäckebrot, Bier und Aspirintabletten fühlte er sich wieder tatendurstig. »Wo fangen wir an?«

»Unten!«

»Hier in der Küche? Das ist aber Frauensache.«

»Unten bedeutet Keller. Sieh zu, daß du die verflixte Heizung in Gang bringst, ich brauche endlich mal warmes Wasser.«

Als die Millionärssiedlung in Monlingen gebaut wurde, benutzte man Erdöl noch vorwiegend zur Herstellung von Benzin, Plastiktüten und Campinggeschirr. Kaum jemand wußte, was ein Barrel ist, es gab noch keine OPEC und keine Sparappelle, und das Wort »Ölkrise« bedeutete allenfalls, daß der nächste Supermarkt statt der sonst üblichen acht Sorten Salatöl nur zwei vorrätig hatte. Daß man Erdöl auch zum Heizen verwenden kann, begann sich erst langsam herumzusprechen. Bis nach Monlingen war diese Kunde noch nicht gedrungen. Dort heizte man mit Kohle. Kachelöfen und sogenannte Allesbrenner dominierten, besonders Fortschrittliche stellten auf Zentralheizung um. Und wie es sich für Millionäre gehörte, besaßen auch die Bewohner des Wiesengrundes zentralgeheizte Häuser.

Für uns war das nichts Neues. Wir hatten bisher immer in Neubauten gewohnt, an kalten Tagen die Heizkörper aufgedreht und zweimal im Jahr eine Abrechnung bekommen, die jedesmal unseren Etat über den Haufen geworfen hatte. Nun würden wir endlich einmal an der Heizung sparen können, denn es lag ja ausschließlich an uns, wie oft und wie maßvoll wir den Kessel füttern würden. Zunächst mußte er aber in Gang gesetzt werden.

In einem Anfall von Leichtsinn hatte Rolf zehn Zentner Koks anfahren lassen, die in einem Verschlag darauf warteten, ihrer Bestimmung zugeführt zu werden. Um die mögliche Gefahr der Selbstentzündung durch Funkenflug auszuschalten, befand sich der Heizkessel an dem einen Ende des recht geräumigen Kellers, der Verschlag am entgegengesetzten. Zwischenraum: Sechs Meter.

Felix inspizierte den Tatort und machte sich ans Werk. Nun riskieren die meisten Männer lieber ein Unglück, als daß sie eine Gebrauchsanweisung läsen. Daß etwas nicht stimmte, merkte ich erst, als dicke Rauchschwaden unter der Tür hervorquollen und die Küche – einziger Zugang zum Keller – in Sekundenschnelle einnebelten. Ich riß die Kellertür auf, gerade rechtzeitig, um einem hustenden, spuckenden und röchelnden Etwas den Weg ins Freie zu zeigen.

Felix sah aus, als habe er soeben eine Achtstundenschicht im Kohlebergwerk hinter sich. »Entweder bin ich zu dämlich, oder der Kessel ist kaputt«, krächzte er.

»Der Kessel ist nagelneu«, bemerkte ich in der Hoffnung, Felix würde die Alternative akzeptieren.

»Na, dann fehlt eben irgend etwas, das da sein müßte. In

einer normalen Heizung zündet man ein Feuer an, und wenn es brennt, schippt man die Kohlen drauf.«

»Aba vorher macht man die Lüftungsklappe uff!« klang es von dorther, wo ich das Fenster vermutete. Obermüller, von Frau Wittinger alarmiert, hatte vorsichtshalber noch nicht die Feuerwehr in Marsch gesetzt, sondern sich erst einmal selbst davon überzeugen wollen, ob es tatsächlich bei uns brannte.

»Das ist ja das Malheur, es brennt nicht!« hustete Felix. Obermüller band ein nasses Handtuch vor sein Gesicht und tastete sich todesmutig in die Räucherkammer. Der Zustrom von Rauchschwaden hörte auf, und als der Qualm endlich abgezogen war, erteilte uns Obermüller vor Ort Unterricht in Pflege und Wartung von Zentralheizungskesseln.

»Wenn det Ding erst mal richtig in Jang jekommen is, jeht allet andere beinahe automatisch«, beendete er seine Ausführungen.

Langsam begann ich zu ahnen, was da auf mich zukam.

Automation ist doch bloß der Versuch des Mannes, die Arbeit so leicht zu machen, daß die Frau sie tun kann.

Nachdem Felix wieder gesäubert und dank der nun wenigstens lauwarmen Dusche auch halbwegs nüchtern war, packte er zu – kräftig unterstützt von Michael, der unermüdlich leere Pappkartons verbrannte, Zigaretten holte, Kaffee kochte und Fragen stellte.

Nun gehört Felix zu jenen Menschen, die eine Stunde lang reden können, ohne zu erwähnen, worüber sie reden; deshalb zog Michael bei Einbruch der Dämmerung etwas enttäuscht wieder nach Hause, denn er hatte nichts über uns herausbringen können, was für eine Weitergabe geeignet gewesen wäre. Um so mehr hatte Felix über unsere Nachbarn erfahren, und es machte ihm einen Heidenspaß, mir die Freuden meines künftigen Lebens blumenreich zu schildern.

»Morgens lädst du dir zweckmäßigerweise den Dr. Brauer ein. Angeblich frühstückt der nur Bourbon, weil er das so gewöhnt ist. Er soll jahrelang in einem Krankenhaus in Bengasi gearbeitet haben und kommt mit den europäischen Tafelsitten nicht mehr zurecht. Anscheinend wird er nur so lange nüchtern, wie er braucht, um eine neue Flasche aus dem Keller zu holen. Er ist sogar verheiratet, was den Schluß nahelegt, daß seine Frau auch Alkoholikerin oder aber abgrundhäßlich ist und nichts Besseres abgekriegt hat. Gib mir mal den kleinen Schraubenzieher!«

Felix baute gerade das Bücherregal zusammen und hatte mich als Handlanger verpflichtet.

»Dann existiert noch eine Familie Vogt, ich glaube, sie wohnt genau vis-à-vis, die wohl nur dadurch bemerkenswert ist, weil es über sie nichts zu bemerken gibt. Nach Michaels unmaßgeblicher Ansicht ist Herr Vogt ein Trottel, Frau Vogt eine blöde Gans und der Sohn Karsten ein Idiot, der immer weiße Strümpfe trägt. Der Idiot ist fünf Jahre alt – ich brauche die Kombizange! – und darf niemals Eis essen, was Michael für eine seltene Form von elterlicher Grausamkeit hält. Wie viele Bretter kommen hier eigentlich rein?«

Er stärkte sich mit einem Zug aus der Mineralwasserflasche, prüfte zufrieden sein bisheriges Werk und klärte weiter auf: »Die Missionare, Strassmann heißen sie oder so ähnlich, sind erst im vergangenen Jahr aus Afrika zurückgekommen, wo sie dreißig Jahre lang kleine Heidenkinder bekehrt haben. Vermutlich gibt es jetzt keine mehr, und deshalb sind sie wohl heimgekehrt. Das ganze Haus soll vollgestopft sein mit Affen, Krokodilen und anderen niedlichen Tierchen – mumifiziert natürlich –, und Herr Strassmann beginnt jeden Satz mit ›Als wir noch in Afrika waren...‹ Übrigens sind sie Vegetarier, aber aus Überzeugung und nicht wegen der Fleischpreise. Weißt du eigentlich, was ein Steak kostet? Ich hab' mir vorgestern eins gekauft, und seitdem weiß ich, warum in Indien die Kühe heilig sind.«

Nach einer Stunde stand das Regal, und ich wußte in großen Zügen, mit wem ich es in Zukunft zu tun haben würde.

Zwar kannte ich noch niemanden persönlich; lediglich Frau Wittinger hatte mich mit einem gemessenen Kopfnicken begrüßt, als sie ihre Betten und ich meine Blumentöpfe auf den Balkon gebracht hatte, aber ich hatte schon jetzt den Eindruck, als ob keine Familie zu einer anderen paßte. So ähnlich wie Fische im Aquarium – entweder nehmen sie keine Notiz voneinander, oder sie fressen sich gegenseitig auf.

Als Rolf nach Hause kam, war das Schlimmste überstanden. Das Haus sah schon wohnlich aus, und ich fand sogar auf Anhieb die richtige Vase für den mitgebrachten Rosenstrauß.

»Ihr seid aber fleißig gewesen«, geruhte er gnädig zu bemerken, um gleich darauf festzustellen: »Das Bild hängt schief!«

»Häng dich am besten gleich daneben!« knurrte Felix und gab dem beanstandeten Gemälde einen leichten Stoß, worauf es unter Mitnahme eines zehn Quadratzentimeter großen Stückes Wand zu Boden fiel.

»Stümper!« sagte Rolf.

»Nee, Edelputz!« verbesserte Felix. »Du brauchst nur laut zu niesen, dann kommt das Zeug schon runter. Ihr hättet hier auch Tapeten kleben sollen!«

Wir klebten keine Tapeten, sondern hängten ein größeres Bild über das Loch; wir erfreuten uns einen weiteren Tag an Felix' Anwesenheit, dessen Arbeitseifer zusehends erlahmte; wir bedankten uns mit einer Riesenbonbonniere bei Frau Obermüller, die sich jeden Morgen die Kinder geholt und sie erst abends wieder zurückgebracht hatte; wir beseitigten die letzten Spuren des Umzugs, indem wir sämtliche Scherben einschließlich der des Toilettenfensters zur zwanzig Kilometer entfernten Müllkippe brachten; und rechtzeitig zu Beginn des Wochenendes, das im Wiesengrund offenbar schon am Freitagmittag begann, waren wir bereit, mit dem Leben im Grünen anzufangen.

3

»Müssen wir eigentlich Antrittsbesuche machen?« fragte ich Rolf, als wir am Samstagmorgen bei einem reichlich späten Frühstück saßen und auf den Schotter starrten, der noch immer keine Terrasse geworden war. Im Augenblick bedauerte ich das keineswegs, denn Rolf hockte in seinem alten Bademantel und unrasiert am Tisch, an den Füßen die ausgelatschten Pantoffeln, die aussahen, als hätte er sie vor fünf Jahren im Schlußverkauf erstanden. Was im übrigen auch stimmte. Unvorstellbar, wenn er sich in diesem Aufzug auf die Terrasse setzen würde! Immerhin hatte ich schon vor anderthalb Stunden Herrn Vogt zur Garage schreiten sehen, korrekt gekleidet vom Arbeitgeberhut bis zu den blankgewienerten Schuhen.

»Was für Antrittsbesuche?« knurrte mein Gatte denn auch mürrisch. »So was war zu Kaiser Wilhelms Zeiten vielleicht üblich, aber heutzutage doch nicht mehr.« Er haßt alles, was mit Etikette zu tun hat, und scheut sich nicht im geringsten, in Khakihosen auf eine Cocktailparty zu gehen. Wenn er überhaupt hingeht!

»Na ja, in Großstädten macht man das nicht mehr, aber wir leben jetzt auf dem Land, da ist man doch in allem ein bißchen zurück«, gab ich zu bedenken. »Außerdem wohnen wir hier in so einer Art Getto, die anderen kennen sich alle schon, und wenn wir uns überhaupt nicht rühren, heißt es vielleicht, wir seien hochnäsig.«

»Na und? Laß sie doch reden, was sie wollen. Du hast dich doch sonst nie um die Meinung anderer Leute gekümmert.«

»Das war auch etwas anderes. Aber wenn du künftig wieder tagelang unterwegs bist, muß ich doch wenigstens mal mit jemandem reden können!«

»Ich schenk dir einen Papagei!« erwiderte mein Gatte bereitwillig. Dann lenkte er ein: »Wenn du glaubst, es ist deinem Ansehen förderlich, daß wir vor jeder Haustür Männchen bauen, dann werde ich mich sofort in Gala werfen. Welchen Anzug hältst du für angemessen? Genügt der dunkle?«

»Wir gehen ja nicht zur Beerdigung. Und überhaupt ist es jetzt sowieso zu spät. Offizielle Besuche erledigt man zwischen elf und zwölf oder nachmittags zwischen fünf und sieben.«

»Woher willst du das wissen?«

»So etwas weiß man eben!« trumpfte ich auf, verschwieg aber, daß ich mir diese Information erst von Tante Lotti geholt hatte. Seit zwei Tagen besaßen wir wieder Telefon. Da hierfür nicht die Baugesellschaft zuständig gewesen war, hatte es mit dem Anschluß sofort geklappt, und ich fühlte mich der entrückten Zivilisation wieder ein Stückchen näher.

Als erste hatte ich Tante Lotti angerufen. Sie wohnte in Berlin, war auf nur noch von ihr zu rekonstruierende Weise mit mir verwandt und bedauerlicherweise alleinstehend. Ihr genaues Alter habe ich nie herausgebracht, aber da sie »mit einem sehr stattlichen Leutnant vom Garde du Corps in das zwanzigste Jahrhundert getanzt« war, mußte sie schon damals die Backfischjahre hinter sich gehabt haben. Auch über Tante Lottis geplatzte Verlobung und die daraus resultierende Ehe-Abstinenz wußte die Familienfama nur Ungenaues zu berichten. Der in Betracht gekommene Offizier soll adelig und arm gewesen sein, weshalb Tante Lotti als zwar bürgerliche, aber gutsituierte Kommerzienratstochter die passende Partie gewesen wäre. Leider war der Heiratskandidat so unvernünftig gewesen, sich in eine andere verarmte Adelige zu verlieben, worauf Vater Oberst seinen Sohn ins Ausland verbannt hatte. Von hier ab verloren sich die konkreten Spuren, und Tante Lotti hatte sich bis zu ihrem Tod beharrlich darüber ausgeschwiegen, ob der Bedauernswerte sich nun tatsächlich dem Trunk ergeben oder eine reiche Amerikanerin geheiratet oder sich hochverschuldet eine Kugel in den Kopf geschossen hatte.

Zweimal im Jahr ging Tante Lotti »auf Reisen«, d. h. sie fing in Kiel an, wo eine Pensionatsfreundin von ihr lebte, und arbeitete sich dann kilometerweise nach Süden durch, bis sie bei ihrer Nichte in Bayrischzell landete. Zwischenstationen machte sie immer dort, wo sie Verwandte oder Bekannte aus längst vergangenen Zeiten aufgestöbert hatte, und die Dauer der jeweiligen Reise richtete sich nach der Geduld, die die Heimgesuchten aufbrachten. Die längste Besuchstour hatte sich über zehn Wochen hingezogen – allerdings nur aus dem für Tante Lotti sehr erfreulichen Grund, daß sich ihre Großkusine in Hanau das Bein gebrochen hatte. In ihrer Hilflosigkeit hatte sie sogar Tante Lottis Samariterdienste dankbar angenommen.

Uns hatte sie bei ihrer diesjährigen Sommerexpedition ausgespart. Frühzeitig genug hatte ich sie von dem bevorstehenden Umzug informiert, worauf sie vor Mitgefühl übergeströmt war.

»Du tust mir ja so leid, Liebes«, hatte sie mitleidig ins Telefon gezwitschert, »und ich würde dir mit Freuden zur Seite stehen, aber mein Rheuma ist wieder einmal ganz besonders schlimm, so daß ich dir doch nur eine Last wäre. Du hättest ja auch gar keine Zeit, mir meine Diät zu kochen. Ich besuche euch dann lieber im Frühjahr. Da kann ich auch ein bißchen länger bleiben, weil ihr in eurem neuen Haus sicherlich mehr Platz habt. Ach, ich liebe doch das Leben auf dem Lande so sehr! Wenn ich da an die Jagdsaison bei meinem Onkel, dem Rittergutsbesitzer von Harpen, denke...«

Nun ja, es blieb abzuwarten, *was* Tante Lotti hier jagen wollte. Stechmücken vielleicht oder Pferdebremsen. Immerhin galt Tante Lotti als kompetent in allen Fragen der Etikette, und sie hatte mich auch bereitwillig über alles das aufgeklärt, was ich gar nicht wissen wollte.

»Zu einem solchen Anlaß trägt man dezente Straßenkleidung ohne modische Extravaganzen. Blumen nimmt man selbstverständlich nicht mit, aber es ist opportun, Visitenkarten bei sich zu haben, die man hinterläßt, wenn man niemanden angetroffen hat.« (Bei wem, bitte sehr, sollte ich wohl die Karten hinterlassen?) »Ein Anstandsbesuch sollte sich auf zwanzig Minuten beschränken, im Höchstfall auf eine halbe Stunde. Serviert wird im allgemeinen Sherry oder Portwein, mitunter pflegen die Herren auch eine Zigarre zu rauchen. Heutzutage wird man wohl auch Zigaretten reichen...«

In diesem Stil ging es so lange weiter, bis ich Tante Lotti unterbrechen und sie darauf aufmerksam machen konnte, daß die königlich-preußischen Zeiten seit einigen Jahrzehnten vorbei wären und inzwischen auch die Damen rauchten.

»Dessen bin ich mir bewußt, mein Liebes«, klang es pikiert zurück, »aber gutes Benehmen wird niemals unmodern. Es ist bedauerlich, daß die heutigen Erzieher so gar keinen Wert mehr auf Anstand und Sitte legen.«

Daran erinnerte ich mich, als Rolf am Sonntagvormittag Punkt elf Uhr auf den Klingelknopf von Nr. 10 drückte.

»Am besten fangen wir mit Vogts an«, hatte er vorgeschlagen. »Die werden wir wohl in einer Viertelstunde hinter uns bringen können. Dann gehen wir zu den beiden Damen in Nummer zwölf und als Abschluß zu dem Tropendoktor. Mir schwant nämlich, daß ich – wenn überhaupt – Likör trinken muß, und bei Dr. Brauer gibt es wenigstens anständigen Whisky. Wehe, wenn Michael geschwindelt hat!«

Herr Vogt öffnete die Tür. Er war mittelgroß, hatte wäßrige Froschaugen, schüttere semmelblonde Haare und machte einen sehr verschüchterten Eindruck – wie ein Buchhalter, dem man gerade eröffnet hat, daß in seiner Schlußbilanz hundertdreiundachtzig Mark fehlen.

Überrascht musterte er uns und hob fragend die Augenbrauen. »Sie wünschen, bitte?«

»Mein Name ist Sanders. Wir sind vor ein paar Tagen in das Haus Nummer vier eingezogen und möchten uns gern bekannt machen. Immerhin sind wir jetzt Nachbarn und halten es für richtig, daß wir uns gegenseitig kennenlernen.« Rolf machte das großartig!

Einen Augenblick zögerte Herr Vogt, dann geruhte er, uns hereinzubitten. »Das finde ich aber sehr aufmerksam, ah, ja, sehr aufmerksam finde ich das. Wenn Sie vielleicht eintreten wollen...«

Er führte uns ins Wohnzimmer und nötigte uns in zwei grüne Samtsessel, über deren Lehnen Spitzendeckchen hingen. »Wenn Sie mich einen Augenblick entschuldigen, dann hole ich schnell meine Gattin.«

Er entschwand, und ich sah mich neugierig um. Die Einrichtung bestand aus Gelsenkirchner Barock der gehobeneren Preisklasse. Glänzend polierter Wohnzimmerschrank aus Nußbaum mit viel Glas, dahinter Sammeltassen, ein paar Vögel aus buntem Porzellan sowie sechs Bücher mit Lederrücken und ein Fernglas. Von den grünen Sesseln gab es drei Stück, dazu ein Sofa, auch in Grün, dessen Rückenlehne ebenfalls mit Deckchen verziert war. Eine Häkeldecke lag auch auf dem runden Tisch, und ich fing gerade an, die Fransen zu zählen, als Herr Vogt zurückkam. Ihm folgte seine Frau, die ein ziemlich ratloses Gesicht machte. Sie war klein und rundlich und trug zu einem lindgrünen Jackenkleid schwarze Schnürschuhe – von Rolf später als Sumpftreter bezeichnet. Vermutlich hatte sie sie gerade erst angezogen, denn neben der Haustür hatte ich mehrere Paar Filzpantoffeln bemerkt, die ganz offensichtlich als Parkettschoner gedacht waren. Vielleicht hätten wir vor Betreten des Zimmers auch hineinschlüpfen sollen.

Herr Vogt räusperte sich. »Liebe Ursula, darf ich dich unseren neuen Nachbarn vorstellen? Das sind Herr und Frau... ach, wie war doch gleich Ihr Name?«

Rolf erhob sich, und mit ihm erhob sich das Spitzendeckchen. Es hatte sich in den Ärmelknöpfen verhakt. »Sanders, angenehm!« murmelte er und ergriff die dargebotene Hand. Dann starrte er hilflos auf das Anhängsel, das mit seinem Arm auf und ab schwenkte. »Verzeihung, da muß ich wohl...« Ungeschickt zerrte er an dem Deckchen, unterstützt von Frau Vogt, die dieses Mißgeschick gar nicht begreifen konnte. »Bitte Vorsicht, das ist Klöppelspitze. Alles Handarbeit, so etwas bekommt man ja gar nicht mehr!«

Aufgeregt zupfte sie an dem Schoner herum. Endlich war Rolf von diesem unmännlichen Accessoire befreit und konnte sich wieder setzen. Frau Vogt entfernte vorsichtshalber auch das andere Spitzengebilde vom Sessel und legte es sorgfältig auf den gläsernen Teewagen.

»Zum Glück ist nichts passiert«, lächelte sie erleichtert, »aber Sie glauben gar nicht, wie empfindlich diese feinen Handarbeiten sind. Ich selbst wage mich an so etwas noch gar nicht heran, aber dafür häkle ich sehr gerne. Diese Decke hier ist auch von mir.« Beifallheischend strich sie über den Tisch.

Die nächsten Minuten verbrachte ich damit, die Decke, die Sofakissen und die eilends aus dem Nußbaumschrank herbeigeholten gehäkelten Serviettenringe zu bewundern. Als ich mich gerade erheben wollte, um nun auch den selbstgehäkelten Bettüberwurf im Schlafzimmer zu besichtigen, mahnte Rolf zum Aufbruch.

»Wir möchten nicht länger stören«, versicherte er todernst. »Außerdem können wir die Kinder nicht so lange alleine lassen.«

Dabei waren sie gar nicht allein; Michael versah angemessen honorierten Dienst als Babysitter. Für Geld tat er alles, sogar eine gute Tat.

»Ach richtig, Sie haben ja auch Kinder«, bemerkte Frau Vogt mit einem eingefrorenen Lächeln. »Zwei Jungs, nicht wahr? Einer von ihnen, ich glaube, es war der größere, hat gestern unseren Karsten mit Lehm beworfen. Natürlich habe ich ihm gesagt, daß sich das nicht gehört, aber er schien mich nicht verstehen zu wollen.«

»So etwas versteht er nie!« platzte ich heraus. »Sicher wollte er nur anbändeln und hat nicht gewußt, wie er das machen soll.«

»Nun ja, das ist möglich«, sagte Frau Vogt wenig überzeugt. »Im allgemeinen spielt unser Junge niemals auf der Straße. Er ist ein sehr reinliches Kind und haßt es, sich schmutzig zu machen. Wenn der Garten erst einmal fertig ist, wird er natürlich dort spielen, aber vorläufig bleibt er im Haus.«

»Armes Kind«, sagte ich zu Rolf, als sich endlich die Haustür hinter uns geschlossen hatte.

»Armer Mann!« erwiderte der meine. »Hast du gesehen, wie der auf der Sesselkante herumrutschte und nicht wagte, den Mund aufzumachen? So etwas von Pantoffelheld ist mir noch nicht untergekommen, und ich kenne eine ganze Menge. Mich eingeschlossen!«

Inzwischen hatten wir das Haus Nr. 12 erreicht. Rolf klingelte. Eine Zeitlang tat sich gar nichts. Dann hörten wir Schritte und leises Sprechen. Schließlich öffnete sich die Tür eine Handbreit. Hinter einer massiven Sicherheitskette lugte ein spitznasiges Gesicht hervor. »Was wollen Sie?«

»Mein Name ist Sanders. Ich bin...

»Wir kaufen nie etwas an der Tür!« unterbrach die Spitznasige Rolfs Sprüchlein.

»Ich will Ihnen ja gar nichts verkaufen! Wir sind Ihre neuen Nachbarn und möchten uns lediglich bekanntmachen.«

»So? Nachbarn sind Sie? Die anderen kennen wir auch nicht. Wir verkehren mit niemandem. Mit Ihnen werden wir auch nicht verkehren! Guten Tag!« Unter Kettengerassel knallte die Tür wieder zu.

»Das war eine glatte Abfuhr!« stellte Rolf mit bemerkenswerter Auffassungsgabe fest. »Eigentlich schade. Seitdem ich die Bewohnerin gesehen habe, würde ich auch ganz gern mal ihr Verlies besichtigen.« Er zuckte mit den Schultern. »Was nun? Haken wir noch einen ab, oder stürzen wir uns gleich auf den Whisky? Ich könnte einen vertragen!«

Ich sah auf die Uhr. Halb zwölf. »Klappern wir doch noch die Missionare ab, dann haben wir bei dem Tropendoktor wenigstens ein Gesprächsthema. Von Afrika habe ich nämlich nicht viel Ahnung. Vielleicht können Strassmanns meine Bildungslücken ein bißchen füllen.«

Die Missionare waren nicht zu Hause. Entgegen Tante Lottis Weisungen hinterließen wir keine Visitenkarten, weil wir gar keine hatten, dafür aber ein paar erstklassige Fußabdrücke auf den frisch gescheuerten Treppenstufen. Lehm mag für Bildhauer geeignet sein, als Straßenbelag ist er es nicht.

Wir hatten gerade beschlossen, unsere Kommunikationsversuche erst einmal abzubrechen, als die Tür von Nr. 8 aufging. Ein ebenso langer wie dünner Mann schlappte barfuß die Stufen herab und kam auf uns zu.

»Hatten Sie etwa die Absicht, mich bei Ihrer Besichtigungstour auszusparen?« grinste er und fügte erklärend hinzu: »Ich beobachte Sie schon eine ganze Weile und wollte Sie eigentlich warnen, bevor Sie zu den verdrehten alten Schachteln marschierten, aber dann dachte ich mir, vielleicht sehen die beiden seriöser aus als du und werden eingelassen. Sie waren aber viel zu schnell wieder auf dem Rückweg, also sind Sie vermutlich auch rausgeflogen. Bei den Heidenbekehrern haben Sie um diese Zeit kein Glück, da sind die in der Kirche. Also machen Sie jetzt erst mal hier Zwischenstation! Ich heiße übrigens Brauer.«

Er reichte uns beiden die Hand und öffnete einladend die Tür. »Kriegen Sie aber keinen Schreck. Zur Zeit bin ich Strohwitwer und völlig untalentiert für jede Art von Hausarbeit. Meine Frau ist in Hamburg und holt unsere Gören nach Hause; die hatten wir bei den Schwiegereltern abgestellt. Na ja, und in der Zwischenzeit habe ich eben meine Vorstellungen von Gemütlichkeit verwirklicht – ist aber wohl doch mehr ein Rückfall ins Junggesellenleben.«

Als gemütlich hätte ich das Wohnzimmer nun nicht gerade bezeichnet. Die Möbel, soweit sie unter den Stapeln von Zeitungen, Zeitschriften, Oberhemden, unter Flaschen, Büchern und überquellenden Aschenbechern überhaupt erkennbar waren, setzten sich hauptsächlich aus Bambusrohren zusammen. Das einzig kompaktere Stück in dem ganzen Raum war ein behäbiger Ohrensessel, offenbar der Lieblingsplatz des Hausherrn, denn er war als einziger nicht vollgepackt. Eins der hinteren Beine war abgebrochen und durch ein dickes Buch ersetzt worden. Bei näherem Hinsehen konnte ich auch den Titel erkennen: »Do It Yourself«.

Herr Brauer entfernte eine Packung Bircher-Müsli sowie zwei Tabakspfeifen von einem Schaukelstuhl und komplimentierte mich hinein. Suchend sah er sich um, entdeckte einen nur halb beladenen Bambussessel, feuerte einen Packen Zeitungen auf den Boden, begrüßte die darunter verborgen gewesenen knallroten Socken mit einem freudigen Aufschrei, zog sie an, warf ein Seidenkissen auf den Sitz und forderte Rolf auf, nunmehr Platz zu nehmen.

»Erzählen Sie bloß nicht dem Michael, wie es hier aussieht! Sonst weiß das morgen die ganze Siedlung und übermorgen die halbe Stadt.« Aufatmend ließ er sich in seinen Großvaterstuhl fallen. »Dieser Bengel ist geschwätzig wie ein altes Marktweib und stellt die Phantasie der gesamten Sensationspresse in den Schatten! Vermutlich hat er Ihnen schon gesagt, daß ich permanent besoffen bin, auf dem Fußboden schlafe und mit Whisky die Zähne putze.«

»Ganz so blumenreich ist seine Schilderung nicht gewesen«, beteuerte Rolf lachend, »aber er hat uns erzählt, daß Ihnen die europäische Lebensweise noch immer etwas schwerfällt.«

Brauer winkte ab. »Blödsinn! Ich arbeite lediglich an einem Forschungsauftrag, und weil ich ein Nachtmensch bin, kommt es oft genug vor, daß ich bis zum frühen Morgen am Schreibtisch sitze und dafür bis zum Mittagessen schlafe. Um nicht den ganzen Haushalt durcheinanderzubringen, kampiere ich dann im Keller auf einer alten Matratze. Das ist das ganze Geheimnis. Und was den Whisky betrifft – wahrscheinlich trinke ich wirklich mehr als die ganzen Spießer hier rundherum, aber ich kann ihn auch vertragen. Schließlich habe ich das jahrelang trainiert. Als Europäer kann man es in Libyen nur aushalten, wenn man nichts mehr klar erkennt. Trinken Sie einen mit?«

Die Antwort wartete er gar nicht erst ab. Aus irgendwelchen Tiefen förderte er drei Gläser zutage, die nicht zueinander paßten, und holte mit geübtem Griff ohne hinzusehen eine halbleere Flasche hinter seinem Sessel hervor. Während er einschenkte, sagte er entschuldigend: »Eis habe ich leider nicht. Entweder ist der Kühlschrank kaputt, oder ich habe auf den falschen Knopf gedrückt. Die Küche schwimmt, und wenn ich bloß in die Nähe des Kühlschranks komme, sprüht er Funken. In Bengasi war das kein Problem. Im Krankenhaus haben wir uns das Eis immer aus dem Leichenkeller geholt. Cheers!« Er hob das Glas und prostete uns zu. »Auf gute Nachbarschaft!«

Daran zweifelte ich nicht. Dr. Brauer gefiel mir, auch wenn er seine Vorliebe für die Boheme für meinen Geschmack ein bißchen zu sehr betonte. Auf seine äußere Erscheinung schien er genausowenig Wert zu legen wie auf den Zustand seiner Behausung. Er trug Flanellhosen von unbestimmbarem Grün, ein graues Pilotenhemd und einen quittegelben Schal. Zusammen mit den roten Socken bot er einen zumindest sehr farbenfreudigen Anblick. Die nur noch spärlich vorhandenen dunkelblonden Haare waren zu kurz, die Fingernägel entschieden zu lang. Am eindrucksvollsten waren jedoch seine Augen: leuchtendblau, mit Lachfältchen in den

Winkeln und umrahmt von auffallend langen Wimpern. Jede Frau hätte ihn darum beneidet.

»Haben Sie denn schon die ganze erlauchte Einwohnerschaft vom Wiesengrund kennengelernt?« Er füllte sein fast geleertes Glas wieder auf und begann zu lachen. »Als ich dieses Haus mietete, habe ich doch tatsächlich geglaubt, ein paar aufgeschlossene, sympathische Nachbarn zu finden, deren Horizont nicht schon bei Fernsehen und Fußball endet. Und wo bin ich hingeraten? In eine Ansammlung von Tratschweibern, die tagelang herumrätseln, wie oft ich mein Hemd wechsle oder wieviel Paar Schuhe ich besitze. Vor ein paar Tagen habe ich die alte Vogt erwischt, wie sie unsere Mülltonne durchsuchte. Angeblich wollte sie nur nach ihrer verschwundenen Zeitung fahnden, aber ich wette, daß sie die leeren Flaschen gezählt hat!«

»Könnte es nicht sein, daß sie wirklich nach der Zeitung gesucht hat?« gab ich zu bedenken.

»Aber doch nicht bei mir! Ich würde dieses Käseblatt nicht mal auf den Lokus hängen! – Ach wo, die wollte ganz etwas anderes finden. Asiatische Aphrodisiaka oder so etwas Ähnliches – wenn sie überhaupt weiß, was das ist!«

Brauer stärkte sich mit einem kräftigen Schluck. »Mir ist übrigens aufgefallen, daß Sie schon intensiven Kontakt mit der Familie Obermüller pflegen. Seien Sie lieber ein bißchen vorsichtig, sofern Ihnen etwas an Ihrem Renommee liegt. Der Alte ist zwar ein dämlicher Hund, aber harmlos. Seine Frau ist ein recht patenter Kerl, nur hat sie einen unausrottbaren Hang zum Klatschen, wobei Dichtung und Wahrheit ziemlich nah beieinanderliegen. Zuträger sämtlicher Neuigkeiten ist Michael. Der Bengel treibt sich überall herum und sammelt Informationen. Seine angebliche Hilfsbereitschaft ist nichts anderes als hemmungslose Neugier. Wenn er den Briefträger rechtzeitig abpassen kann, trägt er sogar hier in der Siedlung die Post für ihn aus. Sollten Sie also einen regen Schriftverkehr mit Anwälten oder ähnlich zweifelhaften Personen führen, dann mieten Sie sich lieber ein Postfach.«

Ich beschloß einen Themawechsel. »Sie erwähnten vorhin Ihre Kinder. Wie viele sind es denn?«

»Zwei Mädchen, Zwillinge. Eins davon ist Mengenrabatt, aber ich weiß nicht, welches. Mir ist es in fünf Jahren noch immer nicht gelungen, die beiden auseinanderzuhalten. Da fällt mir übrigens eine entzückende Geschichte ein: Wir hatten in Bengasi ein eingeborenes Hausmädchen...«

Das Ende dieser Story habe ich nie erfahren, weil Brauer neuen Whisky holen mußte und wir die Gelegenheit zur Flucht benutzten. Er meinte zwar, wir hätten uns ja noch gar nicht richtig kennengelernt, tröstete sich dann aber mit der Hoffnung, das unterbrochene Gespräch in Kürze fortsetzen zu können.

»Meine Familie erscheint erst am Wochenende, also komme ich in den nächsten Tagen mal rüber zu Ihnen. Den Whisky bringe ich mit!«

»Der Mensch gefällt mir!« sagte Rolf, als wir wieder draußen standen. »Und das Gesöff war erstklassig! Hast du dir die Marke gemerkt?«

Hatte ich nicht, und selbst wenn, dann hätte ich sie ihm nicht verraten. Es schien sich um ein hochprozentiges Produkt zu handeln, denn mein Gatte bewegte sich in Schlangenlinien vorwärts und steuerte geradewegs das Haus Nr. 3 an. »Jetzt sagen wir Frau Holle guten Tag!«

Ich zerrte ihn seitwärts. »Wir gehen jetzt nach Hause und nicht zu Wittingers. Was sollen die von dir denken, wenn du in diesem Zustand bei ihnen aufkreuzt?«

»Die sollen nicht denken, die sollen ihre Betten vom Balkon räumen. Man hängt seine Intimspä... seine intime Schphä... man hängt so was nicht aus dem Fenster! Das ist unmoralisch, und wir sind hier eine anschtändi... eine anständige Gegend!«

Nur mühsam gelang es mir, meinen sehr angeheiterten

Ehemann ins Haus zu bringen und im Wohnzimmer einzusperren. Hoffentlich hatte Michael nicht – aber der kam schon die Treppe herunter.

»Hat aber ziemlich lange gedauert, und am längsten bei Brauers!« Woher wußte der Bengel...? Natürlich, das Kinderzimmerfenster. Es bot freien Blick auf die zweite Häuserreihe.

»Der hat Ihren Mann aber ziemlich vollaufen lassen!« bohrte Michael weiter.

Jetzt reichte es mir! »Ich will dir mal etwas sagen, mein Sohn: Wenn du Wert darauf legst, bei deinem nächsten Besuch nicht hochkantig hinauszufliegen, dann halte in Zukunft deinen vorlauten Schnabel! Was wir tun oder nicht tun, geht dich absolut nichts an, und was andere tun, interessiert mich nicht! Du kannst deine Neuigkeiten ruhig für dich behalten! Und jetzt marschierst du am besten nach Hause, sonst bekommst du kein Essen mehr!«

Keineswegs beleidigt trollte sich der muntere Knabe. »Heute gibt's sowieso bloß Kartoffelsalat. Die Würstchen hat mein Vater gestern Nacht aufgefressen, als er aus der Kneipe kam.«

Heiliger Himmel, wo waren wir hingeraten?

Es gab aber auch solide Bürger. Nach einem ausgedehnten Mittagsschläfchen war Rolf förmlich darauf erpicht, nun noch die übrigen Nachbarn kennenzulernen.

Herr Wittinger öffnete. Er war mittelgroß, sah nichtssagend aus bis auf die eidechsenfarbenen Wildlederschuhe und beteiligte sich an der Unterhaltung nur in Form von Superlativen. »Einfach irre interessant« war seine Tätigkeit auf dem Flughafen, »sensationell« der Betriebsausflug gewesen, auf dem seine Frau ein »umwerfend gewagtes Abendkleid« getragen habe, und »einmalig« der Sportwagen, mit dem er seit kurzem vollkaskoversichert herumkurvte. »Es ist schon ein grandioses Gefühl, mit hundertachtzig Sachen über die Autobahn zu rasen. Außerordentlich erhebend.«

Frau Wittinger nickte. »Und wenn man bedenkt, daß wir vorher gar kein Auto hatten...« Im übrigen war sie langweilig wie ein endloser Güterzug. Alles an ihr war farblos, und es gelang mir nicht, sie in ein Gespräch zu ziehen. Die Männer fachsimpelten über Hubraum, Einspritzpumpen und ähnliche Geheimnisse, von denen ich nicht das geringste verstand, während Frau Wittinger stumm am Tisch saß und die Astern in der geblümten Vase zurechtzupfte. Sie schien eine Vorliebe für Blumen zu haben. Das Zimmer sah aus wie ein botanischer Garten: Geblümte Vorhänge, geblümte Tapete, eine geblümte Sesselgarnitur, ein Teppich mit Blumenranken, an der Wand zwei Stilleben mit Sonnenblumen und Alpenveilchen, auf dem Fensterbrett Kakteen und in der Ecke ein achtarmiger Ständer mit Töpfen, darunter einer, der in voller Schnittlauchblüte stand.

Ich erkundigte mich nach den Einkaufsmöglichkeiten, erfuhr aber nur, daß hierfür Herr Wittinger zuständig sei. »Er bringt immer alles mit dem Auto.«

Dann wollte ich wissen, ob man hier eventuell eine Putzfrau finden würde. »Das weiß ich nicht. Wir haben eine. Mein Mann holt sie immer mit dem Auto.«

Aha. – Krampfhaft bemühte ich mich um eine Frage, die eine weniger stereotype Antwort herausforderte. »Gibt es in Monlingen eigentlich ein Kino?« – »Nein, nur in Opladen. Aber da muß man mit dem Auto...«

Da hatte ich genug und erinnerte Rolf an die Kinder, die allein zu Haus waren. Beim Hinausgehen erkundigte sich Frau Wittinger interessiert: »Fahren Ihre Kinder auch so gerne Auto?«

»Und wie!« antwortete ich grimmig. »Am liebsten allein!«

»Die Chancen sinken«, grinste Rolf, als wir die nächste Haustür ansteuerten. »Ich werde dir wohl doch einen Papagei schenken müssen.«

Die Missionare – sie hießen übrigens Straatmann und nicht Strassmann – begrüßten uns mit überströmender Herzlichkeit und versicherten immer wieder, wie froh sie wären, so reizende Nachbarn zu bekommen. »Wir sind ja so kontaktfreudige Menschen, das hat unser Beruf mit sich gebracht, und als wir noch in Afrika waren, hatten wir fast jeden Abend Gäste. Den Leiter der Missionsstation, ein ganz reizender Mensch, und den Lehrer mit seiner reizenden Frau, hin und wieder auch unseren Bruder aus dem Nachbarbezirk, der so reizend von seinen Reisen erzählen konnte, und dann natürlich diese reizenden Eingeborenenkinder, die immer ›Guten Tag‹ sagten, wenn sie aus der Stadt in ihr Heimatdorf zu Besuch kamen – alles ganz, ganz reizende Menschen.«

Herr Straatmann schleppte Fotoalben an, und wir beguckten uns pflichtgemäß kleine Schwarze und große Schwarze und mittelgroße Schwarze, die alle aussahen, als wären sie miteinander verwandt. Frau Straatmann versicherte uns aber, es seien Eingeborene verschiedener Stämme, die früher verfeindet gewesen, nunmehr aber zum Christentum bekehrt und alle Brüder im Herrn geworden seien.

»Es kommt nur noch ganz selten vor, daß jemand abgeschlachtet und aufgegessen wird«, sagte sie fröhlich.

»Ja, haben Sie denn mitten unter Kannibalen gelebt?« fragte ich entsetzt.

»Nicht direkt Kannibalen, aber diese armen Eingeborenen waren ja so schrecklich unwissend und glaubten, die Kraft ihrer Feinde würde auf jeden übertragen, der sie aufißt.«

»Und Sie haben keine Angst gehabt?«

»Ach nein, überhaupt nicht. Sie waren ja alle so reizend in ihrer Unwissenheit.«

Ich kam zu dem Schluß, daß Straatmanns auch Tiger und Schlangen reizend gefunden haben müssen, weil die netten Tierchen ja auch nicht wissen konnten, daß ein Biß von ihnen tödlich ausgehen könnte.

Als wir uns verabschiedeten, lud uns Herr Straatmann zu einem Dia-Abend ein, den er schon seit längerem plante.

»Natürlich werden wir auch die anderen Mitbewohner dazubitten. Meine Frau wird dann Kostproben der afrikanischen Küche servieren. Sie werden überrascht sein, das kann ich Ihnen versprechen!«

Davon war ich überzeugt. Vorsichtshalber nahm ich mir schon jetzt vor, an dem betreffenden Abend Kopfschmerzen zu haben. Oder lieber ein etwas schwereres Leiden, denn zweifellos besaß Frau Straatmann geheimnisvolle Kräuter, die so etwas Simples wie Kopfschmerzen im Handumdrehen beseitigen würden.

Nun mußten wir nur noch zu Familie Friese. Ein nasser Scheuerlappen vor der Haustür sagte mir, daß man in diesem Haus auf Sauberkeit bedacht war. Sorgfältig putzte ich meine Schuhe ab, bevor ich auf die Klingel drückte. Sofort ging ein ohrenbetäubender Krach los. Ein Hund kläffte sich das Innerste nach außen, eine Tür flog ins Schloß, eine Fensterscheibe klirrte, dann schrie eine weibliche Stimme: »Mach du mal auf, ich kann nicht!«

Offenbar konnte die andere Person aber auch nicht, jedenfalls hörten wir ärgerliches Gemurmel, dann klapperten Schritte, und dann stand Frau Friese vor uns.

Sie sah aus, als habe sie sich vor einem laufenden Propeller angezogen, und erinnerte mit dem Kopf voller Lockenwickler stark an eine Ananas. »Kommen Sie rein, aber passen Sie auf, daß Sie nicht in den Freßnapf treten, hier ist nämlich die Birne kaputt!«

»Lieber ein andermal«, sagte Rolf erschrocken, »Sie wollen sicher gerade ausgehen.« Ihm sind die weiblichen Vorbereitungen hierfür hinlänglich bekannt.

»Nur zum Kegeln«, bestätigte Frau Friese. »Aber erst um acht, Männe sitzt ja noch in der Badewanne.« Dann reckte sie den Hals und schrie nach oben: »Männe, komm raus und zieh dir was an. Unsere Nachbarn sind da!«

Männe grunzte Unverständliches, aber ein gewaltiges Plätschern ließ vermuten, daß er dem Ruf seines Weibes folgte.

Frau Friese führte uns ins Wohnzimmer, nicht ohne vorher dem herausstürzenden Hund einen Fußtritt versetzt zu haben. »Halt die Klappe, verdammte Töle!«

Bei der Töle handelte es sich um die Mischung von einem halben Dutzend Hunderassen, aber die Stimme hatte sie zweifellos von einem Terrier.

»Den hat mal 'n Kunde bei uns im Geschäft gelassen, und dann sind wir ihn nicht mehr losgeworden«, erklärte Frau Friese das sichtlich nicht erwünschte Vorhandensein dieser Promenadenmischung. »Hau ab in die Küche, Mausi!«

Mausi knurrte, wich geschickt der drohenden Hand seines Frauchens aus und trollte sich.

»Nu setzen Sie sich erst mal!« Frau Friese wies auf mehrere leicht zerschlissene Stühle, von denen ich mir den am wenigsten schmutzigen aussuchte. Rolf blieb vorsichtshalber stehen und betrachtete scheinbar interessiert die Ölgemälde an den Wänden, ausnahmslos Produkte der Marke Alpenglühen.

»Sieht man gar nicht, daß die bloß fünfzig Mark pro Stück gekostet haben, nicht wahr?« Frau Friese stöckelte auf ihren hohen Absätzen durch das Zimmer und zeigte auf eine farbenprächtige Ansammlung von Schwarzwaldtannen. »Das hier haben wir sogar für vierzig gekriegt, dabei sind die ganzen Bilder echt Öl!«

Rolf murmelte Bewunderndes und warf mir hilfesuchende Blicke zu. Inzwischen hatte ich Gelegenheit gehabt, Frau Friese genauer in Augenschein zu nehmen. Sie mochte Mitte Dreißig sein, hatte ein Puppengesicht mit wasserblauen Augen, eine recht stämmige Figur und kurze dicke Beine. Ihre Füße quollen aus den hochhackigen Pumps förmlich heraus. Am schwarzen Spitzenrock fehlte ein Knopf, außerdem war der Reißverschluß etwas aufgeplatzt. Während sie vergeblich versuchte, die rosa Satinbluse mit der rechten Hand in den Rockbund zu stopfen, löste sie mit der Linken die Lockenwickler aus den Haaren.

»Da hat man nun einen Friseurladen mit drei Angestellten, aber selbst rennt man rum wie ein Mop. Ich kämme das nur mal schnell aus«, entschuldigte sie sich. »Und dann muß ich auch sehen, wo Männe bleibt. Trinken Sie'n Bier?«

»Zur Zeit darf ich keinen Alkohol trinken«, sagte Rolf sofort. »Magengeschwür, wissen Sie? Der Arzt hat's verboten!«

»Bier ist kein Alkohol, Bier ist Nahrung. Sie sollten lieber den Arzt wechseln«, bemerkte Frau Friese und verschwand. »Raus hier!« Mein Gatte strebte zur Tür, wurde aber durch ein drohendes Knurren an der Flucht gehindert. Mausi war zwar nirgends zu sehen, aber schlabbernde Geräusche verrieten uns, daß irgendwo im Flur ihr Freßnapf stand und sie bereit war, ihn heroisch zu verteidigen.

»Du hast die Hosenträger vergessen!« tönte Frau Frieses Stimme von oben.

Männe, denn um den handelte es sich wohl, stapfte die Treppe herab. »Die sind so ausgefranst!« rief er zurück. »Ich hab' dir schon vor einer Woche gesagt, du sollst neue mitbringen!« Er nestelte noch an seinem Gürtel, als er ins Zimmer kam und sich leicht verbeugte. »Angenehm, Hermann Friese mein Name.«

Männe war groß, wohlbeleibt und ein Gemütsmensch. Mißbilligend stellte er fest, daß weder Flaschen noch Gläser auf dem Tisch standen, ging zu einer Art Vertiko, öffnete die Tür, räumte Kaffeewärmer und Stopfwolle zur Seite, holte eine Flasche hervor, klemmte sie sich unter den Arm, tauchte nochmals in die Tiefe und förderte vier Gläser zutage.

»Tschuldigung, aber wenn man den ganzen Tag im Geschäft ist, bleibt im Haushalt vieles liegen. Zum Glück kriegen wir nächste Woche eine Haushälterin, dann wird es hier bald anders aussehen.«

Das war auch nötig, denn Reinlichkeit war offensichtlich nicht Frau Frieses Stärke. Auf dem Parkettboden klebte Lehm, auf dem abgetretenen Teppich lag Zigarettenasche, und die ehemals weißen Gardinen waren grau. Alles wirkte irgendwie verstaubt, sogar der Gummibaum in der Ecke ließ trübsinnig die Blätter hängen.

Herr Friese goß die Kognakschwenker dreiviertel voll, und dann tranken wir wieder einmal auf gute Nachbarschaft. An der zweifelte ich aber!

Endlich kam auch Frau Friese zurück, hochtoupiert mit etwas Glitzerndem im blonden Haar und machte Männe darauf aufmerksam, daß der Hund noch Gassigehen müßte. »Sonst pinkelt er wieder in den Flur!«

Friese erhob sich, und wir erhoben uns mit ihm. »Wo ist die Leine?«

»Die hängt an der Türklinke!« Frau Friese stöckelte in den Flur und trat in Mausis Freßnapf. »Verdammtes Mistvieh! Mußt du mit der Schüssel immer durch die Gegend ziehen?«

Das Mistvieh jaulte und schnappte zu. Frauchen schrie, Herrchen suchte die Leine, um den Übeltäter damit zu verdreschen, dabei öffnete sich die Haustür und Mausi türmte. Wir ebenfalls.

»Vielen Dank für den Kognak und einen schönen Abend noch!« rief ich zurück ins Dunkel, denn mein Gatte schien seine Erziehung vergessen zu haben und eilte schnurstracks davon.

»Paß auf, daß er nicht ins Haus kommt!« rief ich, aber es war schon zu spät. Bevor Rolf die Tür wieder zuziehen konnte, war Mausi durchgeschlüpft und tobte kläffend die Treppe hinauf, freudig begrüßt von Sven und Sascha.

»Is der aber niedlich! Habt ihr uns den mitgebracht?« Sven kniete bereits neben dem gar nicht niedlichen Hund und streichelte ihn. »Vorsicht! Der beißt!« warnte ich.

»Wo denn?« fragte Sven.

»Na, vorne!«

»Aber hinten wedelt er mit dem Schwanz. Und denn beißt er nämlich gar nicht!« belehrte mich mein tierliebender Sohn, der in seinem Zimmer bereits einen Wellensittich sowie zwei australische Springmäuse beherbergte und nicht abgeneigt war, auch noch einen Hund in seine Menagerie aufzunehmen. »Wie heißt'n der?«

»Der heißt Mausi«, sagte Herr Friese, der schnaufend angekeucht kam. »Und wenn du willst, kannst du ihn behalten.«

»Au ja, und denn släft er bei mir im Bett!« Sascha machte nun seinerseits Besitzansprüche geltend.

»Kommt überhaupt nicht in Frage!« Rolf klemmte sich den sträubenden Hund unter den Arm, ignorierte das doppelte Protestgebrüll seiner Nachkommen und drückte das jaulende Fellknäuel seinem Besitzer in die Hände.

»Der ist nämlich sehr kinderlieb«, versicherte Friese. »Wir haben ihn ja auch nur behalten, damit unsere beiden Rangen etwas zum Spielen haben. Achim und Püppi sind noch bei der Oma, aber wenn die neue Haushälterin kommt, dann holen wir sie natürlich nach Hause.«

Du liebe Zeit, Kinder hatten Frieses also auch noch! Das schienen ja nicht mal Obermüllers zu wissen, und ich nahm mir vor, diese Neuigkeit gleich morgen weiterzugeben. Wie schnell man sich doch den Sitten seiner Mitmenschen anpaßt!

4

Einen so gravierenden Milieuwechsel wie der Umzug von der Großstadt aufs Land hätte ich erst einmal trainieren müssen – vielleicht mit einer Vorortsiedlung als Zwischenstation –, aber mir blieb nicht einmal Zeit genug, mich auch nur allmählich an die veränderten Verhältnisse zu gewöhnen. Rolf ging mal wieder auf Geschäftsreise, so daß ich tagelang ohne Auto, dafür mit zwei Kindern in der Einöde festsaß; außerdem ging der anfangs noch beruhigende Vorrat an Cornflakes allmählich zu Ende, und so wurde die Nahrungsmittelbeschaffung zum vordringlichsten Problem.

Die Strecke zum nächsten Supermarkt hätte ein trainierter Sportler in knapp zwanzig Minuten geschafft, ein geübter Spaziergänger in etwa einer halben Stunde, und ein weniger geübter wie ich hätte noch ein bißchen länger gebraucht. Aber ich kam ja gar nicht erst hin!

Seitdem Sascha seine ersten Schritte gemacht hatte, war er jedesmal in wütendes Gebrüll ausgebrochen, sobald ich ihn in den Kinderwagen setzen wollte. Er wollte laufen. Nun hatte ich keine Lust, mit einem schreienden und strampelnden Brüllaffen an den Häusern vorbeizuziehen und ihren Bewohnern das Produkt meiner mangelhaften Erziehung zu präsentieren, also ließ ich den Sportwagen zu Hause, nahm Sascha an die Hand und marschierte los.

Kürzlich hat die Universität Gießen herausgefunden, daß eine Schnecke in der Minute sieben Zentimeter zurücklegen und damit einen Dreijährigen beim Spazierengehen schlagen kann. Sascha bestätigte diese These. Erster Haltepunkt war eine Pfütze, in die er Steinchen werfen wollte. Dann interessierten ihn ein Regenwurm, ein leerer Farbeimer, ein zerfetzter Prospekt über Schweinefutter, und als er auch noch die beiden Vogelfedern aufgesammelt hatte, waren wir schon an Köbes' Scheune. Gleich dahinter begann eine Wiese. Kühe waren nicht mehr drauf, wohl aber das, was sie hinterlassen hatten. Und genau da fiel Sascha hinein.

Zu Mittag gab es Corn-flakes!

Einkaufen im Familienverband schied also aus. Ich beriet mich mit Frau Obermüller. »Können wir uns nicht abwechseln? Einer spielt Babysitter, und der andere kauft für beide ein?«

Frau Obermüller brauchte keinen Babysitter mehr, und außerdem... »Haben Sie schon mal zwei Brote, ein Kilo Fleisch und noch ein bißchen Sonstiges drei Kilometer weit geschleppt?«

Nein, hatte ich nicht.

»Na also! Beim nächstenmal kommen Sie nämlich dahinter, daß Salat viel gesünder ist als Kotelett und Knäckebrot auch satt macht!«

Ein Vorstoß bei den anderen Nachbarn brachte auch nichts. Straatmanns waren Vegetarier und holten sich ihren Bedarf an Grünzeug aus der nächsten Gärtnerei. Frieses kauften in Düsseldorf ein, bei Wittingers brachte ja der Mann alles Notwendige mit dem Auto, und zu Frau Vogt wagte ich mich erst gar nicht. Vermutlich deckte sie ihren Bedarf in der Apotheke, weil da alles so schön steril verpackt ist. Schließlich hatte Rolf den rettenden Einfall: Er kaufte mir ein Fahrrad. Auf diese Idee war ich zwar auch schon gekommen, hatte sie aber sofort wieder verworfen, weil ich keinerlei sportliche Ambitionen hatte und für Querfeldeinfahrten auch nicht die nötige Kondition mitbrachte.

»Du fährst natürlich über die Landstraße und nicht den Trampelpfad entlang!« beschied mich mein Gatte, der Fahrräder nur aus den Schaufenstern kannte und meines Wissens noch nie eines bestiegen hatte.

Landstraße bedeutete noch einen Kilometer mehr, bedeutete Regen im Gesicht und Spritzwasser auf den Beinen, bedeutete einen zappelnden Sascha vorne im Körbchen, zwei schwankende Tüten am Lenkrad und auf dem Gepäckträger einen vollen Karton, der gelegentlich auch mal runterfiel und seinen Inhalt über die Straße verstreute. Während ich mit der einen Hand Tomaten und Suppenknochen einsammelte und mit der anderen Sascha festhielt, bildeten sich vor und hinter uns Autoschlangen mit steigenden Temperaturen. Nein, ich konnte wirklich nicht begreifen, daß es Menschen geben sollte, die für ihr Leben gerne einkaufen.

Die regelmäßige Expedition durch den Supermarkt entwickelte sich jedesmal zu einer schweißtreibenden Schwerarbeit. Seitdem Sascha einmal in hohem Bogen aus dem Kindersitz des Einkaufswagens geflogen war, nahm ich ihn vorsichtshalber immer auf den Arm. Sehr zur Verwunderung der Kassiererin.

»Kann der große Bengel denn noch nicht laufen?« fragte sie mich eines Tages.

»Und ob!« erwiderte ich grimmig. »Was glauben Sie denn, warum ich ihn trage?«

Mit Vorliebe plünderte er nämlich hinter meinem Rücken ständig den halben Laden. Endlich kam mir die rettende Idee: Ich zog ihm vor der Tür einfach den Gürtel aus der Hose, und von da an brauchte er beide Hände, um die Hose festzuhalten.

Frau Obermüller hatte mir erzählt, daß es zumindest etwas gab, was man ohne körperliche Strapazen und noch dazu viel frischer als im Laden haben konnte – nämlich Eier. Bauer Köbes sollte Hühner haben, die mehr Eier produzierten, als er und seine alte Mutter verbrauchen konnten. So machte ich mich eines Morgens auf den Weg und fand auch ohne Schwierigkeiten »den Zaun mit dem Loch gleich hinter dem Pfahl«. Der reguläre Zugang befand sich weiter hinten, aber diese Wegabkürzung ersparte mir einmal Schuheputzen. Die Wiese war halbwegs trocken, der Lehmweg war es nicht.

»Köbes sein Hof« entpuppte sich als recht stattliches Anwesen, und das hübsche weißgestrichene Haus sah vertrauenerweckend aus. Eine alte Frau saß davor und sortierte Kartoffeln.

»Guten Tag, ich bin vor einigen Tagen drüben im Wiesengrund eingezogen und habe gehört, daß Sie Eier verkaufen. Stimmt das?«

»Ja.«

»Kann ich wohl bitte zwanzig Stück haben?«

»Nein!«

»Und warum nicht?«

»Keine da!«

»Ach so«, sagte ich erleichtert, weil der nicht eben allzu freundliche Empfang offenbar nichts mit meiner Person zu tun hatte, »dann komme ich eben morgen nochmal wieder.«

»Nein!«

»Also dann wollen Sie mir keine Eier verkaufen?«

»Doch!«

»Ja, und warum...?«

»Bloß dienstags. Montags fährt mein Sohn immer zur Hühnerfarm und holt welche. Wir haben keine Hühner!«

Zumindest in kommerzieller Hinsicht schien es hier doch Anzeichen von Zivilisation zu geben!

Zum Glück war Bauer Köbes weniger schwerfällig als seine Mutter und belieferte uns künftig nicht nur mit Eiern, sondern auch mit Gemüse, Obst und Einkellerungskartoffeln. Gelegentlich brachte er auch Wild mit. Die Landstraße führte direkt an seinem Gehöft vorbei, und jedesmal, wenn er abends Bremsen quietschen hörte, rannte er hinaus, um gegebenenfalls Polizei, Abschleppdienst oder Leichenbestatter zu alarmieren. Autofahrern, die das Warnschild nicht beachtet hatten und mit Rehen kollidiert waren, nahm er die gesetzwidrige Beute ab mit dem Versprechen, »die Sache nicht an die große Glocke zu hängen«. Die verschreckten Zufallsjäger waren froh, ohne Forstamt und Papierkrieg davonzukommen, drückten Köbes das Reh und meist auch noch Bares in die Hand, und so hatten wir besonders im Herbst ziemlich häufig Wildgerichte auf dem Speisezettel.

Einmal brachte er auch ein räudiges Huhn an, von dem er behauptete, er habe es notschlachten müssen, weil es von einem Motorrad angefahren worden war. Ich vermutete allerdings, daß es an Altersschwäche eingegangen war. Wir haben es nie weichgekriegt. Sogar Mausi, die mühelos Lederriemen und mittelgroße Zaunpfähle durchnagen konnte, hatte meine Gabe verschmäht und mir den Leichnam später wieder vor die Haustür gelegt.

Am leichtesten hatten Sven und Sascha den Wechsel von der Großstadt in die doch schon ziemlich ländliche Umgebung überstanden. Sie liefen den ganzen Tag in Gummistiefeln und Friesenfrack draußen herum, kannten alle Handwerker, die sich ab und zu noch mal blicken ließen, luden sie großzügig zu Kaffee und Kuchen ein, wenn ich gerade große Wäsche hatte oder über Rolfs Spesenabrechnung saß, und schleppten alles an, was ihr Interesse erregt hatte. Das konnte ein Käfer sein oder ein abgebrochener Spaten; ein zerfledderter Autositz, den jemand nachts heimlich abgeladen hatte, oder ein Bestellzettel für die Zeitschrift »Wild und Hund«, weil da genauso ein Pferd drauf war, wie Sven es sich zu Weihnachten wünschte.

Das Beste an kleinen Jungen ist, daß sie abwaschbar sind. Jeden Abend mußte ich sie in die Wanne stecken, und wenn sie abgeweicht und wieder halbwegs sauber waren, hätte ich im Badezimmer Petersilie säen können. Ich fing an, mir Sorgen zu machen, ob im Garten noch genug Erde übrigbleiben würde, um im Frühling meine noch nie erprobten Fähigkeiten als Gärtnerin beweisen zu können.

Inzwischen hatten wir nämlich eine ungefähre Vorstellung von dem, was einmal ein Garten werden sollte. Die Lehmwüste hinter den Häusern war eingeebnet worden und sah jetzt aus wie das Wattenmeer bei Ebbe. Gemäß deutschen Gepflogenheiten, wonach jeder Quadratmeter Eigentum umzäunt werden muß, hatte man 70 cm hohe Maschendrahtzäunchen gezogen, die sogar Sascha mühelos übersteigen konnte, auch wenn er dabei regelmäßig seine Hosen zerriß.

Dann kamen Männer, die sich lautstark darüber wunderten, daß man die Gärten bereits plattgewalzt habe, denn schließlich brauchten sie ja noch Sand für die Terrasse. Sie holten ihn dort, wo sie ihn am bequemsten fanden, nämlich aus dem Garten gleich neben der Terrasse. Als unser künftiger Freiluftsitz endlich fertig war, konnte das Regenwasser von den Platten sofort in den ausgehobenen Graben laufen. Was es auch tat. Nachdem Sascha zum viertenmal in die Lehmbrühe gefallen war, schippte Rolf den Graben endlich zu. Nun lief das Wasser überhaupt nicht mehr ab, sondern blieb so lange auf der Terrasse stehen, bis sich genug angesammelt hatte, um durch die Tür ins Zimmer zu rinnen.

»Herbstzeit ist Gartenzeit!« verkündete Obermüller, der auch noch niemals im Leben einen beackert hatte, und machte sich an die Arbeit. Nachdem er ein handtuchgroßes Stück umgegraben und glattgeharkt hatte, kam er zu der Ansicht, daß man Gemüse zweckmäßigerweise im Laden kaufen sollte und eine glatte Rasenfläche sowieso das beste für Kinder sei. Also säte er welchen, ließ ihn samt Löwenzahn und Sauerklee wachsen, wie er wollte, und erteilte in den kommenden Jahren vom Liegestuhl aus seinen Nachbarn gute Ratschläge, wie sie Rosen und Radieschen pflegen müßten.

Rolf hatte noch eine Weile abgewartet, ob die Baugesellschaft nicht vielleicht auch die Gartengestaltung übernehmen würde, aber als sich wochenlang nichts tat, beschloß er, die Sache selbst in die Hand zu nehmen. Zunächst lieh er sich von Freund Felix ein farbenfroh illustriertes Gartenbuch, dessen Fotos wohl überwiegend in den Parkanlagen von Villenbewohnern der oberen Einkommensklasse entstanden waren. Da zogen sich über ganze Buchseiten Rasenflächen von Sportplatzgröße, mittendrin wie hingestreut ein paar Dutzend Tulpen und Narzissen, und das Weiße im Hintergrund mußten Armeen von Tausendschönchen sein. Flankiert wurde das Ganze von uralten Buchen.

»So stelle ich mir einen Garten vor«, verkündete mein Gatte, »wachsen lassen, wie die Natur es hervorbringt.«

»Natürlich sieht das schön aus«, räumte ich ein, »aber du vergißt, daß wir in einer Neubausiedlung wohnen. Das ist bekanntlich eine Gegend, wo die Bauleute erst alle Bäume ausreißen und dann die Straßen nach ihnen benennen!«

Mein Gatte mußte einsehen, daß das ihm zugeteilte Areal für seine gartenarchitektonischen Pläne wohl doch ein bißchen zu klein geraten war, und entwarf einen Grundriß, in den er genau einzeichnete, wo die Tomaten, die Kohlköpfe und die Fliederbüsche stehen sollten. Sascha forderte einen Sandkasten, Sven wollte einen Auslauf für seine Mäuse haben, ich brauchte eine Wäschespinne – jeder neue Wunsch machte einen neuen Bauplan notwendig, und als der letzte endlich fertig war, hatten wir Ende November, und der Frost saß bereits im Boden. Wir vertagten die ganze Sache bis zum Frühjahr.

An jedem Wochenende zogen Scharen von Schaulustigen durch unsere Millionärssiedlung, überstiegen die Gartenzäunchen, äugten interessiert durch die Fenster, und besonders Unverfrorene klopften sogar an die Scheiben und winkten uns fröhlich zu, bevor sie sich endlich vor dem Musterhaus sammelten. Wir gewöhnten uns daran, samstags und sonntags bei geschlossenen Vorhängen im Halbdunkel zu leben und hofften, daß nun endlich die noch leerstehenden Häuser verkauft und unsere Siedlung nicht länger Ziel von Familienausflügen sein würde.

Im Nebenhaus tat sich schon etwas. Handwerker kamen

und gingen, sogar der Bauleiter ließ sich zweimal sehen, eine nagelneue Küche wurde installiert – nur die künftigen Bewohner bekam ich nie zu Gesicht, obwohl ich beim Zuschlagen einer Autotür jedesmal ans Fenster stürzte. Und dann war es doch bloß wieder der Wagen vom Installateur.

Nie hätte ich geglaubt, daß Klatsch und Tratsch einmal wesentlicher Bestandteil meines Lebens werden könnten, aber das war auch vor unserem Umzug nach Monlingen gewesen. Hier passierte absolut gar nichts! Und hatte ich auch eine Zeitlang Frau Vogt belächelt, die jeden Tag zehn Minuten nach halb sechs vor der Haustür wartete, um ihrem heimkehrenden Mann Hut und Aktenköfferchen abzunehmen, so beneidete ich sie bald, weil sie abends wenigstens nicht allein sein würde. Nach acht Wochen war ich soweit, daß ich meinem Mann sogar die Pantoffeln entgegengetragen hätte, wäre er überhaupt gekommen. Aber manchmal sah ich ihn die ganze Woche nicht, und wenn er schließlich heimkehrte, verschwand er in seinem Zimmer, hängte sich ans Telefon und meckerte zwischendurch, weil die Kinder durchs Haus krakeelten.

»Du mußt eben eigene Interessen entwickeln!« sagte er, wenn ich ihm etwas von Lebendigbegrabensein und Kochtopfhorizont vorjammerte.

»Beschäftige dich mal mit fernöstlicher Philosophie oder mach Handarbeiten. So was soll die innere Zufriedenheit sehr günstig beeinflussen.«

»Jetzt reicht es aber!« Nachdrücklich erinnerte ich Rolf an jene Zeit, als ich mir in seiner Gegenwart nicht mal einen Knopf an die Bluse nähen durfte, weil ihm Hausmütterchen ein Greuel waren und er alles, was daran erinnerte, mit der Vorstellung von Küchenschürze, Dutt und Strickstrumpf verbunden hatte. Und jetzt sollte ich...? Nie!!

»Herrgott, was machen denn die anderen Frauen, die hier rundherum leben? Irgendwie werden die sich ja auch beschäftigen. Warum tut ihr euch nicht zusammen und gründet eine Laienspielgruppe, züchtet Nerze oder macht sonst irgend etwas Nützliches? Zeit genug habt ihr doch alle!«

»Eben! Aber das ist noch lange kein Grund, mich mit Frau Vogt über Häkelmuster zu unterhalten oder mich von Straatmanns darüber aufklären zu lassen, wie die Neger ihre Buschtrommeln basteln. Frau Wittinger hat den IQ eines toten Esels, Frau Friese ist schon gar nicht meine Kragenweite und außerdem nie zu Hause, mit Frau Obermüller kann ich nicht dauernd zusammenhocken, und den Umgang mit Dr. Brauer hast du mir verboten!«

»Das stimmt nicht!« protestierte Rolf. »Ich habe dich lediglich gebeten, ihn etwas einzuschränken. Du mußt ja nicht unbedingt ins Gerede kommen!«

»Das bin ich sowieso schon! Oder glaubst du etwa, es hat niemand mitgekriegt, wenn der Brauer mit seinem Whisky unterm Arm über unseren Zaun gestiegen ist?« (Hoffentlich hatte man auch genauso sorgfältig registriert, daß er immer ziemlich schnell wieder hinausgeflogen war!)

»Ich weiß doch auch genau, wer zu wem geht.«

»Wen interessiert denn das?«

»Mich! Dann kann ich mir doch wenigstens eine halbe Stunde lang den Kopf darüber zerbrechen, was ausgerechnet Herr Friese bei Frau Vogt will. Und das nachmittags um drei, wenn er im Geschäft sein müßte und die Häkeltante allein zu Hause ist. Du glaubst gar nicht, was das für Spekulationen offenläßt!«

Rolf sah mich an, als hätte er eine arme Irre vor sich, und verschwand wortlos in seinem Zimmer.

Tatsächlich hatte ich eine Zeitlang versucht, in das Grüne-Witwen-Leben ein bißchen Abwechslung zu bringen und meine Leidensgefährtinnen zu irgendwelchen Aktivitäten zu ermuntern, nur ließen sich die jeweiligen Interessen – soweit überhaupt vorhanden – nicht unter einen Hut bringen. Frau Vogt war nicht bereit, sich von Sohn und Haus zu trennen, weil sie ja abends pünktlich ihren Mann in Empfang nehmen mußte.

»Aber wir könnten doch ein Handarbeitskränzchen gründen«, schlug sie drei Tage später vor, als sie mich nach meiner täglichen Einkaufstour vor der Garagentür stellte. Dann faselte sie noch etwas von Wohltätigkeitsbasar und guten Werken, bevor sie mit wehender Kittelschürze Frau Straatmann entgegenlief. Die fand sich mit bemerkenswerter Schnelligkeit immer dort ein, wo jemand stand und sich mit jemand anderem unterhielt.

»Nicht wahr, es gibt doch so eine Art Hilfsfonds für Entwicklungsländer?« erkundigte sich Frau Vogt.

»Aber natürlich«, bestätigte Frau Straatmann. »Haben Sie Geld zuviel?«

Über Sinn und Zweck des geplanten Unternehmens aufgeklärt, winkte sie ab. »Mit wollenen Unterhosen habe ich keinen unserer Eingeborenen herumlaufen sehen. Die sind bei der Hitze auch gar nicht nötig. Aber es wäre doch reizend, wenn wir eine Spendengemeinschaft gründen würden. Wir könnten Firmen anschreiben, Medikamente und Liebesgaben sammeln... Also daran würde ich mich sofort beteiligen!«

Frau Vogt lehnte ab: »Damit würde aber mein Mann ganz und gar nicht einverstanden sein. Am Ende laufen diese Leute einem noch das eigene Haus ein!«

Frau Wittinger schlug vor, doch mal etwas mit dem Auto zu unternehmen, das keine von uns hatte, und schließlich beendete Frau Obermüller meine Kommunikationsversuche mit der durchaus richtigen Feststellung: »Von ein paar mageren Knochen können Sie nicht mehr erwarten als eine dünne Suppe. Aber wenn sich hier nicht bald etwas tut, fange ich aus lauter Verzweiflung noch an, das Telefonbuch zu lesen!«

Dann tat sich endlich etwas! Eines Tages schaukelte ein Möbelwagen mit Anhänger über die Zufahrtsstraße und hielt vor dem Nebenhaus. Unsere Nachbarn zogen ein. Während ich noch ausprobierte, von welchem Fenster aus ich die beste Sicht haben würde, rauschte ein feuerroter Sportwagen heran. Ihm entstieg eine nicht ganz schlanke, aber sehr attraktive Blondine, die die herumstehenden Möbelmänner keines Blickes würdigte, sondern zielstrebig auf unsere Tür zustöckelte. Dann klingelte es auch schon.

Ein Blick in den Spiegel sagte mir, daß ich es an Eleganz nicht im entferntesten mit meiner Besucherin würde aufnehmen können, aber kluge Menschen sind ja über Äußerlichkeiten erhaben. Zuversichtlich öffnete ich.

»Guten Tag, mein Name ist Gundloff, ich will hier einziehen, aber mein Bekannter hat den Haustürschlüssel in der Tasche, und nun suche ich ein Telefon. Sie haben doch eins?«

»Ja, natürlich. Kommen Sie doch herein!«

Aber sie war schon drin. »Wo steht der Apparat? Im Wohnzimmer? Danke.« Wie selbstverständlich öffnete sie die Tür, sah sich suchend um und zuckte schließlich mit den Achseln. »Ich sehe ihn nicht.«

»Würde mich auch wundern«, sagte ich etwas pikiert. »Das Telefon ist im Flur.«

»Da kommt meins auch hin.« Frau Gundloff stöckelte zurück und griff nach dem Hörer. »Wenn Sie mich vielleicht einen Augenblick allein lassen würden...«

Gehorsam marschierte ich in die Küche und schloß nachdrücklich die Tür. Trotzdem bekam ich den geräuschvollen Monolog mit, der offenbar an die Adresse des zoologischen Gartens ging, denn es war dauernd die Rede von einem Kamel, einem Riesenroß, einem Affen und weiteren Säugetieren dieser Größenordnung. Mit der Ankündigung, es würde sich etwas Entsetzliches tun, wenn »du Trottel nicht in einer halben Stunde hier bist«, war das Gespräch beendet.

»Sie können wieder rauskommen!« gestattete Frau Gundloff. Was bildete die sich eigentlich ein?

Entschuldigend lächelte sie mich an. »Ich bin immer so

furchtbar impulsiv, aber ich meine das nie so. Es ist aber auch zu ärgerlich, wenn man sich um alles selber kümmern muß und dann doch mal etwas vergißt. Sonst passiert mir das nie, und nun gerade heute! Jetzt kann ich mindestens eine halbe Stunde vor der Tür stehen!«

Das war deutlich. »Sie können natürlich hier warten«, bot ich an. »Gehen Sie ruhig ins Wohnzimmer, den Weg kennen Sie ja. Ich stelle nur schnell die Kaffeemaschine an.«

»Für mich nicht!« Abschätzend musterte Frau Gundloff unser Mobiliar und ließ sich in einen Sessel fallen. Sorgfältig zupfte sie ihren hautengen Rock zurecht. »Kaffee vertrage ich nicht, aber wenn Sie vielleicht einen Kognak hätten...«

Sie bekam ihn. »Normalerweise trinke ich nur Remy Martin, aber der hier ist auch ganz ordentlich. Kriege ich noch einen?«

Nach dem vierten kannte ich schon den größten Teil ihrer Biographie, die darin gipfelte, daß sie mit 27 Jahren einen Zahnarzt geheiratet hatte, der zwanzig Jahre älter gewesen war und »überhaupt kein Verständnis für die Bedürfnisse einer jungen Frau« gehabt hatte. Fünf Jahre lang hatte sie es ausgehalten, dann war sie mit einem Medizinstudenten durchgebrannt.

»Ein halbes Dutzend Detektive hat mein Mann hinter mir hergeschickt«, entrüstete sie sich, trank den fünften Kognak und fuhr fort: »Er wollte mich aber nicht zur Verantwortung ziehen, er wollte mich wiederhaben! Mit dem Studenten war's inzwischen zwar aus, der hatte ja kaum Geld, aber ich habe meinen Mann doch noch ein paar Wochen zappeln lassen, bis ich zurückgegangen bin. Eine Weile ging es auch ganz gut, aber dann fing er wieder mit seiner Eifersucht an – völlig grundlos natürlich –, und dann habe ich mich endgültig scheiden lassen. Ich habe ihm mit einem Riesenskandal gedroht, wenn er mir nicht eine anständige Abfindung und regelmäßigen Unterhalt zahlt. Beides mußte er, dafür hat schon mein Anwalt gesorgt. Ein ungemein tüchtiger Mensch, den kann ich Ihnen nur empfehlen!«

»Leben Sie jetzt allein?« fragte ich neugierig.

Frau Gundloff girrte die Tonleiter rauf und runter. »Ich bin für ein Einsiedlerleben nicht geschaffen. Momentan bin ich mit einem Künstler liiert, Konzertmeister beim Wuppertaler Stadtorchester. Ein sehr sensibler Mensch und hochmusikalisch. Extra seinetwegen habe ich ein Klavier gekauft, damit er nicht immer auf der Geige komponieren muß. Er hat ja eine ganz große Zukunft vor sich.«

Den sensiblen Künstler lernte ich dann auch noch kennen. Er hatte die Figur eines Preisboxers, trug statt der erwarteten Künstlermähne einen ganz zivilen Haarschnitt und überreichte seinem »Bellchen« einen Asternstrauß, aus dem oben der reklamierte Schlüssel lugte.

»Mein Bärchen hat wohl ein schlechtes Gewissen?« zwitscherte Frau Gundloff, hakte sich bei ihrem Grizzly ein und trippelte zur Tür. »Vielen Dank für die Bewirtung! Morgen werde ich mich revanchieren!« versprach sie und enteilte. Bärchen, fest verknotet, stolperte unbeholfen hinterher.

Keineswegs gewillt, sämtliche Neuigkeiten bis zu Rolfs Heimkehr für mich zu behalten, pfiff ich meinen Nachwuchs zusammen und ging zu Obermüllers. Meinen Beobachtungsposten am Fenster konnte ich getrost aufgeben, denn Michael beteiligte sich nach bewährter Methode schon wieder am Ausladen der Möbel und würde weitere Informationen sammeln. Der Gesprächsstoff für diesen Tag war gesichert!

Wie zu erwarten, zeigte Rolf großes Interesse an unserer neuen Nachbarin und brannte darauf, sie kennenzulernen. Bisher hatte er sie lediglich bruchstückweise gesehen. Einmal den Kopf, als sie ihn aus dem Autofenster streckte, ein andermal die Beine, als er vom Kellerfenster einen Blick auf sie erhaschen konnte, aber das wohlproportionierte Mittelstück fehlte noch.

»Ob sie wohl eine echte Blondine ist?« rätselte er. »Wohl eher eine Brünette mit großem Geheimnis«, sagte ich schnippisch.

»Wie alt schätzt du sie?«

»Angeblich hat sie kürzlich ihren fünfunddreißigsten Geburtstag gefeiert. Fragt sich nur, zum wievielten Mal. Sie tut für ihr Äußeres Dinge, für die jeder, der mit gebrauchten Autos handelt, sofort ins Gefängnis käme!«

»Warum bist du bloß so giftig?« fragte Rolf arglos.

Ich war überhaupt nicht giftig, ich fand es nur albern, wie sämtliche Männer der Siedlung hinter Frau Gundloff herliefen. Obermüller betätigte sich als Klempner, Schlosser und Heizungsmonteur, Friese brachte so ziemlich jeden Abend ein Sortiment Kosmetika ins Nebenhaus, Wittinger versorgte sie mit Reiseprospekten, und sogar Herr Straatmann hatte irgendeinen Vorwand gefunden, unserer Galionsfigur einen Besuch abzustatten. Natürlich hatte sich auch Brauer in den Reigen männlicher Bewunderer eingereiht und stieg mehr oder weniger regelmäßig mit seiner Whiskyflasche über den Zaun. Dabei hatte er zu Hause etwas viel Besseres. Frau Brauer war eine ausgesprochene Schönheit, sehr jung, sehr blond und sehr schüchtern. Mit dem etwas unkonventionellen Lebensstil ihres Mannes hatte sie sich offenbar abgefunden, aber einen sehr glücklichen Eindruck machte sie nicht.

Jedenfalls war Rolf Feuer und Flamme, als uns Frau Gundloff telefonisch zu einem »kleinen Cocktailstündchen« bat. »So gegen fünf, nur auf ein paar Martinis.«

»Das wurde ja auch langsam Zeit«, murmelte er, während er unschlüssig zwischen seinen Krawatten kramte, »paßt die blaugestreifte?«

»Stell dich nicht so an, wir gehen zu keinem Staatsempfang!« Auf der einen Seite war ich froh, daß die offizielle Konfrontation jetzt endlich stattfinden sollte, auf der anderen hatte ich gewisse Bedenken. Wie alle Männer hatte Rolf ein Faible für attraktive Frauen, und daß Frau Gundloff zu dieser Kategorie zählte, ließ sich nicht bestreiten.

»Hast du Blumen?« wollte er wissen.

»Nein. Aber oben steht der Kaktustopf, den mir Felix neulich mitgebracht hat. Er ist noch so gut wie neu!«

Rolf warf mir einen wütenden Blick zu. »Den hat er dir ja nicht umsonst geschenkt! Aber mal im Ernst: Irgend etwas müssen wir zum Einstand mitnehmen. Im Keller stehen doch eine ganze Menge Scheußlichkeiten herum, mit denen uns deine Verwandtschaft immer beglückt. Kannst du davon nichts entbehren? Ich denke da zum Beispiel an diesen Alptraum von Sammeltasse.«

»Ausgeschlossen!« protestierte ich. »Die ist so geschmacklos, daß sie in ein paar Jahren bestimmt eine begehrte Antiquität sein wird. Bring der Dame eine Flasche Schnaps mit, dafür hat sie wenigstens Verwendung!«

Frau Gundloff (»sagen Sie doch einfach Isabell!«) trug etwas Honiggelbes aus reiner Seide und bewegte sich darin mit einer Grazie, die Katzen erst nach jahrelangem Üben beherrschen. Mit Kennermiene begutachtete sie den Calvados, den Rolf ihr überreichte, und bat uns ins Wohnzimmer – eine sehr teure, sehr kühle und sehr unpersönliche Anhäufung moderner Innenarchitektur. Wir wurden in zwei unbequeme Sessel genötigt und bekamen Gläser mit einer undefinierbaren Flüssigkeit in die Hand gedrückt, die Isabell als eigene Kreation mit dem beziehungsreichen Namen »Mona-Lisa-Cocktail« bezeichnete. Dazu gab es Horsd'œuvres genannte Appetithäppchen, die bei mir das absolute Gegenteil bewirkten und auch Rolf sofort an sein in solchen Fällen bewährtes Magengeschwür erinnerten. Er mag keine hartgekochten Eier, und die bräunlich schimmernde Paste erinnerte ihn wohl zu sehr an Sonnencreme. So nuckelte er nur lustlos an seinem Cocktail und bemühte sich redlich, Isabells Geplapper die nötige Aufmerksamkeit zu schenken. Leute, deren Gespräch es an Tiefe fehlt, gleichen das oft durch Länge aus, und Isabells ausführlich vorgetragene Ansichten über moderne Kunst und alte Religionen entbehrten jeder Grundlage.

»Dann glauben Sie also an gar nichts?« Ich wollte dieses unergiebige Thema endlich beenden.

»Nur an das, was ich mit meinem Verstand erklären kann.«

Das kommt ja wohl auf dasselbe heraus, dachte ich im stillen, schenkte unserer Gastgeberin ein besonders reizendes Lächeln und ermunterte meinen Gatten zum Aufbruch. Er hatte auch nichts dagegen, lud Isabell aber für einen der nächsten Abende zum Gegenbesuch ein. »Selbstverständlich zum Essen«, betonte er.

»Davon hat sie nämlich keine Ahnung«, begründete er zu Hause seine in meinen Augen übertriebene Gastfreundschaft. »Und diese Cocktails waren auch das Letzte! Wenigstens weiß ich jetzt, warum sie ›Mona Lisa‹ heißen: Nach zwei Gläsern wird man das komische Grinsen nicht mehr los!«

Am nächsten Tag – es war ein Sonntag – klingelte kurz vor elf das Telefon: »Könnte Ihr Mann nicht mal ein paar Minuten herüberkommen und nach meiner Stehlampe sehen?«

»Fragen Sie ihn doch selbst!« knurrte ich bissig und gab den Hörer weiter.

Rolf verstand absolut gar nichts von Elektrizität, denn als er unlängst mein Bügeleisen repariert hatte, mußte ich ein neues kaufen, weil der Elektriker später behauptet hatte, nunmehr sei es irreparabel. »Wie viele Schraubenzieher besitzt denn Ihr Mann?« hatte er gefragt.

»Keine Ahnung, ich glaube, vier.« Darauf der Elektriker: »Dann gebe ich Ihnen einen guten Rat – verstecken Sie sie!« Aber natürlich bot Rolf sofort seine Hilfe an und begab sich ins Nebenhaus. Als er nach zwei Stunden zurückkam, hatten wir bereits gegessen, das Geschirr war gespült, und aus lauter Wut hatte ich sogar das Küchenfenster geputzt.

»Ich hab mich wirklich beeilt«, behauptete mein Gatte,

»aber als ich die Lampe doch nicht reparieren konnte, haben wir noch ein bißchen was getrunken und geklönt, und plötzlich war es eins.«

»Gegessen haben wir um zwölf.«

»Es macht gar nichts, wenn ich eine Mahlzeit überspringe«, sagte Rolf fröhlich. »Isabell meint auch, ich könnte ruhig ein paar Pfund abnehmen.«

»Wenn du dich öfter von ihr zum Essen einladen läßt, wirst du das mühelos schaffen!«

Rolf lachte. »Bist du etwa eifersüchtig?«

»Natürlich nicht! Ich finde es völlig normal, wenn mein Mann, den ich manchmal eine ganze Woche lang nicht sehe, auch die Sonntage woanders verbringt!«

»Nun hab dich nicht so wegen dieser zwei Stunden! Isabell ist doch auch viel allein, seitdem ihr Freund den Tourneevertrag unterschrieben hat. Wir sollten sie ab und zu mal einladen.«

Aber das war gar nicht nötig. Entweder lud sie sich selber ein oder sie fand einen Grund, Rolf in ihr Haus zu locken und ihn um Hilfeleistungen zu bitten bei Dingen, mit denen »eine Frau allein nun mal nicht fertig wird«.

Endlich kam Bärchen zurück, und der ewige Pendelverkehr hörte auf. Ich stand nun nicht mehr länger im Mittelpunkt aller Gerüchte, die sich innerhalb der Siedlung ausgebreitet hatten. Sogar Frau Vogt hatte mir und den bedauernswerten Kindern Asyl angeboten, wenn ich mir die Eskapaden meines Mannes nicht mehr gefallen lassen wollte. »Wir Frauen müssen schließlich zusammenhalten. Am besten sollten wir versuchen, diese leichtlebige Person« – ein beziehungsreicher Blick wanderte zum Haus Nr. 5 – »zu entfernen. Sie bringt uns ja alle in Verruf!«

Zum Glück ahnte Frau Vogt nicht, was in dieser Hinsicht noch auf uns zukommen sollte.

5

Nach Ansicht der meisten Psychologen erkennt man eine vorbildliche Ehefrau an ihrem Bemühen, nicht nur Haushalt und Kinder in Schuß zu halten, sondern auch die Interessen ihres Gatten zu teilen. Letzteres ist nicht immer ganz einfach. Welche Frau hat schon Spaß daran, auf einer Düne im Sand herumzurobben und durch das Fernglas Bikinischönheiten zu beobachten? Auch passionierte Bastler können auf die Dauer anstrengend sein. Entweder liegen sie in ölverschmierten Overalls rücklings unter einem halb demontierten Auto und erwarten, daß man ihnen den Achterschlüssel, das kleine Ritzel und die Dreieinhalb-Zoll-Steckschraube zureicht, oder sie haben sich auf Holz verlegt und bauen unentwegt Gewürzregale, Blumenständer und Bücherstützen, die man nicht mal mehr in der Verwandtschaft los wird.

Rolfs Interesse kreist um die Malerei. Meins nicht, aber ich bemühe mich pflichtschuldigst und kann schon einen Van Gogh von einem Rembrandt unterscheiden.

Mit Beginn der Heizperiode erschöpften sich meine anderen Interessen ohnehin nur noch im Keller. Bald nach unserem Einzug hatte mein Sparsamkeitsapostel entsetzt festgestellt, daß unser Koksvorrat, den er wie eine Löwin ihr Junges verteidigte, erheblich geschrumpft war. Umgehend ließ er in der Küche und im Bad Durchlauferhitzer installieren, und die Heizung wurde erst einmal abgestellt. Jedesmal, wenn Rolf in den Keller ging, inspizierte er zufrieden die Kokshalde und pries seine Klugheit, die uns von dem kostbaren Brennstoff vorerst unabhängig machte.

Dann kam die nächste Stromrechnung, und dann entdeckte Rolf, daß sie dem Gegenwert von fünfzehn Zentnern

Koks entsprach. Er ordnete Sparsamkeit an. Eine Zeitlang rannte er ständig hinter mir her und kontrollierte, ob ich auch überall das Licht ausgemacht hatte. Einmal schrie er mich an, weil die Fünfundzwanzig-Watt-Funzel auf der Toilette brannte, obwohl ich das Örtchen nachweislich vor mindestens zehn Minuten verlassen hätte. Ärgerlich brüllte ich zurück: »Gott sprach: Es werde Licht!«

»Das hat er aber gesagt, bevor sie es durch den Zähler laufen ließen«, ergänzte Rolf und knipste die Lampe aus.

Dann wurde es kalt. Zähneklappernd forderte ich, daß endlich die Heizung in Betrieb genommen würde, schließlich sei sie dazu da. Rolf war dagegen, erzählte etwas von übertriebener Empfindlichkeit, die wir auch nur der Zivilisation zu verdanken hätten, er selbst habe in seiner Jugend noch die Eisschicht vom Waschwasser aufklopfen müssen, und überhaupt komme ja bald die Sonne durch. Er stieg in den Wagen, stellte das Warmluftgebläse an und fuhr los.

Ich kramte unseren Heizlüfter hervor, stellte ihn stundenweise in jedem Raum auf, Rolfs Zimmer natürlich ausgenommen, und fror auch nicht mehr. Als er am Abend seinen Eiskeller betrat, zuckte er zwar merklich zusammen, sagte aber kein Wort und hielt es heroisch zwei Stunden lang in diesem Gefrierschrank aus.

Am nächsten Tag war er erkältet. Am übernächsten beschloß er, Grippe zu haben und im Bett zu bleiben. Da war es wenigstens warm. »Ruf mal einen Arzt an!« befahl er.

Ich kannte noch keinen, hielt ihn im Moment auch für völlig überflüssig, denn nach meiner Erfahrung ist ein Arzt der einzige Mensch, der kein unfehlbares Mittel gegen Schnupfen parat hat.

»Ich will aber einen Arzt haben!« quengelte Rolf.

Also erkundigte ich mich bei Frau Obermüller nach den Qualifikationen der hier in der Gegend ansässigen Medizinmänner und erhielt die Adresse ihres Hausarztes, der immerhin die Mittelohrentzündung von Michael sowie den eingewachsenen Zehennagel von Herrn Obermüller zufriedenstellend kuriert hatte. Ich rief an und schilderte der Sprechstundenhilfe die bedrohlichen Symptome, als da wären Husten, Schnupfen und Heiserkeit.

»Wir haben zur Zeit eine Masernepidemie, und ich glaube kaum, daß der Herr Doktor vor morgen mittag bei Ihnen vorbeikommen kann.«

»Bis dahin ist mein Mann bestimmt schon tot!« sagte ich voll Überzeugung.

»Oh«, meinte die Dame, »Sie können den Termin jederzeit rückgängig machen!«

»Dann hol eben den Brauer rüber!« flüsterte Rolf mit ersterbender Stimme. Die Mißachtung seines lebensbedrohenden Zustandes paßte ihm gar nicht. »Vielleicht hat der in Bengasi noch etwas anderes gelernt als Saufen. Schließlich ist er Arzt, und seinen Whisky kann er ruhig mitbringen. Alkohol tötet alle Bazillen!«

Brauer kam, diesmal ohne Flasche, und fragte als erstes: »Ist eure Heizung kaputt?«

»Nein, wir sparen bloß!«

»Ihr habt einen herrlichen Vogel! Draußen sind sechs Grad über Null!«

»Das erzählen Sie mal meinem Mann!«

Offenbar hatte er es getan. Jedenfalls bekam ich den Auftrag, umgehend den Heizkessel in Gang zu setzen, und damit begann mein bis zum Frühjahr andauerndes Martyrium.

Nach Herrn Obermüllers damaligen Anweisungen brauchte man zunächst einmal Papier und Holz. Papier hatte ich, die örtliche Tageszeitung taugte ohnehin zu nichts Besserem, aber woher Holz nehmen? Ich entsann mich des verschnörkelten goldenen Bilderrahmens, den Rolf als zu pompös abgelehnt und in eine Kellerecke verbannt hatte, zerhackte ihn in handliche Teile, suchte Streichhölzer, die wir nicht hatten, fand ein Feuerzeug, das nicht funktionierte, stöberte endlich ein noch intaktes auf und stapelte sämtliches Zubehör um mich herum auf. Sven und Sascha verfolgten erwartungsvoll mein ungewohntes Treiben. »Wird's nu endlich warm?«

»In einer halben Stunde ist das ganze Haus gemütlich«, versprach ich und öffnete die Ofentür. Heraus rieselte Asche. Auf dem Rost lagen zusammengeklumpte Schlackenteile, pfundschwere Brocken, die ich zum Teil erst zerkleinern mußte, um sie überhaupt herauszukriegen.

»Hol mal einen leeren Eimer!« Sven trabte ab.

»Is keiner da«, sagt er, als er wieder zurückkam und eine breite Aschenspur hinter sich herzog.

»Dann hol den Mülleimer!«

»Der is voll!« meldete Sven aus der Küche.

»Kipp ihn aus und bring ihn runter!«

Endlich kam der Eimer. Er war zu klein, um alle Asche zu fassen, und die Schlacke ging schon gar nicht hinein. Staubschwaden wogten durch den Keller. Hustend stolperte ich mit dem vollen Eimer nach oben, leerte ihn in die Mülltonne und tastete mich wieder abwärts. Sascha war inzwischen in die Kohlen gefallen und sah aus wie ein Lokomotivheizer. Sven spielte mit dem Feuerzeug.

»Raus hier, aber dalli!«

Die Knaben trollten sich. Auf den Treppenstufen knirschte der Koks. Ich stopfte Papier in den Ofen, legte die Hälfte des Bilderrahmens darauf, häufelte ein paar Koksstückchen darüber und zündete den ganzen Aufbau an. Sofort flammte das Papier auf, brannte lichterloh, ein kleines Flämmehen züngelte sogar noch an einem Stück Holz entlang, aus irgendwelchen Ritzen drang Qualm – dann war es wieder dunkel.

Hatte Obermüller nicht etwas von Abzug gesagt? Nach längerem Suchen entdeckte ich einen Hebel, drehte ihn in die hoffentlich richtige Richtung, und dann begann ich ein zweites Mal mit den Präliminarien des Feueranzündens. Diesmal brachte ich sogar das Holz zum Brennen, aber entweder schippte ich den Koks zu früh in den Ofen, oder aber es war zu viel, jedenfalls ging das Feuer wieder aus. Nach dem dritten Versuch war das Holz alle. Ich heulte, brüllte die Kinder an, als sie nach einer Stunde die versprochene Wärme reklamierten, und dann schickte ich Sven zu Obermüller. Kurz darauf bullerte der Ofen verheißungsvoll und der erste Hauch von Wärme zog durchs Haus. Zufrieden stellte ich mich unter die nun zentralbeheizte Dusche.

Zwei Stunden später fing ich an zu frösteln. Heiliger Himmel, der Ofen! Ich raste in den Keller, öffnete die schwere Eisentür und stierte in das schwarze Loch. Nichts! Kein wärmeverheißendes Prasseln, keine feurige Glut – nur die sattsam bekannten Schlackenreste.

»Jeder Ofen geht aus, wenn man nicht regelmäßig nachlegt«, dozierte Rolf, bei dem ich mitfühlendes Verständnis erhofft hatte, und wickelte sich etwas fester in sein Deckbett. »Nun sieh mal zu, daß du das Ding wieder in Gang bringst. Im Radio haben sie eben gesagt, wir kriegen heute nacht bis zu drei Grad Kälte!«

»Vielleicht könntest *du* mal versuchen...«

»Ich kann nicht, ich bin krank!« sagte Rolf, hustete demonstrativ und drehte mir den Rücken zu.

Also zog ich wieder in den Keller und versuchte zum vierten Mal, Ofen anzuheizen. Es klappte, aber erst, nachdem ich eine halbe Tasse Brennspiritus über die Kohlen gekippt und hinter der feuersicheren Tür abgewartet hatte, ob das ganze Ding wegen der unerwarteten Energiezufuhr nun in die Luft fliegen würde. Später lernte ich, daß Ofen zwecks Ankurbelung seines Kreislaufs hin und wieder eine explosive Vitaminspritze brauchte. Notfalls tat es aber auch Salatöl.

Und dann begann das, was man heute vermutlich als Jogging bezeichnen würde: Pünktlich alle zwei Stunden, also jedesmal, wenn der Wecker klingelte, ließ ich Kochtopf, Staubsauger oder Sascha fallen, spurtete in den Keller, griff zur Schaufel, belud sie mit Koks, jonglierte sie die sechs Meter zum Ofen, setzte sie ab, öffnete das Türchen, schippte die Kohlen hinein, machte das Türchen zu, holte eine neue Ladung, machte das Türchen auf... und so weiter, bis das gefräßige Ungetüm für die nächsten zwei Stunden gesättigt war.

Künftig richtete sich mein Tagesablauf nach Ofen. Zum Einkaufen ging ich nur noch zwischen zwei Füllungen, zum Friseur und ähnlichen luxuriösen Zielen kam ich nur, wenn Rolf zu Hause war und die Ofenwache übernahm, aber selbst dann war nicht sicher, daß es warm blieb, weil er meistens vergaß, den Wecker wieder einzustellen und bei meiner Rückkehr im Keller hockte und in der Schlacke bohrte. Waren wir eingeladen, dann bekamen Obermüllers den Hausschlüssel. Ich war mir zwar nie ganz sicher, ob sich ihre Tätigkeit wirklich nur auf den Keller beschränkte und sich nicht vielleicht auch noch auf eine kleine Inspektion der übrigen Räume ausdehnen würde – bei dem allgemeinen Mangel an Neuigkeiten nur zu verständlich! –, aber alles das war mir lieber als ein kaltes Haus und der zermürbende Kampf mit dem erloschenen Ofen.

Etwa zwei Stunden nach der letzten Fütterung war der Koks so weit heruntergebrannt, daß man ihn für die Nacht präparieren konnte. In klatschnasses Zeitungspapier gewickelte Briketts garantierten genügend Glut, so daß man am nächsten Morgen relativ mühelos das Feuer wieder anfachen konnte – vorausgesetzt natürlich, man stand früh genug auf! Sonntags ausschlafen kam nicht mehr in Frage – der Ofen wollte sein Recht. Und weil mein Gatte sich ja die ganze Woche über im Dienste der Familie abgerackert hatte, während ich mein beschauliches Hausfrauendasein führen konnte, war ich es natürlich, die im weißen Bademantel in den Keller schlurfte (und im grauen wieder nach oben kam), Asche ausräumte, Kohlen schippte und dabei überlegte, weshalb ich unbedingt hatte heiraten wollen.

Weil ich abends nun so gut wie gar nicht mehr aus dem Haus kam, und wenn, dann nur in erreichbarer Nähe des Ofens, also bestenfalls zu Obermüllers, genehmigte Rolf die

Anschaffung eines Fernsehapparates. Bisher hatte er es abgelehnt, so einen Kasten aufzustellen, weil der nach seiner Ansicht aus dem Kreis der Familie einen Halbkreis machen würde. Wozu gab es denn Nachbarn, bei denen man Fußballspiele und ähnliche kulturelle Ereignisse in fachmännischer Runde genießen konnte?

Der Fernseher kam also, und fortan saß mein kritischer Mann in jeder freien Minute davor, um mir hinterher erklären zu können, weshalb er dagegen war.

»Eine Anhäufung von albernen Fragespielen, unglaubhaften Familienserien, Mord und Totschlag, Brutalitäten, Schießereien...«

»Au fein, Papi«, unterbrach ihn Sven, »an welchem Tag kommt das?«

Ich sah mir oft nur die Nachrichten an, bei denen ich am meisten schätzte, daß sie sich nicht auf dem Wohnzimmertisch anhäuften, wenn ich mal nicht dazugekommen war, sie abzupassen.

Saschas Lieblingssendung wurde das Werbefernsehen, von dem ich annahm, es würde ihn wohl nicht negativ beeinflussen. Bedenken kamen mir erst, als er mich einmal spontan umarmte und rief: »Mami, ich hab' dich so lieb, du bist so mild, so sahnig und so frisch!«

Danach genehmigte ich nur noch das Kinderprogramm.

Jedenfalls setzte das neue Heimkino dem Frischluftfanatismus der Jungen ein Ende. Jeden Nachmittag hockten sie vor der Röhre, und ich kam zu der Erkenntnis, daß man unter einem Kind ein Geschöpf zu verstehen hat, das etwa in der Mitte steht zwischen einem Erwachsenen und einem Fernsehgerät.

Eines Morgens klingelte es zu ungewohnt früher Stunde an der Haustür. Davor stand ein unglaublich schmutziges kleines Mädchen von etwa vier Jahren mit dünnen rotblonden Haarsträhnen, einem tränenverschmierten Gesicht und sehr ausdrucksvollen grünen Augen. Ich hatte die Kleine noch niemals vorher gesehen.

»Wer bist du denn?«

»Püppi!« schluchzte das Mädchen.

»Und wo wohnst du?« forschte ich weiter.

»Bei Ta-hante Lei-Leiher«, sagte Püppi und schniefte.

Eine Tante Leiher kannte ich nicht. Ob vielleicht eine von den beiden schrulligen Damen in Nr. 12 so hieß?

»In welchem Haus wohnt sie denn?«

»Weiß nich!« antwortete Püppi prompt.

Was sollte ich nun mit diesem Unglückswurm anfangen? Ins Haus wollte ich es nicht lassen, denn inzwischen hatte ich festgestellt, daß Püppi auch die Hosen vollhatte.

»Sven, komm mal runter!« Es konnte ja sein, daß mein kontaktfreudiger Sohn dieses Schmutzbündel kannte. Er betrachtete Püppi sehr eingehend. »Wer is'n das? Die stinkt ja!«

Das ließ sich nicht leugnen. Vorsichtig hielt ich Püppi an der Anorakkapuze fest, die war noch am saubersten, und schob sie vor mir her – Marschrichtung Obermüller. Wenn jemand wußte, wo die Kleine hingehörte, dann Frau Obermüller.

Sie war auch gar nicht weiter überrascht. »Ist sie diesmal bei Ihnen gelandet? Sie gehört zu Frieses, aber sie türmt dauernd. Frau Leiher ist schon ganz verzweifelt.«

Jetzt entsann ich mich der Haushälterin, die dort seit ein paar Tagen das Zepter schwingen sollte. Ich hatte sie aber noch nicht kennengelernt und beschloß, das sofort nachzuholen.

Tante Leiher war etwa 45 Jahre alt, sah sehr resolut aus, schien vor dem bei Frieses herrschenden Chaos aber bereits kapituliert zu haben. Resigniert sagte sie: »Vor einer Stunde habe ich Püppi von Kopf bis Fuß sauber angezogen, und jetzt sehen Sie sich dieses Ferkel an!«

Das Ferkel kannte ich bereits, mich faszinierte viel mehr die seltsame Dekoration, mit der das Haus Friese geschmückt war. Überall hingen Handtücher – auf dem Treppengeländer, auf der Brüstung, über den Türklinken. Eine Leine war sogar quer durch den Flur gespannt und mit Frottiertüchern bestückt. Ich staunte.

»Was soll ich machen?« sagte Tante Leiher. »Draußen trocknet das Zeug doch nicht mehr, und der Keller ist schon randvoll. Früher haben Frieses die Handtücher zum Waschen weggegeben, aber nun haben sie das ja nicht mehr nötig und laden sie bei mir ab. Jeden Tag mindestens fünfzig Stück. Die Maschine läuft den ganzen Vormittag, und wenn ich nicht aufpasse, schmeißt mir Achim seine vollgemachten Hosen auch noch dazu.«

»Wieso Achim? Ich dachte, Püppi ist ein Mädchen?« fragte ich verwundert.

»Ist sie ja auch, aber zur Familie Friese gehört noch Achim, der hoffnungsvolle Stammhalter!«

»Da haben Sie es ja wirklich nicht leicht mit zwei Kleinkindern«, sagte ich mitfühlend.

»Von wegen Kleinkind! Achim ist sieben und offensichtlich etwas zurückgeblieben. Oder finden Sie es normal, daß er seine dreckigen Hosen hinter den Kleiderschrank stopft?«

Es stellte sich heraus, daß Achim Friese die Toilette lediglich als Planschbecken für seine Badeente benutzte, am liebsten Pommes frites mit Himbeersaft aß und bereits in der ersten Klasse sitzengeblieben war.

»Der kann heute noch nicht 3 und 7 zusammenzählen, und ich bezweifle ernsthaft, daß er es jemals lernt!« beendete Tante Leiher ihren aufschlußreichen Bericht. »Hätte ich geahnt, was hier auf mich zukommt, dann wäre ich im Warenhaus bei meinen Handtaschen geblieben. Aber ich bin gerne Hausfrau und mag Kinder, deshalb hatte ich ja auch geglaubt, das hier würde das richtige für mich sein. Aussteigen kann ich nicht mehr, weil ich mich für mindestens zwei Jahre verpflichtet habe. Und dabei hat mir Herr Friese auch noch eingeredet, dieser Vertrag wäre eine Sicherheit für *mich*, weil er mir ja nicht kündigen könnte und so weiter.«

Von oben tönte Gebrüll. »Hoffentlich ist Püppi nicht wieder in die Badewanne gefallen, da habe ich vorhin die ganzen Unterhosen eingeweicht. – Entschuldigen Sie bitte, aber ich muß rauf!«

Am Halsband zerrte Tante Leiher die winselnde Mausi zurück, die jetzt endlich ihre Knochenlieferantin entdeckt hatte und mich unbedingt ablecken wollte, und schloß die Tür. Dafür öffnete sich die von nebenan. Frau Obermüller winkte mich zu sich: »Allmählich komme ich mir vor wie in den Slums von Kalkutta! Haben Sie die Flaggenparade gesehen?«

»Hm.«

»Frau Leiher tut mir leid. Sie hat irgendwann mal ein paar Semester Pädagogik studiert und wahrscheinlich geglaubt, bei den Kindern eine Lebensaufgabe zu finden. Die brauchen aber keinen Pädagogen, sondern einen Irrenarzt! – Haben Sie Zeit für einen Kaffee?«

Aber mir war soeben eingefallen, daß die Fütterungszeit für Ofen schon längst überschritten war.

»Ein anderes Mal!« versprach ich, rannte nach Hause und kam gerade noch rechtzeitig, um Sven die Kohlenschaufel zu entreißen.

»Der Ofen geht aus!« erklärte mein Sohn.

»Dann laß ihn ausgehen! Ich habe dir schon hundertmal gesagt, daß du im Heizungskeller nichts zu suchen hast!«

»Aber der Wecker hat doch geklingelt!«

»Das war wegen des Kuchens!« Den hatte ich natürlich total vergessen. Er war schwarz, als ich ihn aus der Röhre zog, und so wanderte er gleich mit der nächsten Koksfuhre in die Heizung. Das war der einzige Vorteil dieser antiquierten Feuerstelle. Man konnte von Kartoffelschalen bis zu alten Schuhen nahezu sämtliche Abfälle verbrennen, was auch nötig war, denn unsere beiden Mülltonnen faßten kaum die täglich anfallenden Aschenberge. Damit, daß überall in der Küche eine leichte Staubschicht lag, hatte ich mich längst abgefunden.

»Irgendwann hört diese Heizerei ja mal auf«, tröstete mich Rolf, stieg vorsichtig über den nassen Lappen, der auf der obersten Kellerstufe lag, und seine Sohlen verteilten Koks und Asche gleichmäßig auf dem Küchenboden.

Wir schrieben aber erst Dezember, täglich wurde es kälter, auch innerhalb des Hauses – dann fiel der erste Schnee, und dann begriffen wir endlich, weshalb es bei uns nie richtig warm wurde. Auf dem Flur, direkt vor der Haustür, bildete sich Glatteis. Wenn es windig war, stiebte munter der Schnee herein und türmte sich zu kleinen bizarren Schneewehen auf. Auch die Wand glitzerte verdächtig.

»Das darf doch einfach nicht wahr sein!« sagte Rolf, als Sven die ersten Schneebälle durch den Flur warf, hängte sich ans Telefon und forderte bei der Baugesellschaft sofortige Abhilfe. Die wurde zugesichert, und schon zwei Tage darauf erschien eine Expertenrunde voll Brillen und Krawatten, die nach zehnminütiger Beratung feststellte, daß die Tür nicht richtig abdichtete und eine neue erforderlich sei.

»Haben sie eigentlich gesagt, wann sie die bringen?« erkundigte ich mich bei Rolf, nachdem die Experten unseren letzten Armagnac getrunken und die herrliche Aussicht bewundert hatten.

»Ich glaube, sie meinten heute nachmittag«, sagte Rolf, »schließlich haben sie ja gesehen, daß es reinschneit.«

Sie kamen aber nicht heute nachmittag und auch nicht morgen nachmittag, sie reagierten weder auf schriftliche noch auf telefonische Drohungen, und schließlich erklärte uns die Sekretärin keß: »Wir sagen Ihnen Bescheid!«

Da wußten wir Bescheid!

»Ist am Wochenende nicht wieder große Fremdenführung?« fragte Rolf. »Dann hätte ich nämlich eine Idee!«

Noch immer waren nicht alle Häuser der Siedlung verkauft, und besonders für die sechs letzten, die inzwischen auch nahezu fertiggestellt waren, hatten sich noch keine Interessenten gefunden. Deshalb hatte die Baugesellschaft wieder einmal in sämtlichen Tageszeitungen inseriert und für den kommenden Sonntag neben der üblichen Besichtigungstour kostenlosen Glühwein und »für unsere jüngsten Besucher viele bunte Luftballons« versprochen.

Rolf äußerte sich jedoch nicht näher, stieg ins Auto und fuhr weg. Bald war er wieder zurück. In seiner Begleitung befand sich ein mir unbekannter Mann, der über einem schmutzigen Anzug eine ebensolche Schürze trug, von Rolf mit Jupp angeredet wurde und Unmengen von Bier vertrug. Jupp hantierte mit einem Zollstock, maß vor der Tür und hinter der Tür irgend etwas aus, trank Bier, lächelte verschmitzt, nickte bereitwillig zu allem, was Rolf ihm zuflüsterte, trank wieder Bier, schlug einen imaginären Pfosten in den Boden, grinste, trank noch mal Bier und ließ sich wieder zurückfahren.

»Spätestens am Freitag haben wir eine neue Tür!« versprach Rolf. Sein Gesicht war mit Wonne bestrichen wie ein Stück Brot mit Marmelade.

Das war am Montag. Am Dienstag gegen Mittag hielt ein Pritschenwagen vor unserem Haus, beladen mit alten Brettern, morschen Holzpfosten und ähnlichem Gerümpel, das möglicherweise mal eine Gartenlaube gewesen war oder vielleicht auch ein Angelsteg.

»Ist das etwa das bestellte Anmachholz?« fragte ich entsetzt, denn Jupp und ein schmächtiges Knäblein, wahrscheinlich so eine Art Lehrling, luden den ganzen Krempel ab.

»Das wird die neue Tür!« frohlockte Rolf.

»Ich hab's ja kommen sehen! Irgendwann dreht hier jeder mal durch! Gestern hat Frau Wittinger drei Blumentöpfe aus dem Fenster geschmissen, und vorige Woche hat Frau Straatmann eine ganze Stunde lang die Internationale gesungen.

Mit Klavierbegleitung! Jetzt ist anscheinend bei dir eine Sicherung durchgebrannt!«

Alle Abweichungen vom Normalen wurden von uns als »Siedlungskoller« bezeichnet. Dabei war es völlig gleichgültig, ob nun Dr. Brauer seine leeren Whiskyflaschen kopfüber in den Boden rammte und so seinen Vorgarten einzäunte, ob Frau Vogt ihre Mülltonne mit Sidol auf Hochglanz polierte oder ob Isabell Gundloff barfuß durch den Schnee hüpfte. Am Siedlungskoller litt Herr Obermüller, der um Mitternacht am Fuß einer Straßenlaterne schlafend aufgefunden worden war; Siedlungskoller bedeutete, daß Wittinger jeden zweiten Tag seiner Frau einen riesigen Präsentkorb ins Haus schicken ließ, selber aber seit einer Woche nicht mehr erschienen war, und unter Siedlungskoller fiel sicher auch die Angewohnheit der Damen Ruhland, jeden Abend ihre Fenster mit Zeitungspapier zu verhängen. Rolf meinte allerdings, letzteres könnte man schon als beginnenden Verfolgungswahn bezeichnen, aber er sollte lieber still sein. Immerhin hatte der Siedlungskoller ja nun auch ihn erwischt.

Jupp und sein Adlatus hatten ihren Sperrmüll abgeladen und tranken Bier. Dann griffen sie zu Hacke und Spaten und hoben Löcher aus. Oben brüllte Sascha, weil Sven seinen Finger in der Schreibtischschublade eingeklemmt hatte, und als ich Erste Hilfe geleistet, die Holzwolle aus dem zerfledderten Teddy eingesammelt, die Scherben vom Alpenveilchentopf aufgehoben und das aufgeräufelte Wollknäuel wieder zusammengedreht hatte, konnte ich schon die ersten Ergebnisse von Jupps geräuschvollem Tun bewundern.

Am Fuß der Außentreppe, direkt neben dem Windschutz, stak ein dicker Pfosten im Boden. Genau gegenüber ein zweiter, ein dritter befand sich dort, wo auf der anderen Seite die Windschutzmauer war. Parallel dazu nagelte Jupp Bretter an die Pfosten, so daß unser Eingang jetzt von beiden Seiten begrenzt war. Eine grob zusammengehämmerte Tür, kreuz und quer verstärkt durch verschieden langes Abfallholz, lehnte bereits an der Hausmauer. Der Lehrling schlug gerade die Türangeln an den rechten Pfosten.

»Seid ihr denn verrückt geworden?«

»Nö«, sagte Rolf, »das wird höchstens die Bauleitung!« Versuchsweise hängte er die Holztür ein. »Paßt!«

Das Ding hing windschief in den Angeln, bewegte sich quietschend bei jedem Luftzug und erinnerte irgendwie an jene herzchenverzierten Bretterbuden, die man in sehr ländlichen Gegenden auch heute noch findet. Jupp schraubte einen Haken an die Tür, damit man sie auch von innen schließen konnte, und nun war der Eindruck eines Baubudenklosetts perfekt.

Immerhin hatten wir jetzt zwei Türen – die richtige, und drei Meter davor das Provisorium.

»Wir brauchen noch etwas zum Klopfen. An die Klingel kommt jetzt ja niemand mehr heran.« Rolf verschwand im Haus und tauchte mit dem hölzernen Fleischklopfer wieder auf. Mit einem Stück Wäscheleine band er ihn fest. Dann begutachtete er das Ganze. »Sieht großartig aus! Es muß bloß noch ein Schild hin, ›Bitte kräftig klopfen‹ oder so ähnlich. Das mache ich nachher noch.«

Während die drei Handwerker ihr fertiges Bauwerk begossen, erschienen die ersten Neugierigen. Allen voran Obermüller.

»Wat soll denn der Karnickelstall bedeuten? Is det 'ne Veranda, oder wollt ihr hier bloß die Kohlen abladen? Als architektonische Verbesserung würde ick den Anbau aba nich bezeichnen. Is der überhaupt jenehmigt?«

»Der steht nicht lange!« versicherte Rolf und schilderte seinen vergeblichen Kampf mit der Bauleitung um eine neue Tür, auf die wir nach den bisherigen Erfahrungen vermutlich noch im Frühjahr warten würden.

»Wenn die aber am Wochenende ihren Volksauftrieb haben, muß dieser Bretterverschlag natürlich verschwunden sein. Jedem Besucher springt das Ding doch ins Auge. Für die nötigen Erklärungen werden schon Sven und Sascha sorgen. Außerdem spekuliere ich auf Michaels Informationsbedürfnis.«

Das war aber gar nicht nötig. Schon am nächsten Tag erschien der Bauleiter und forderte die Beseitigung dieses »Schandflecks«. Rolf weigerte sich: »Solange es bei mir reinschneit, bleibt die Behelfstür stehen!«

Der verzweifelte Baumensch drohte mit Polizei, Staatsanwalt und Gerichtsvollzieher, er versprach eine handgeschnitzte Eichentür, wahlweise auch eine mit schmiedeeisernen Beschlägen, machte Rolf für den Ruin der Baufirma und den daraus resultierenden Hungertod sämtlicher Angestellter verantwortlich, er bettelte, beschwor, drohte... es nützte alles nichts.

»Erst die neue Tür, dann der Abbau!« verlangte Rolf.

»Wo soll ich denn jetzt eine herkriegen?« jammerte der Parlamentär. »Das Werk ist in Ludwigshafen.«

»Sie haben ja zwei Wochen lang Zeit gehabt, eine Tür zu besorgen«, sagte Rolf unbarmherzig. »In dieser Zeit hätte ich sie zu Fuß holen können. Und jetzt entschuldigen Sie mich bitte, aber im Flur liegt schon wieder Schnee!« Nachdrücklich knallte er die Brettertür zu, hakte sie fest und stapfte zurück ins Haus.

Am Samstagmorgen kam die neue Tür, eskortiert von zwei Tischlern, die so lange hobelten, feilten und abdichteten, bis sich nicht mal mehr ein angezündetes Streichholz im Luftzug bewegte.

Zwei Stunden, bevor die ersten Besucher zum Musterhaus pilgerten, hatten Rolf und Obermüller den Bretterverschlag abgebaut. Das Holz durften wir behalten. Der Ofen freute sich. Ich weniger, denn mein Gatte behauptete, noch niemals Holz gehackt zu haben, und delegierte diese Arbeit gewohnheitsmäßig an mich.

»Was hat der ganze Spaß eigentlich gekostet?« fragte ich, während ich den letzten Pfosten in den Keller schleppte.

»Nichts«, sagte Rolf. »Der Jupp hat eine Privatfehde mit der Baugesellschaft und einen Heidenspaß daran gehabt, denen eins auszuwischen. Angeblich haben sie ihn übers Ohr gehauen, als sie seinerzeit ein Stück Bauland von ihm gekauft haben. Ich hab' aber dem Lehrling zwanzig Mark in die Hand gedrückt, das ist mir die Sache wert gewesen. – Hier mußt du übrigens noch das Sägemehl zusammenfegen!« Er klopfte sich die Hosenbeine ab und begab sich zum Musterhaus. Schließlich müsse er sich ja für die neue Tür bedanken, meinte er, und außerdem gebe es dort Glühwein.

Den hatte er sich ja auch redlich verdient!

Frau Vogt lud zur Geburtstagsfeier. Ihr Karsten werde nunmehr sechs Jahre alt, komme Ostern in die Schule, und weil dann auch Sven, Riekchen und die Brauer-Zwillinge eingeschult würden, sei es vielleicht ganz gut, wenn sich die Kinder schon vorher ein bißchen näher kennenlernen könnten. Der reinliche Knabe spielte ja niemals draußen, verließ die vier Wände nur an der Hand seiner Mutter, und seine Annäherungsversuche erschöpften sich im gelegentlichen Zungeherausstrecken.

»Während die Kinder oben spielen, werden wir Damen gemütlich Kaffee trinken, und es wäre schön, wenn die Herren später zu einem kleinen Kognäkchen dazustoßen würden«, erläuterte Frau Vogt den geplanten Programmablauf.

»Das Kognäkchen wird auf Häkeldeckchen kredenzt, vielleicht dürfen wir sogar ein Zigarettchen rauchen und ein Salzstängelchen knabbern – nee, danke! Ohne mich!« sagte Rolf. »Ich bin ja gar nicht so vergnügungssüchtig. Und ich dachte immer, *du* bist auch gegen jede Art von Kaffeeklatsch?«

»Wenn ich nicht hingehe, bin ich es, über die geklatscht wird. Außerdem ist es ja gar keiner, sondern eine Geburtstagsfeier.«

Angestrengt überlegte ich, ob die Kinder über eine diesem

feierlichen Anlaß gemäße Garderobe verfügten. Ich hatte schon einige Kinderparties hinter mir, die regelmäßig damit geendet hatten, daß ich die kleinen Gäste mit Waschbenzin und Fleckenwasser bearbeiten mußte, bevor ich sie wieder ihren Eltern aushändigen konnte. Sonntagskleidung hielt ich bei Kindergeburtstagen für ausgesprochen hinderlich, aber Frau Vogt war sicher anderer Meinung.

Entsprechend unbehaglich fühlten sich Sven und Sascha auch, als sie in weißen Hemden und hellgrauen Hosen, bewaffnet mit Blümchen und einem garantiert ruhigen Puzzlespiel, bei Vogts vor der Tür standen.

»Da sind ja unsere kleinen Gäste«, lächelte Frau Vogt, diesmal in etwas Weinrotes gehüllt, und überantwortete die Kinder einem farblosen jungen Mädchen mit Eulenbrille, das mir als ihre Nichte vorgestellt wurde. »Hannelore wird sich oben um die Jugend kümmern, während wir hier unten gemütlich plaudern können. Haben die Kinder ihre Hausschuhe mitgebracht?«

Nein, hatten sie nicht. »Nun, dann wird Hannelore etwas Passendes heraussuchen. Wir haben immer welche in Reserve.«

Saschas lautes Protestgeschrei bewies, daß Hannelore bereits ihres Amtes waltete.

Im Wohnzimmer saß Frau Obermüller. »Die Damen kennen sich ja wohl schon«, ulkte Frau Vogt, nahm auf einer Sesselkante Platz und sah vorwurfsvoll zur Uhr. »Frau Brauer scheint die Sitten des Orients übernommen zu haben, denn soviel man weiß, spielt doch Pünktlichkeit in diesen Ländern überhaupt keine Rolle.« Es war drei Minuten nach vier!

Wenig später waren auch die letzten Gäste erschienen, und ich wunderte mich wieder einmal über die verblüffende Ähnlichkeit der beiden Mädchen. Bisher war es mir noch nicht gelungen, auch nur das geringste Unterscheidungsmerkmal zu entdecken. Die Zwillinge glichen sich wie ein Ei dem anderen. Nur Sven wußte immer schon nach wenigen

Augenblicken, wen er vor sich hatte. Einmal verriet er sein Rezept:

»Ich ziehe sie einfach an den Haaren. Wenn sie ›dämlicher Hund‹ sagt, ist es Sabine. Susi sagt immer ›blöder Affe‹.«

Frau Brauer sah bezaubernd aus und taute im Laufe des Nachmittags zunehmend auf. Ohne ihren Mann war sie charmant, witzig und überhaupt nicht schüchtern. Ich nahm mir vor, unsere noch sehr flüchtige Bekanntschaft zu vertiefen.

Frau Vogt servierte Kuchen, der ausgezeichnet schmeckte, und Kaffee, der dünn und lauwarm war. Dazu bekamen wir einen Likör und einen genauen Bericht über ihre Gallenblase, die man ihr im vergangenen Frühjahr entfernt hatte. Von den Kindern hörten wir nichts.

»Sie brauchen sich keine Sorgen zu machen. Hannelore hat ein paar Ratespiele vorbereitet, und Papier zum Malen ist auch genügend vorhanden«, beruhigte mich Frau Vogt, nachdem ich ihr den Höllenspektakel geschildert hatte, der regelmäßig Svens und Saschas Geburtstagsfeiern untermalte.

Wie auf Kommando kam denn auch Riekchen die Treppe herunter und fragte vorwurfsvoll: »Wenn das da oben vorbei ist, dürfen wir doch spielen, nicht wahr?«

Als ich um halb sechs kurz nach Hause ging, um Ofen zu füttern, saß Rolf gemütlich vor dem Fernseher. »Du bist schon da? Weshalb kommst du dann nicht rüber?«

»Ich denke gar nicht daran!« sagte er angeekelt.

»Aber du kannst doch Frau Vogt nicht so vor den Kopf stoßen!«

»Blödsinn, davor hat sie sowieso ein Brett!« antwortete mein Gatte ungerührt, versprach dann aber, mich nachher abzuholen.

Obermüller war schon da, stierte mißmutig in seinen Kaffee – ein für ihn sichtlich ungewohntes Getränk – und unterhielt sich mit Herrn Vogt über Schädlingsbekämpfung. Bisher hatten wir zwar noch keine, aber nach Herrn Vogts

Ansicht waren Garten und Wühlmäuse untrennbar, weshalb er sich schon hinreichend über die verschiedenen Abwehrmöglichkeiten informiert hatte.

Wittingers kamen. Beatchen gehörte zwar noch nicht zu den schulpflichtigen Kindern, aber »man kann die Eltern deshalb doch nicht von unserer kleinen Geselligkeit ausschließen«, hatte Frau Vogt am Nachmittag erläutert. Sie räumte das Kaffeegeschirr weg und verteilte kleine Schälchen mit Erdnüssen und Salzbrezeln. Die Häkeldeckchen hatte sie schon vorher entfernt. Nun brachte sie einen künstlichen Adventskranz und entzündete feierlich drei Kerzen.

»Ach, ist das schön«, staunte Frau Wittinger, »künstliche Tannenzweige sind ja viel grüner als echte. Und sie nadeln überhaupt nicht.«

Die Herren waren weniger begeisterungsfähig. »Det muß doch nach Weihnachten *riechen*, aba bei so'n Plastikjestrüpp is det nich drin.« Obermüller erntete einen verstohlenen Fußtritt von seiner Frau.

Zusammen mit Brauer erschien nun auch Rolf, und das war offenbar das Zeichen, mit dem gemütlichen Teil des Tages zu beginnen. Die Weinbrandflasche wurde aus dem Büfett geholt, Frau Vogt überprüfte die ohnehin blitzenden Gläser, indem sie sie einzeln gegen das Licht hielt und nicht vorhandene matte Stellen sorgfältig mit einer Serviette polierte, und dann schenkte Herr Vogt ein. Brauer kippte den Inhalt seines Glases auf einen Zug hinunter und wartete. Umsonst. Nachschub gab es nicht.

Bei manchen Menschen fühlt man sich wie zu Hause, bei anderen wünscht man sich, man wäre es. Brauer zündete sich eine Zigarette an, worauf Frau Vogt stillschweigend die Terrassentür öffnete.

»Ich verkneife mir das schon seit anderthalb Stunden«, flüsterte ich ihm zu, »hier wird nicht geraucht. Drücken Sie gefälligst den Glimmstengel wieder aus!«

Suchend sah er sich um. »Wo denn?«

»Weiß ich auch nicht. Aschenbecher stehen nirgends. Schmeißen Sie die Kippe einfach in den Garten!«

Aber Frau Vogt hatte die Tür schon wieder geschlossen. Vorsichtig retirierte Brauer rückwärts, bis er an den Gummibaum stieß. Mit auf dem Rücken verschränkten Fingern bohrte er ein Loch in die Erde und versenkte das Corpus delicti im Blumentopf. »Und wie geht's nun weiter?« fragte er leise. »Sehen Sie eine Möglichkeit, an die Flasche ranzukommen?«

Die stand auf dem Tisch. Zugekorkt. »Keine Chance, Alex. Am besten beteiligten Sie sich noch ein bißchen an der gepflegten Unterhaltung, und dann sagen Sie einfach, Sie müßten Ihre Schnecken füttern. Jeder wird das bezweifeln, aber niemand wird Ihnen widersprechen.«

»Gute Idee! Und wenn ich weg bin, haben die wenigstens wieder ein Gesprächsthema.« Angewidert blickte er zu den Anwesenden hinüber. »Eine Ansammlung komprimierter Stupidität! In einer Million Jahren wird die Erde vielleicht von intelligenten Wesen bevölkert sein, die sich empört gegen die Theorie verwahren werden, sie stammen vom Menschen ab.«

Ich musterte ihn kurz vom unrasierten Kinn bis zu den karierten Socken. »Sollte man jemals Ihre mumifizierten Überreste ausgraben, könnte ich die Empörung unserer Nachkommen sogar verstehen.«

Zwei Stunden später trafen wir uns alle beim Schneeschippen wieder, jener Tätigkeit, die neben Ofenheizen die regelmäßigste Beschäftigung während der Wintermonate war. Zwar hat sich die Sonnenenergie bisher nirgends so gut durchgesetzt wie beim Schneeräumen, aber nachts bleibt sie ja wirkungslos.

Ich mußte auch mit ran! In seiner nun schon zur Regel gewordenen Hilfsbereitschaft fegte Rolf Frau Gundloffs Straßenabschnitt. Die Ärmste war so stark erkältet und Bärchen mal wieder nicht da.

Seitdem er seinen zwar verantwortungsvollen, aber ziemlich brotlosen Job beim Wuppertaler Stadtorchester aufgegeben und gegen den eines Schlagzeugers bei einer Tanzkapelle eingetauscht hatte, war er fast jeden Abend abwesend und Isabell allein. Eine Zeitlang hatte sie bei Brauer Trost gesucht (und gefunden), aber seine streng wissenschaftlichen Vorträge über Schneckenzucht waren wohl doch nicht so ganz das gewesen, was sich Isabell unter dem gewünschten Zeitvertreib vorgestellt hatte. Dann hatte Brauer ihr sogar seine Studienobjekte vorgeführt, und danach war es mit Isabells Begeisterung für den »unwahrscheinlich interessanten Mann« ausgewesen. Seidenrockwehend hatte sie bei uns Sturm geklingelt.

»Stellen Sie sich vor, der Doktor hat den ganzen Keller voller Schnecken! Überall kriechen die herum, direkt widerwärtig! Wenn die mal ausbrechen...«

»Dann werfen Sie sie am besten in den Kochtopf!« hatte Rolf gesagt. Neuerdings tauchte Isabell auch dann bei uns auf, wenn Bärchen zu Hause war, was unschwer an den musikalischen Darbietungen zu erkennen war, mit denen wir manchmal stundenlang überschüttet wurden. Die Zwischenwand war ziemlich dünn und Bärchens Ausdauer bemerkenswert. Anfangs glaubte ich, er würde lediglich seine Geige stimmen, und bemühte mich, das merkwürdige Gekratze zu überhören. Dann hoffte ich, es würde sich nur um Fingerübungen handeln, die ja selten sehr melodisch klingen. Schon damals, als ich die mir von meiner Großmutter aufgebrummten Klavierstunden nehmen mußte, hatte ich mit meinen Fingerübungen alle halbwegs musikalischen Familienmitglieder in die Flucht geschlagen. Aber dann erzählte uns Isabell, daß Bärchen an einem Oratorium arbeitete, einem modernen selbstverständlich, womit sich weitere Erklärungen erübrigten. Offenbar komponierte er gleichzeitig den Klavierpart, denn manchmal vermischten sich die Geigentöne mit Klavierakkorden. Es war aber auch möglich, daß Isabell lediglich versuchte, das Violingewimmer zu übertönen, denn eine Komposition setzt doch wohl voraus, daß alle Instrumente mehr oder weniger harmonisch zusammenklingen. Aber von moderner Musik verstehe ich ja nichts, und Stockhausen ist bekanntlich auch angefeindet worden, bevor man seine Werke als Kunst erkannte.

So ertrugen wir das bisher noch unentdeckte Genie, bis Isabell es eines Tages hinauswarf – ob aus musikalischen oder anderen Gründen, blieb ungeklärt. Zuerst flogen zwei Koffer auf die Straße, dann der Geigenkasten, ihm folgte ein Schlafanzug und zuletzt Bärchen. Er sammelte seine Habseligkeiten zusammen und entschwand für immer. Seitdem lese ich gewissenhaft alle Berichte über die Schwetzinger Festspiele und ähnliche Veranstaltungen, die sich der experimentellen Musik verschrieben haben, aber bisher habe ich seinen Namen noch nirgends gefunden. Es soll jedoch auch Komponisten geben, die aus naheliegenden Gründen ein Pseudonym verwenden!

Nichts gegen die moderne Musik, bloß warum mußte sie ausgerechnet zu unserer Zeit kommen?

6

Weihnachten sollten wir in diesem Jahr bei Omi verbringen. Normalerweise war sie sonst wenige Tage vor dem Fest zu uns gekommen, aber diesmal schob sie Rheuma vor oder Hexenschuß (es kann auch ein anderes bewegungshemmendes Leiden gewesen sein, so genau weiß ich das nicht mehr) und befahl uns zum Familientreffen nach Braunschweig.

»Wie ich Mariechen einschätze, will sie nur den Kaffeetanten endlich ihre Enkelkinder in natura vorstellen. Bisher kennen die doch bloß Fotos«, sagte Rolf mürrisch. Er haßte Weihnachten, er haßte winterliche Autofahrten auf überfüllten Straßen (zu den unergründlichen Rätseln dieser Welt gehört ja die Tatsache, daß ein Autofahrer, der weiß, wie man mit Eis und Schnee fertig wird, immer hinter einem hängt, der keine Ahnung davon hat), und er haßte Omis Freundinnen, weil er ihnen in feierlichem Aufzug gegenübertreten und sie mit Handkuß begrüßen mußte. Omi wollte das so!

Genau wie sie selber waren auch die Kränzchenschwestern mit höheren Staatsbeamten verheiratet gewesen, und da hielt man noch auf Etikette. Die Ehemänner waren samt und sonders in den Beamtenhimmel eingegangen – der letzte vor drei Jahren –, aber die Damen erfreuten sich noch bester Gesundheit und einer ebensolchen Pension.

»Wenn Mariechen sagt, sie hat Rheuma, dann hat sie welches, und wir müssen hin!« Ich war deshalb gar nicht böse, denn Omi konnte fabelhaft kochen, und der traditionelle Gänsebraten, den ich jedes Jahr auf den Tisch bringen mußte, war noch nie ein überzeugender Beweis meiner Kochkunst gewesen. Oben war er meistens schwarz und innen roh. Das mußte irgendwie am Herd liegen.

Also fuhren wir nach Braunschweig, bepackt mit Geschenken, die wir größtenteils wieder mit zurücknehmen müßten, und in Begleitung zweier murrender Knaben, denen meine ständigen Verhaltensmaßregeln langsam zum Halse heraushingen.

»Wie lange müssen wir denn bleiben?« Sven liebte seine Omi zwar heiß und innig, aber ansonsten verabscheute er ältere Damen. »Die küssen immer so rum!«

Mariechens Haus lag in einer Straße, die früher mal zu einem gutbürgerlichen Wohnviertel gehört hatte, nun aber ähnliche Alterserscheinungen zeigte wie der Großteil seiner Bewohner.

»Und jetzt auch noch drei Treppen hoch!« Mit einer wahren Märtyrermiene griff Rolf nach den beiden Koffern und begann den Aufstieg. Beladen wie Packesel folgten wir.

Auf unser Klingeln öffnete niemand. Mariechen war ganz offensichtlich nicht da.

»Ich denke, sie hat Rheuma?« wunderte sich Rolf und untermalte das melodische Ding-Dong-Dang der Klingel mit weniger melodischen Faustschlägen gegen die Tür.

»Vielleicht hat sie bloß ihren Hilfsmotor nicht eingeschaltet«, erinnerte ich ihn an Omis gelegentlich ausbrechenden Sparsamkeitstick, wenn der Batterievorrat für das Hörgerät mal wieder zur Neige ging.

»Unsinn, sie weiß doch, daß wir kommen!«

Plötzlich öffnete sich die Tür zur Nachbarwohnung, und eine sehr alte Dame in einem sehr jugendlichen Kleid, die grauen Kringellöckchen hellviolett getönt, strahlte uns an.

»So ein Pech, aber Frau Direktor Sanders ist vor fünf Minuten noch schnell zum Einkaufen gegangen. Sie wird sicher bald zurück sein. Wenn Sie möchten, können Sie gerne bei mir warten.« Einladend gab sie den Weg frei. »Ach, und das sind die beiden reizenden Enkel! Nein, wie groß ihr schon seid? Aber ganz unverkennbar der Vater!«

Das stimmte nun ganz und gar nicht! Außer seinem Dickkopf haben sie nichts von Rolf geerbt!

Weil er nicht wußte, ob die Frau Obermedizinalrat Steinbrink (das blankgeputzte Messingschild neben der Klingel hatte ihm Namen und Titel des sicher auch schon selig Verstorbenen verraten) ebenfalls zu Omis Freundinnen gehörte, begrüßte er sie vorsichtshalber mit Handkuß (und mußte später erfahren, daß das nicht nötig gewesen wäre, weil Frau Steinbrink nur in die höheren Kreise eingeheiratet, lediglich einen einfachen Schreinermeister zum Vater gehabt hatte und nicht mal Bridge spielen konnte, wie uns Omi kopfschüttelnd verriet). Auch Sven benahm sich mustergültig, wohl hauptsächlich deshalb, weil er nicht abgeküßt worden war, und lediglich Sascha blamierte mal wieder die Innung, als er sich interessiert erkundigte: »Hast du immer so bunte Haare?«

Frau Obermedizinalrat überhörte die Frage, aber bevor Sascha nachstoßen konnte, kam Omi und erlöste uns.

Mariechen Sanders war eine kleine zierliche Person mit dem Porzellangesicht einer Teepuppe und einer Vorliebe für Pastelltöne. Heute trug sie Zyklam Größe 36, Lippenstift und Nagellack eine Spur heller.

»Noch jugendlicher darf sie jetzt aber nicht mehr werden«, sagte Rolf leise, und dann, etwas lauter: »Was macht dein Rheuma?«

»Das ist wie weggeblasen!« Zum Beweis schwenkte sie Sascha in die Luft und gab ihm einen herzhaften Kuß.

»Nich immer so naß!« protestierte ihr Enkel.

Bereits am Nachmittag kam – rein zufällig natürlich – Frau Himmelhan vorbei, weil sie gerade auf dem Weg zum Friedhof gewesen war und der lieben Marie-Luise eine Kostprobe der Rhododendrontaler bringen wollte... »Das Rezept von meiner Großtante, du weißt doch, mein Liebes!«

Natürlich blieb Frau Himmelhan zum Kaffee, und natürlich fanden sich auch noch Frau Knesebeck und Frau

Schmidtchen und Frau Premmel und Frau Lippschütz ein – alle ganz zufällig und alle gar nicht neugierig. Rolf verteilte Handküsse und Komplimente, reichte den Kuchenteller herum und die Likörgläser, hob Handtaschen auf, suchte die verlegte Brille von Frau Knesebeck, holte den gehäkelten Umhang von Frau Lippschütz und flüchtete schließlich unter dem Vorwand, seine Zigaretten seien alle.

»Der reinste Mumienkonvent«, knurrte er erbittert, als ich ihn an der Tür einholte. »Gegenüber ist eine Kneipe. Da kannst du mich finden, wenn die Invasionstruppen wieder abgezogen sind!«

Die dachten aber gar nicht an Aufbruch. Ich trichterte frischen Kaffee (Weihnachten war erst übermorgen, und die Kaffeemaschine lag noch eingewickelt im Koffer), arrangierte eine neue Ladung von Omis Selbstgebackenem kunstvoll auf der durchbrochenen Kuchenplatte, wechselte die Kerzen auf dem Adventkranz aus und ließ mich weiter begutachten.

Anscheinend fanden die Damen nichts Wesentliches an mir auszusetzen, denn Frau Knesebeck äußerte die Hoffnung, daß ich am nächsten Bridgeabend teilnehmen würde.

»Tut mir leid, aber ich kann nur Schwarzer Peter und Quartett!«

»Ach nein, wie reizend«, lachte Frau Himmelhan. »Da sieht man doch wieder einmal, was eine richtige Mutter ist.«

Hatte die eine Ahnung! Meine Söhne waren über das Schwarze-Peter-Alter längst hinaus! Sie spielten Mau-Mau, und Sven hatte gerade von Michael Pokern gelernt. Vorläufig verlor er nur weiße Bohnen, aber wenn seine Spielernatur erst einmal richtig zum Durchbruch käme... Kann man sich dagegen eigentlich auch haftpflichtversichern?

Als ich Rolf aus seinem selbstgewählten Exil erlöste, mußte ich zwei Bier und sechs Steinhäger bezahlen und dankte dem Himmel, daß bei unserer Rückkehr nur noch Frau Himmelhan da war, Omis Busenfreundin, die das wenig repräsentable Auftreten des Herrn »Werbedirektors« betont auffällig übersah. Schließlich hatte er sich ja anderthalb Stunden lang untadelig benommen!

Zwei Tage vor Silvester waren wir wieder zu Hause, und nun konnte ich endlich auch mein Geschenk in Empfang nehmen, das ich unter dem Weihnachtsbaum nur in Prospektgröße hatte bewundern können: Eine Waschmaschine. Sie war während unserer Abwesenheit geliefert worden, stand zellophanumwickelt vor der Haustür und sperrte den Zugang. Wir schoben sie zur Seite und stellten fest, daß sie ziemlich schwer war.

»Wo soll das Ding hin?« fragte Rolf.

»In den Keller, wohin denn sonst?« fragte ich zurück.

»Das schaffen wir nicht allein!« Er begab sich auf die Suche nach kräftigen Männern und kam erst mal nicht wieder.

In der Zwischenzeit leierte ich Ofen an, brachte die Kinder zu Bett, packte die Koffer aus und malte mir die Freuden künftiger Waschtage aus.

Schon lange hatte ich Rolf um eine Waschmaschine gebeten, aber immer war etwas anderes wichtiger gewesen: Erst der Umzug, dann die neuen Kinderzimmermöbel, dann die blöden Durchlauferhitzer, die wir jetzt gar nicht brauchten, und als sie schon in Sichtweite gewesen war, hatte Rolf seinen Wagen an eine Gartenmauer gesetzt, und die Waschmaschine hatte sich in einen Kotflügel und in eine neue Stoßstange verwandelt.

»Es gibt heute so viele arbeitsparende Geräte, daß ein Mann sein Leben lang arbeiten müßte, um sie zu bezahlen«, hatte mein Gatte erklärt und darauf hingewiesen, daß mit der Hand gewaschene Wäsche viel länger halte.

»Wer hat dir denn das eingeblasen?«

»Mariechen«, sagte Rolf und gab zu verstehen, daß die hausfraulichen Qualitäten seiner Mutter nicht anzuzweifeln seien.

»Deshalb gibt sie ja auch alles in die Wäscherei«, bemerkte ich wahrheitsgemäß.

Schließlich hatte ich die Kinder eingespannt. Vor meinen Geburtstagen und ähnlichen Anlässen, die traditionsgemäß ein Geschenk verlangen, erkundigte sich Rolf meist bei Sven nach meinen etwaigen Wünschen, und der kam dann zu mir, um meine Vorschläge zu hören und weiterzugeben. Rolf wußte dann, was er kaufen sollte, und ich wußte, worüber ich überrascht sein mußte.

In diesem Jahr hatte ich Sven schon frühzeitig informiert, und der hatte auch gleich seinen Bruder ins Vertrauen gezogen. »Also vergiß nicht, Sascha, wenn Papi sagt, du sollst Mami nicht sagen, was sie von ihm zu Weihnachten kriegt, dann mußt du Papi ganz vorsichtig sagen, was uns Mami gesagt hat, was wir Papi sagen sollen, was sie sich wünscht!«

Als Rolf endlich in Begleitung von Brauer und Obermüller zurückkam, hatten sie verspätetes Weihnachten oder verfrühten Jahreswechsel gefeiert, jedenfalls wurde die Installation der Waschmaschine erst einmal verschoben. Ich kochte Kaffee, gab Ofen seine Abendmahlzeit und ging schlafen. Vorher hatte ich schnell noch die Bettbezüge gewechselt, denn ich wollte doch gleich am nächsten Morgen die Maschine ausprobieren.

Da stand sie aber immer noch als Hindernis mitten im Flur, gekrönt von einem Dutzend leerer Bierflaschen und einem Hosenträger. Wütend scheuchte ich Rolf aus dem Schlaf.

»Ich denke, ihr wolltet die Maschine anschließen?«

»Aber doch nicht mitten in der Nacht!« brummte er ärgerlich.

»Die Nacht ist vorbei!«

Ich riß das Fenster auf.

»Die anderen schlafen doch auch noch!«

Er rollte sich wieder zusammen. »Mach das Fenster zu, hier ist geheizt!«

»Aber nicht mehr lange. Heute bist du dran! Ich habe Ofen lediglich das Frühstück serviert.«

»Wann war das?« Rolf blinzelte zum Wecker.

»Vor zwei Stunden!«

»Verdammtes vorsintflutliches Möbel!« fluchte der Gatte, erhob sich gähnend, angelte nach seinen Pantoffeln und wikkelte sich in den Bademantel. »Au, mein Kopf!«

»Den brauchst du zum Heizen nicht!« Schadenfroh sah ich zu, wie Rolf mißmutig die Treppe hinunterschlappte. Sekunden später klirrte es.

»Welcher Idiot hat denn die ganzen Flaschen... Hier sieht es aus wie in einer Kneipe!« Und dann: »Kannst du diese blödsinnige Maschine nicht in die Küche stellen?«

»Nein!« sagte ich.

»Weiber!« sagte Rolf, bevor er im Keller verschwand.

Zwei Stunden später räumte ich den Kühlschrank aus, damit er unter den Tisch geschoben werden konnte, denn seinen Platz brauchte die Waschmaschine. Wieder einmal hatte sich gezeigt, daß Architekten nicht denken können.

Mühelos hatte das prompt erschienene Transportkommando die Maschine in die Küche geschleppt, aber als sie in den Keller getragen werden sollte, stellte sich heraus, daß sie gar nicht durch die Tür paßte.

Die Tür zum Keller war zwanzig Zentimeter schmaler als die zum Flur und widerstand allen Bemühungen, die Maschine längs, quer, verkantet oder kopfstehend durchzubringen.

»Ist doch logisch!« Rolf klappte den Zollstock zusammen, »ein achtzig Zentimeter breiter Gegenstand kann nicht durch eine sechzig Zentimeter breite Tür gehen. Das ist eine feststehende physikalische Tatsache!«

»Wohl eher eine mathematische«, bemerkte Brauer.

»Rauf ins Bad!« kommandierte Rolf.

»Kommt nicht in Frage, das ist mir zu gefährlich!« Im Geiste sah ich Sascha schon im Vorwaschgang durch die Trommel rollen. »Dann bleibt sie eben in der Küche!«

»Deshalb nun das ganze Theater! So weit bin ich gestern schon gewesen!« stöhnte mein Gatte und sah aufmerksam zu, wie Brauer und Obermüller die Maschine an ihren Standplatz schoben. Dann forderten sie Transportgebühren in der hierorts üblichen flüssigen Form.

Also war ich auf Sven und Michael angewiesen, und mit ihrer Hilfe zog und zerrte ich so lange an dieser verflixten Maschine, bis der Abflußschlauch endlich im Spülbecken hing. Den Zulauf schraubte Michael irgendwo hinter einem Gewirr von Rohren an, wo nach seiner fachmännischen Meinung ein Wasseranschluß saß. Bisher hatte ich mich noch nie für die Installationen interessiert. Sie waren hinter zwei Türen verborgen und kümmerten mich nicht.

»Ist in Ordnung!« verkündete Michael, nachdem er wieder aufgetaucht war. »Jetzt können Sie das Ding anstellen! Haben Sie etwas zum Waschen?«

Probehalber warf ich ein paar Geschirrtücher in die Trommel und drückte auf den Knopf. Es quirlte und strudelte auch ganz brav, die Trommel drehte sich linksrum und rechtsrum, nach einer Weile lief das Wasser ab, ich holte die Handtücher heraus und stellte fest, daß sie schmutziger waren als vorher.

»Irgendwas stimmt da nicht!« erklärte ich Sven, der als einziger genügend Interesse für unsere neue Errungenschaft aufgebracht hatte. Michael war samt Vater und zwei Mark Trinkgeld schon längst verschwunden.

»Muß da nich Waschpulver rein?« fragte mein Sohn.

»Natürlich muß Waschpulver hinein!« Ich war sehr erleichtert, daß nicht die Maschine erhebliche Mängel hatte, sondern nur ich.

Also holte ich Waschpulver, brachte auch gleich die Bettwäsche mit und zwei Oberhemden von Rolf, die kochfest sein sollten, steckte alles in die Maschine, schüttete Waschpulver dazu, stellte sie an und freute mich, als das Wasser einlief. Hat man bei einem neuen technischen Gerät erst einmal heraus, wie es funktioniert, dann dauert es nicht mehr lange, und man versteht auch die Gebrauchsanweisung.

»Schluß mit der Rubbelei!« sagte ich zu meinem Sohn, »jetzt können wir Mensch-ärgere-dich-nicht spielen!«

»Nee, lieber Poker!«

Auf dem Weg zu Ofen kreuzte ich später die Küche, warf einen liebevollen Blick auf die Waschmaschine – und erschrak. Hinter der Glasscheibe wälzte sich in einer unappetitlichen Brühe eine dunkelbraune Masse, die nun beim besten Willen nichts mehr mit schmutziger Wäsche zu tun haben konnte. So hatte nicht mal Saschas Bettbezug ausgesehen, als er seinem Teddy Dreiradfahren beibringen wollte und das ausgerechnet auf seinem Bett versucht hatte.

Ich schrie nach Rolf. Der kam auch, begutachtete die ganze Sache, meinte schließlich, die Maschine müsse ihr Wasser auf geheimnisvollen Wegen aus der Kanalisation beziehen, und ich sollte lieber gar nichts tun, sondern auf einen Fachmann warten.

Der kam aber erst nach vier Tagen, weil er vor Silvester keine Zeit mehr hatte und nach Silvester keine Lust, aber was er dann sagte, behalte ich lieber für mich. Jedenfalls habe ich mich nie wieder als Installateur versucht!

»Mich würde bloß mal interessieren, wie Wittingers ihre Maschine in den Keller gekriegt haben«, murmelte Rolf, als er sich wieder einmal das Schienbein an der vorspringenden Kante gestoßen hatte. »Bei denen steht sie nämlich unten.«

Dann kam ihm die Erleuchtung: »Wahrscheinlich haben sie das Haus drumherum gebaut.«

»Was macht ihr Silvester?«

Brauer hatte seine Morgenbesuche mit der Whiskyflasche unterm Arm wieder aufgenommen und in letzter Zeit einen dankbaren Partner gefunden für die tiefsinnigen Gespräche über Lebensphilosophie im allgemeinen und die der Nachbarn im besonderen. Rolf interessierte sich zwar weniger für

Brauers Tiraden, aber er brachte neuerdings irischen Whisky mit, und der war für den Etat eines freien Werbeberaters zu teuer. Spätestens zur Mittagszeit hatten die beiden Männer die Flasche geleert und sämtliche Weltprobleme gelöst.

»So geht das aber nicht weiter!« hatte ich mich erst kürzlich bei Frau Brauer beklagt, als sie auf der Suche nach ihrem Mann erst Isabell aus dem Schönheitsschlaf gescheucht und dann bei uns geklingelt hatte. »Langsam, aber sicher züchten wir uns Alkoholiker heran!«

Frau Brauer zuckte mit den Achseln. »Alex ist doch schon einer! Haben Sie das noch nicht mitgekriegt?«

Eigentlich nicht. Ich war immer der Meinung gewesen, daß Alkoholiker unter Arbeitern zu suchen seien, die freitags mit der vollen Lohntüte in die Kneipe zogen und mit der leeren wieder nach Hause, Frauen und Kinder verprügelten und aus dem Mobiliar Kleinholz machten. Fernsehen ist bildend, und Familientragödien erfreuten sich damals besonderer Beliebtheit.

Nunmehr aufgeklärt, sah ich Brauer mit anderen Augen und entdeckte nichts Verdächtiges. Er hatte meistens strahlende Laune, war aufgekratzt, amüsant und ganz genau das, was man sich als Belebung einer öden Party wünscht. Und die erwartete uns Silvester.

Felix hatte seinen Besuch angekündigt. Das wäre nicht weiter schlimm gewesen, aber er wollte seine neue Freundin mitbringen, eine »aus gutem Hause«, und diese Damen kannte ich. Entweder erröteten sie schon bei so harmlosen Worten wie Doppelzimmer und Kinderwagen, oder sie fielen ins andere Extrem und veranstalteten nach dem dritten Glas Sekt einen gekonnten Striptease. Außerdem hatte Felix seine Angebetete erst vor wenigen Tagen kennengelernt, und in diesem Stadium pflegte er sie mit Kalbsaugen anzuhimmeln und alles außergewöhnlich zu finden, was sie sagte oder tat.

»Also, was ist nun? Geht ihr Silvester weg, oder feiert ihr zu Hause?« hakte Brauer nach, schenkte nochmals die Gläser voll und schüttelte entsetzt die Flasche, als es nur noch tröpfelte. »Früher war in so einer Pulle auch mehr drin! Jetzt nehmen sogar schon die Iren das dicke Glas. Betrüger sind das, allesamt!«

»Wir kriegen Besuch«, beantwortete ich seine Frage.

»Was? Ach so, morgen. Verwandtschaft oder vernünftige Leute?«

»Ein Freund mit Freundin.«

»Sonst noch jemand?«

»Nein.«

»Dann kommt ihr rüber!« bestimmte Brauer. »Gemeinsam besäuft es sich besser. Den Freund könnt ihr von mir aus zu Hause lassen, aber die Dame bringt ihr mit! Ist sie denn hübsch?«

»Sie hat vorstehende Zähne und schielt!« sagte ich wütend.

»Macht nichts«, antwortete Brauer, »man kann sich auch in eine häßliche Frau verlieben, nur nicht auf den ersten Blick.«

Begeistert war ich nicht gerade, aber Frau Brauer redete mir gut zu: »Sie würden mir einen großen Gefallen tun, wenn Sie kämen, sonst wird Alex unberechenbar. Er hat schon unsere ganzen Bekannten rausgeekelt – wir haben kaum noch welche. Dabei kann er das Alleinsein überhaupt nicht vertragen.«

Natürlich blieb Felix nicht zu Hause; er war vielmehr als erster vor Brauers Tür und schwenkte unternehmungslustig den Blumenstrauß. Eigentlich hatte er ihn mir mitgebracht, dann aber sofort wieder aus der Vase gefischt, in das zerknüllte Papier gewickelt, und nun überreichte er ihn artig Frau Brauer.

Sie trug einen weißen golddurchwirkten Hosenanzug und sah einfach umwerfend aus. In meinem drei Jahre alten Cocktailkleid kam ich mir neben ihr wie eine Vogelscheuche vor und beschloß, meinen Ehemann schon morgen nachdrücklich auf die Diskrepanz zwischen seinem Einkommen und meiner Garderobe hinzuweisen. Brauers Wohnzimmer erinnerte an eine chinesische Opiumhöhle. Die steifen Bambussessel waren entfernt und gegen Polster und Kissen ausgetauscht worden, die überall auf dem Boden herumlagen und sehr bequem aussahen. Die Lampenschirme hatte man gegen bunte Lampions ausgewechselt, überall hingen Papierschlangen, sogar der Weihnachtsbaum hatte welche abgekriegt, aber trotz der schummrigen Beleuchtung konnte ich die Flaschenbatterie erkennen, die spielend den Bedarf einer mittelgroßen Bar gedeckt hätte.

»Womit fangen wir denn nun an?« überlegte Brauer, nachdem die Begrüßung überstanden war und wir uns mehr oder weniger graziös zwischen den Kissen eingerichtet hatten. »Ich schlage zum Aufwärmen meine spezielle Kreation ›Stürmische Nacht‹ vor.«

»Bezieht sich das aufs Wetter oder auf die Folgen?« fragte ich mißtrauisch.

Statt einer Antwort bekam ich ein randvolles Glas in die Hand gedrückt, dessen Inhalt nicht genau zu identifizieren war. Vorsichtig probierte ich. Es schmeckte barbarisch!

»Das ist so ähnlich wie mit Gulaschsuppe«, lachte Brauer.

»Nach dem ersten Löffel glaubt man, es verbrennt einem die Kehle, dann gewöhnt man sich daran, und schließlich schmeckt sie großartig.«

Wenig überzeugt von dieser Prognose stand ich vorsichtig auf, tastete mich zur Küche durch und kippte das Zeug ins Spülbecken.

»Etwas Besseres hätten Sie gar nicht tun können!« Ich hatte gar nicht gemerkt, daß mir Frau Brauer gefolgt war. »Diese Mischung ist höllisch!«

»Was ist denn da drin?«

»Ein Drittel Whisky, ein Drittel Wodka, ein Drittel Gin. Das haut jeden um!«

»Dann scheint das ja ein reizender Abend zu werden!« prophezeite ich.

Das wurde es auch! Um neun waren wir bei Brauers erschienen, um zehn hatte Felix bereits »unser Oma ihr klein Häuschen« versoffen, um halb elf mußte ich seine Freundin zu uns nach Hause bringen und ins Bett stecken, weil ihr schlecht geworden war, um elf riß Brauer die Terrassentür auf und schrie »Prosit Neujahr!«, und zehn Minuten später beschloß Rolf, für alle Pizza zu backen.

Frau Brauer hatte zwar kalte Platten vorbereitet, und ich hatte schon am Nachmittag eine Schüssel Heringssalat bei ihr abgeliefert; weil der nach Rolfs Ansicht zu einer Silvesterfeier gehört wie Waldmeister zur Maibowle, aber Pizza ißt er noch lieber, und am liebsten irgendwann zwischen Mitternacht und Morgen.

Ich holte die Zutaten, die uns nie ausgehen (selbst wenn Kartoffeln und Brot alle sind und die Kinder am Hungertuch nagen – tiefgefrorener Teig und Tomaten in Dosen sind immer da!) warf einen Blick ins Arbeitszimmer, wo Fräulein Bärbel sehr undamenhaft schnarchte, und lieferte meine Ausbeute bei Rolf ab. Der scheuchte uns alle aus der Küche und verriegelte die Tür.

»Morgen helfe ich beim Saubermachen«, versprach ich Frau Brauer, denn Rolfs Kochkunst ist unbestritten, das spätere Chaos in der Küche aber auch.

Nach einem erfrischenden Nickerchen hatte Felix sich wieder aufgerappelt und erschien nun leicht schwankend im Türrahmen. »Gnädige Frau, Sie haben einen unge-ungemein klugen Mann. Er hat mir eben die ganzen Pro-Probleme des innerdtsch... also des innerdeutschen Handels erklärt. D-die waren mir immer unklar. Die sind mir auch jetzt noch unk-unklar, aber doch auf einer v-viel höheren Ebene.« Suchend sah er sich um. »W-wo ist Rolf?«

»In der Küche.«

»K-kocht er wieder? Dann helfe ich!«

Nachdrücklich hämmerte er an die Tür. »Aufmachen! Ich w-will auch kochen! Oder soll ich b-backen? Ich kann p-prima backen!«

Rolf öffnete die Tür und ließ Felix hineinschlüpfen. Eine Viertelstunde später flog er wieder raus. In der Hand balancierte er einen Teller mit zwei leicht verkohlten Teigstückchen, deren Belag von Fett triefte und sogar jetzt noch still vor sich hinbrutzelte.

»Nur eine K-Kostprobe für meinen Freund Alex!« Felix steuerte die Wohnzimmertür an, erreichte sie auch genau in der Mitte und schaukelte durch.

Ohne hinzusehen griff Brauer nach der Pizza und biß kräftig hinein. Im selben Moment brüllte er los: »Feuer!!!«, worauf Frau Brauer den Eiskübel holte und ihn samt seinem schon flüssigen Inhalt ihrem Mann über den Kopf stülpte.

»Ich hab Rolf schon in der K-Küche gesagt, er soll nicht so v-viel Tabasco n-nehmen«, entschuldigte sich Felix, während er Brauer von seinem Helm befreite.

»Nicht scharf! Heissss...«, jammerte Brauer.

»Weiß ich«, freute sich Felix, »hab ich extra f-für dich in der Pfanne geb-backen. Mit richtigem Olivenöl. Im Herd d-dauert es viel zu lange.«

Da Rolf ohnehin vergessen hatte, ihn einzuschalten, kamen wir in dieser Nacht nicht mehr in den Genuß seiner Mitternachtssnacks. Statt dessen kam Obermüller und wünschte uns ein fröhliches neues Jahr. Wir hatten den Jahreswechsel verpaßt!

»Prosit Neujahr! Jetzt ist mein Auto wieder tausend Mark weniger wert, und die Kleider meiner Frau sind allesamt vom vorigen Jahr!« sagte Brauer.

»Habt ihr jewußt, det Wittingers 'ne Kellerbar hab'n?« dröhnte Obermüller, auch nicht mehr nüchtern, und schwenkte ein himmelblaues Papierhütchen. »Kommt doch mit rüber, da is 'ne dolle Stimmung!«

Mir reichte die hier schon, ich war ja gar nicht so vergnügungssüchtig! Frau Brauer blinzelte mir zu und deutete zur Küche. Heimlich verschwanden wir und verkrochen uns im

Heizungskeller. Nebenan saßen die Schnecken – sympathisch nur tot, und dann mit Kräuterbutter!

Das Versteckspiel wäre aber gar nicht nötig gewesen, denn unsere Mannen zogen ab und kümmerten sich nicht mehr um uns.

»Gott sei Dank, die sind weg!« sagte Frau Brauer erleichtert. »Hoffentlich sind die Kinder von dem Radau nicht aufgewacht.« Aber die schliefen fest, und auch Sven und Sascha rührten sich nicht, als ich vorsichtig in ihre Zimmer schlich. Am liebsten hätte ich mich dazugelegt.

»Was jetzt?« fragte Frau Brauer. »Gehen wir noch in die Katakombe, oder sollen sich die Männer allein vollaufen lassen?«

Frau Gundloff nahm uns die Entscheidung ab. Sie stand plötzlich vor uns, nur mit einem zitronengelben Babydoll und einem dazu passenden Mützchen bekleidet, und fiel mir um den Hals.

»Prosit Neujahr, ihr Süßen, ich hab' euch ja noch gar nicht gesehen! Bringt ihr Isabellchen zu den netten Männern zurück? Isabellchen weiß nicht mehr, wo die sind.«

Isabellchen hatte entschieden zuviel getrunken! Aber ins Bett wollte sie noch nicht, obwohl sie schon danach angezogen war.

»Bringen wir sie zurück, sonst holt sie sich noch eine doppelseitige Lungenentzündung!« entschied Frau Brauer.

Wittingers Haustür stand sperrangelweit offen. Gelächter und Gesang zeigten uns, daß man hier tatsächlich im Keller feierte. Isabell hüpfte fröhlich die Treppe hinunter und wurde von einem vielstimmigen »Aahh!« begrüßt.

»Unsere Venus ist wieder da!« grölte Brauer. »Komm her, Babydoll, ich habe schon immer für Rubens geschwärmt!«

Vorsichtig schielte ich um die Treppenbiegung. Dort, wo bei uns Kartons, Kinderwagen und die große Truhe standen, die Rolf schon seit Jahren mit Bauernmalerei aufmöbeln wollte, hatten Wittingers eine komplette Bar eingerichtet mit

Theke, Barhockern und wachsbekleckerten Chiantiflaschen, in denen flackernde Stearinkerzen qualmten. Nahezu die gesamte Siedlung hatte sich hier eingefunden, denn mit Ausnahme eines jungen Mannes im Smoking kannte ich alle, die mehr oder weniger (meistens mehr!) angeheitert durcheinanderquirlten. Rolf flirtete mit Frau Obermüller, ihr Mann fütterte Frau Wittinger mit Kartoffelchips, Felix schlief schon wieder, und nur Vogts saßen sittsam auf zwei Klappstühlen und drehten Papierschlangen zu kleinen Röllchen.

Plötzlich entdeckte mich Herr Friese, und nun half alles nichts, ich mußte auch in den Keller kommen, bekam ein Glas lauwarmen Sekt in die Hand gedrückt und sollte mit allen Brüderschaft trinken. Vernünftige Leute vergessen derartige Verbrüderungsszenen am nächsten Tag, aber die meisten hier sahen nicht so aus, als würden sie sich daran halten. Frau Brauer war wirklich die einzige, mit der ich mich gern geduzt hätte, aber die war verschwunden. Kluge Person!

Irgendwann platzte ein neuer Gast in unsere Runde, ein Herr mit grauen Schläfen, den niemand kannte, der aber trotzdem ein Glas bekam und bereitwillig mit jedem anstieß. Dann trank er noch ein zweites Glas und ein drittes, knöpfte seinen Mantel auf, setzte den Hut ab und unterhielt sich angeregt mit Frau Obermüller über seelisch bedingte Kreislaufstörungen. Schließlich fragte sie neugierig: »Wo gehören Sie eigentlich hin? Ich meine, in welches Haus?«

Da schien bei ihm etwas zu dämmern. »Du meine Güte«, sagte er entsetzt, »ich bin ja bloß hergekommen, weil irgendein Auto die Zufahrtsstraße blockiert. Meine Frau sitzt draußen im Wagen und wartet, daß ich den Schuldigen finde!«

Johlend zogen alle zu den Garagen. Da saß doch tatsächlich eine beleibte Dame mit Blümchenhut in einer jener Luxuslimousinen, die Michael immer als Bonzenschleudern bezeichnete, weil sein Vater nur einen klapprigen Opel fuhr. Die Dame sah gar nicht lustig aus, bedachte ihren auch schon ziemlich angeheiterten Mann mit einem Blick, der Bände sprach, und forderte energisch die sofortige Entfernung »dieses Blechhaufens, der da so verkehrswidrig parkt«.

Felix streichelte sein geschmähtes Vehikel, das immer noch »Karoline« hieß, obwohl die betreffende Dame schon längst zu seinen Verflossenen gehörte, und grunzte böse: »Immerhin l-läuft der Wagen auf allen v-vier Rädern und n-nicht auf W-Wechseln, w-was man von den m-meisten Autos nicht be-behaupten kann!«

Dann suchte er nach seinen Wagenschlüsseln, fand sie nicht und erinnerte sich endlich, daß er sie seiner Freundin gegeben hatte.

»W-wo is die eigentlich?«

»Sie schläft!« beruhigte ich ihn.

»W-wieso schläft sie? Sie hat nicht zu schlafen!«

»Sie war müde, und du hast sie ja auch gar nicht vermißt!«

»S-sie war ja gar nich da, w-wie kann ich sie dann v-vermissen?« beharrte Felix eigensinnig.

Es war hoffnungslos! Ich lief zum Haus, rannte die Treppen hinauf, durchsuchte Bärbels Handtasche, dann den Mantel, die Kostümjacke – nichts! Vorsichtshalber durchwühlte ich auch noch Felix' Manteltaschen, förderte aber nur einen angebissenen Apfel und zwei Eintrittskarten für ein Catcherturnier zutage. Also zurück zum Schauplatz der Tragikomödie.

»Ich kann die Schlüssel nirgends finden«, japste ich. »Du mußt sie doch bei dir haben!«

»Hab' ich aber nicht!«

»Denn müssen wir eben schieben! Hoffentlich hat er nich die Handbremse anjezogen!« Obermüller äugte durch die beschlagenen Scheiben. »Ick werd varückt!« jubelte er los, »da stecken ja die Schlüssel! Een Jlück, det hier bloß ehrliche Menschen wohnen!«

Nachdem der unbekannte Fremde mit seiner inzwischen versteinerten Gattin abgefahren war, löste sich die Gesellschaft auf. Brauer wollte zwar unbedingt noch jedem eine

Kostprobe seiner »Stürmischen Nacht« servieren, fand aber nur noch bei Obermüller Zustimmung, und dann wollte der plötzlich auch nicht mehr. Isabell klapperte mit den Zähnen und schien erst jetzt zu bemerken, daß sie so gut wie gar nichts anhatte. »Alf, gib mir dein Jackett!«

Der sehr jugendliche »Neffe« zog gehorsam die Smokingjacke aus, hüllte Isabell ein und führte sie sorgsam fort. Felix stakste hinterher. »Nicht vergessen, Babydoll, du hast mich zum Frühschoppen eingeladen!«

Irgendwie gelang es mir, meine beiden Männer ins Haus und dann sogar in die Betten zu verfrachten, d. h. für Felix mußte ein Sessel genügen. Auf der Couch schlummerte Bärbel, und ich war einfach zu müde, die Luftmatratze aus dem Keller zu holen oder irgendeine andere Liegestatt zu improvisieren.

Als ich endlich das Licht ausknipste, schlug in der Ferne die Kirchturmuhr viermal. Spätestens um halb acht würden die Jungs durchs Haus toben. Kinderlachen ist doch etwas Herrliches – besonders am Neujahrsmorgen!

7

Der kostenlose Glühwein der Baugesellschaft hatte sich rentiert. Gleich nach Neujahr sichteten wir wieder Handwerker, und dann wußte auch schon Michael, daß das Haus Nr. 8 in Kürze bezogen werden sollte.

»Hatten wir da nicht die Klotür geklaut?« fragte Rolf.

»Nee, die hatte ja nicht gepaßt. Aus Nummer acht stammt bloß der Duschkopf!«

»Weißt du denn schon, wer einzieht?«

Aber Michael wußte es nicht, was außergewöhnlich war, denn angeblich hatte sein Vater die künftigen Bewohner schon mehrmals durch das Haus geführt. »Der Mann hat mich aber jedesmal rausgeschmissen!« begründete Michael seine mangelnden Informationen. Auch das war außergewöhnlich.

Pünktlich am 15. Januar kämpfte sich wieder ein Möbelwagen über die Zufahrtsstraße, gefolgt von einem Pkw der oberen Mittelklasse, und pünktlich stand ich wie die meisten Nachbarn hinter der Gardine, um den Einzug der neuen Nachbarn zu beobachten.

Als erstes sah ich einen Dackel. Dann sah ich einen etwa zehnjährigen Jungen, der hinter dem Dackel herlief. Dann folgte eine Dame unbestimmbaren Alters, die hinter Kind und Dackel herlief, und dann folgte ein Herr, der hinter Frau, Kind und Dackel herzulaufen versuchte, die Sache aber aufgab und ins Haus trottete. Und dann sah ich Michael mit Dackel auf dem Arm, verzweifelt bemüht, seinen zappelnden Anknüpfungspunkt festzuhalten und sich damit Eintritt in die noch unbekannte Familie zu verschaffen. Es schien ihm gelungen zu sein, denn wenig später schleppte er die ersten Stühle ins Haus.

Auch ich hatte mir vorgenommen, meine nachbarlichen Pflichten zu erfüllen. Eine Schulfreundin, die in Amerika verheiratet ist und unlängst ihr eigenes Heim bezogen hatte, hatte mir begeistert geschrieben, wie nett und hilfsbereit die Nachbarn gewesen waren. Dreimal hatte man sie zum Essen eingeladen, Blumen hatte man gebracht und Himbeerkuchen, und überhaupt gehe »drüben« alles viel herzlicher und viel weniger förmlich zu.

An eine Einladung zum Mittagessen traute ich mich nicht heran. Vielleicht war die neue Nachbarin eine ausgezeichnete Köchin, was ich von mir nicht behaupten konnte, sicher machte sie das Gulasch ganz anders als ich, und die Kartoffeln hätten sowieso nicht gereicht. Aber mein Kaffee war immer gelobt worden, Marmorkuchen der einzige, bei dem nie etwas schiefging, und am Nachmittag würde der Möbelwagen sicher schon abgefahren und etwas Ruhe eingekehrt sein.

Um die Mittagszeit klingelte es. Michael wollte für seinen Vater eine Kopfschmerztablette holen. »Der war heut nacht mal wieder auf Tour!« erklärte er, wechselte aber sofort das Thema. »Das sind vielleicht komische Typen, die da einziehen. So was ganz Feines. Der Junge – Hendrik heißt der, hab' ich noch nie gehört! – hat meiner Mutter sogar die Hand geküßt und gnädige Frau zu ihr gesagt. So was Dusseliges! Erst hab' ich geglaubt, nun hätte ich jemanden zum Spielen, aber mit so einem Fatzken gebe ich mich nicht ab. Sein Vater ist genauso blöd. Der rennt doch mitten beim Umzug mit einem Schlips herum! Und seine Frau sagt immer Schätzchen zu ihm. Also das ist kein Umgang für uns, nicht wahr, Frau Sanders?«

»Gute Erziehung ist nicht unbedingt ein Manko«, bremste ich den altklugen Knaben, »du könntest auch ein bißchen gebrauchen!«

»Na schön, dann kriegen Sie jetzt auch immer Handküsse von mir!« versprach Michael.

»Wasch dir aber vorher die Hände!«

Das hatte er nicht mehr gehört. Er spurtete nach Hause.

Die Tabletten hatte er natürlich vergessen. Vermutlich waren sie auch nur ein Vorwand gewesen.

Mit Selbstbewußtsein nicht gerade gesegnet, hatte ich plötzlich nicht mehr den Mut, meine unbekannten Nachbarn so einfach anzusprechen und zum Kaffee einzuladen. Andererseits war der Tisch gedeckt, der Kuchen auch nicht ein kleines bißchen verbrannt und der Kaffee fertig. Also rief ich Sven, bleute ihm haargenau ein, was er sagen sollte, und schickte ihn los.

Eine Zeitlang tat sich gar nichts. Endlich kam er in Begleitung jener Dame zurück.

»Hoffentlich habe ich das richtig verstanden«, lachte sie, »aber Ihr Sohn stand plötzlich vor mir und sagte wörtlich: ›Meine Mutter hat Kuchen gebacken, der nicht angebrannt ist, und Kaffee gekocht. Jetzt sollen Sie kommen!‹«

»Sinngemäß ist das schon richtig, nur die Formulierung sollte etwas anders klingen«, versicherte ich etwas verlegen. »Vor allen Dingen galt die Einladung auch für Ihre übrige Familie.«

»Davon hat er nichts gesagt, aber mein Mann wird sich freuen. Bei uns ist der Herd noch nicht angeschlossen, wo der Tauchsieder ist, weiß ich nicht, ich hab' ihn noch nicht gefunden, wir ernähren uns seit Stunden von Cola, Zwieback und Marzipankartoffeln, die noch von Weihnachten übriggeblieben sind. Sie glauben gar nicht, wie ich mich auf eine Tasse richtig heißen Kaffee freue!«

Sven wurde noch einmal losgeschickt, und bald saß Familie Heinze – nein, nicht am Kaffeetisch, sondern auf dem Boden vor den Heizkörpern. Dackel Conni lag darunter.

Auch Herr Heinze hatte den Kampf mit dem Ofen bald aufgegeben und schon erwogen, die kommende Nacht in einem Hotel zu verbringen und darauf zu hoffen, daß sich morgen jemand finden würde, der im Umgang mit Holz und Kohlen einigermaßen geschult war. Natürlich bot ich meine Hilfe an, denn inzwischen konnte ich mich durchaus als

Fachmann bezeichnen. Seit Tagen schon war Ofen nicht mehr ausgegangen, nicht mal am Sonntag, als ich verschlafen hatte. Den Salat mußten wir zwar ohne Öl essen, aber es war warm dabei gewesen, und Rolf hatte kaum gemeckert.

Schade, daß er jetzt nicht da war. Herr Heinze hatte mir erzählt, daß er Leiter einer Düsseldorfer Werbeagentur sei, und als ich ihm sagte, daß er und Rolf Kollegen seien, war er gleich Feuer und Flamme.

»Ich dachte schon, hier wohnen lauter Verrückte. Erst ist mir eine Frau über den Weg gelaufen, die hatte den Kopf voller Lockenwickler und an der Hand ein Kind mit vollen Hosen, dann kam ein Dr. Sowieso mit einer Whiskyflasche und drei Gläsern, aber wir hatten ja alle noch nichts gegessen, und schließlich klingelte eine grauhaarige Dame und fragte, ob wir einen Teller Suppe haben wollten. Das war ja wirklich nett von ihr, aber die Suppe... brrrh!«

»Frau Straatmann ist Vegetarierin und kocht ihre Suppen auf der Grundlage von Olivenöl und Brennesseln«, erklärte ich. »Wenn Sie wollen, kann ich Ihnen das Rezept geben.«

»Wo kriegt sie denn mitten im Winter Brennesseln her?« staunte Hendrik.

(Er hatte übrigens auf den Handkuß verzichtet und sich auch die »gnädige Frau« verkniffen, aber sicher nur deshalb, weil ich immer Hosen trug und nie so seriös aussah wie Frau Obermüller.)

»Wahrscheinlich waren es getrocknete, und deshalb hat die Suppe beim Essen auch so geknirscht«, vermutete seine Mutter. »Aber das war ja gar nicht so schlimm. Viel entsetzlicher waren die Viecher, die dort überall herumstehen und einem auf den Teller starren. Wie kann ich in Ruhe essen, wenn hinter mir ein ausgestopfter Affe die Zähne fletscht? Stimmt es denn, daß die ein lebendes Krokodil in der Badewanne haben?«

»Wer hat Ihnen das erzählt?«

»Dieser Michael. Übrigens ein sehr netter, hilfsbereiter Junge«, lobte Frau Heinze. »Kennen Sie ihn näher?«

Während ich noch überlegte, ob ich sie über Michaels Hilfsbereitschaft aufklären sollte, mahnte ihr Mann zum Aufbruch. Auch gut, sollte sie lieber selbst dahinterkommen. Erfahrung ist etwas, was man zu haben meint, bis man mehr davon hat.

Im Laufe der nächsten Tage entwickelte sich ein reger Verkehr zwischen unserem Haus und Nr. B. Ich half mit Schraubenziehern, Büchsenmilch und Anmachholz aus, zeigte Heinzes, wie man den Ofen behandelt und die Mutter von Köbes, damit man frische Eier kriegt, und machte sie nach und nach mit den übrigen Bewohnern der Millionärssiedlung bekannt. Dafür genoß ich den Vorzug, ein paar Tage lang meine täglichen Einkäufe per Auto erledigen zu können, denn Herr Heinze hatte Urlaub genommen und stand jederzeit als Chauffeur zur Verfügung. Einmal fuhren wir sogar nach Düsseldorf, wo seine Frau einen neuen Staubsauger kaufte und ich ein Cocktailkleid, das Rolf später entsetzlich fand:

»Entweder ist das Ding zu kurz, oder du bist nicht ganz drin!« Dann war die Woche herum, Herr Heinze reihte sich wie alle Männer morgens in die Bürorallye ein, und seine Frau mußte genau wie wir anderen den täglichen Fußmarsch nach Monlingen antreten.

»Es wird Zeit, daß meine Tochter aus England zurückkommt«, stöhnte sie, »ich bin doch kein Lastesel!«

Ich wußte gar nicht, daß sie eine hatte.

»Hab' ich Ihnen das nicht erzählt?« wunderte sie sich.

»Patricia ist neunzehn und seit einem halben Jahr als Aupair-Mädchen in London. Anfang März kommt sie zurück und mit ihr der Motorroller. Ich kann von Schätzchen schließlich nicht verlangen, daß er mir auch einen kauft.«

Mich irritierte es ein bißchen, daß Herr und Frau Heinze sich nach 22jähriger Ehe immer noch mit »Schätzchen« und »Liebchen« anredeten, sich gegenseitig Zettel mit neckischen Sprüchen unter den Frühstücksteller schoben und sich manchmal aufführten, als wären sie gerade in den Flitterwochen, aber davon abgesehen waren sie nett und sympathisch.

Zu dieser Ansicht war auch Michael gekommen, der jetzt dauernd mit Hendrik zusammensteckte. Er hatte sich davon überzeugt, daß »dieser Fatzke« ein sehr erfindungsreicher Knabe mit einem ausgesprochenen Hang zu Lausbübereien war. Erstes Opfer wurde Herr Vogt.

Eines Tages beobachtete ich verblüfft, wie er auf der menschenleeren Straße mit einer leichten Verbeugung den Hut zog und offensichtlich jemanden grüßte, der gar nicht da war. »Siedlungskoller!« dachte ich und vergaß die Sache wieder.

Zwei Tage später das gleiche Bild: Herr Vogt schritt an Heinzes Mülltonne vorbei, lüftete den Hut und ging weiter.

Nun hatte ich zwar schon länger bemerkt, daß er mich niemals ansah, wenn er mich grüßte, sondern rein automatisch den Hut zog, sobald ich »Guten Tag« sagte. Aber einen Menschen mit einer Mülltonne zu verwechseln, traute ich nicht einmal ihm zu.

Beinahe täglich wiederholte sich das Spiel. Herr Vogt kam von den Garagen herauf, stiefelte den Weg entlang und grüßte die Mülltonne. Ob man nicht mal seiner Frau Bescheid sagen...? Seitdem es so kalt geworden war, begrüßte sie ihren Mann nicht mehr vor dem Haus, sondern wartete, bis er klingelte. Aber dann stand sie auch schon mit dem Handfeger parat und bürstete den Schnee von seinen Schuhen. Die merkwürdige Zeremonie konnte sie also noch gar nicht gesehen haben. Schließlich fragte ich Hendrik: »Habt ihr eigentlich eine besonders elegante Mülltonne?«

»Nein. Wieso?« grinste er scheinheilig.

»Weil Herr Vogt jeden Abend den Blechkübel grüßt.«

»Haben Sie das auch gesehen?« prustete er los. »Wir haben unterm Deckel einen kleinen Lautsprecher versteckt, und jedesmal, wenn er kommt, flötet einer von uns ›Guten Abend, Herr Vogt!‹ ins Mikro. Prompt zieht er den Hut.«

»Wer ist denn ›wir‹?«

»Na, Michael und ich. Bei den beiden alten Tanten haben wir das auch schon probiert, aber die sind bloß schreiend weggelaufen, als Michael geflüstert hat: ›Wo wollt ihr beiden Hübschen denn jetzt noch hin?‹«

Kein Wunder, daß die Damen Ruhland seitdem nur noch hinten herum über den Feldweg und dann beim Köbes vorbei zur Straße gingen.

Das war zwar erheblich weiter und erheblich unbequemer, aber dort standen wenigstens keine Mülltonnen mit unlauteren Absichten.

Kinder erziehen ist die einfachste Sache von der Welt – vorausgesetzt, man hat die Geduld eines Anglers, die Nerven eines Astronauten und die Gabe, mit einem Minimum an Schlaf auszukommen. Wünschenswert wäre auch ein sechsstelliges Jahreseinkommen.

Sascha hatte die Badezimmerwaage kaputtgespielt, und als ich ihn energisch zur Rede stellte, fragte er bloß: »Wozu is'n die eigentlich da?«

»Ich weiß nur, daß man sich draufstellt und davon wütend wird«, erklärte ihm Sven, womit die Fragwürdigkeit dieses Gegenstandes hinreichend definiert war.

Dann hatte ich einen Dialog zwischen Sven und Sabine Brauer darüber mitgehört, wer abends zeitiger schlafen gehen müsse, und der hatte damit geendet, daß Sven ganz entsetzt rief:

»Mich steckt sie schon um acht ins Bett. Meine Mutter ist ja noch eine halbe Stunde gemeiner als deine!«

Wenig später gab es Gebrüll, weil Sascha seinem Bruder einen Bonbon stiebitzt hatte, den der unbedingt wiederhaben wollte.

»Gib ihn sofort zurück! Das ist meine Lieblingssorte, die schmeckt genau wie Heuschrecke!«

Für einen halben Vormittag reichte es!

Dabei hatte es eigentlich schon in der Nacht angefangen. So gegen drei Uhr war Sascha ins Schlafzimmer gestolpert, hatte das Licht angeknipst und uns unsanft aus dem Schlaf geholt.

»Was ist denn los, Sascha? Fehlt dir etwas?«

»Nein, Mami.«

»Hast du schlecht geträumt?«

»Nein, Mami.«

»Tut dir etwas weh?«

»Überhaupt nichts.«

»Himmeldonnerwetter noch mal, weshalb kommst du dann mitten in der Nacht hier anmarschiert?«

»Ich wollte dir bloß sagen, Papi, daß du recht gehabt hast. Ich will meine Bratkartoffeln von gestern Abend doch noch essen!«

Nun hatte ich mir gerade die Haare gewaschen und wollte mich nach bewährter Methode unter die lärmende Trockenhaube setzen, um ungestört durch Kindergeschrei und Telefongebimmel die Zeitung durchzublättern, als mir einfiel, daß Samstag war und die Geschäfte in zwei Stunden schließen würden. Natürlich hatte ich noch nichts eingekauft, und natürlich hatte sich Rolf wieder rechtzeitig verdrückt.

»Ungelernte Arbeit wird immer gefragt sein – solange Ehemänner samstags zu Hause sind«, hatte er behauptet und irgendwo in der Nachbarschaft Asyl gesucht. Noch in der Haustür hatte er Sven ermahnt: »Merk dir eins, mein Sohn: Mach im Haus nie etwas, wozu du nicht für dein ganzes Leben verurteilt sein möchtest!«

Nachdem ich ihn endlich bei Brauer losgeeist hatte, weigerte er sich standhaft, seine turnusmäßige Aufgabe als Chauffeur zu übernehmen und mich nach Monlingen zu fahren.

»Wir haben aber nichts im Haus, und zu Fuß schaffe ich es nicht mehr!«

»Dann gehen wir morgen eben essen!« sagte der Gatte und blätterte in der Programmzeitschrift. (Die meisten Erfindungen haben den Menschen Zeit erspart. Dann kam das Fernsehen!)

»Warum bist du seit kurzem so großzügig?« wunderte ich mich, denn Rolf neigte neuerdings regelrecht zur Verschwendungssucht. Er hatte mir einen Teekessel gekauft, obwohl der alte nur ein ganz kleines Loch gehabt hatte, das man bestimmt noch hätte löten können; er hatte den Kindern anstandslos neue Garderobe bewilligt und sich zum erstenmal den sonst üblichen Hinweis auf seine eigene spartanische Jugend verkniffen, und er hatte nicht mal mein langes Telefongespräch nach Berlin beanstandet. Jetzt wollte er sogar ohne besonderen Anlaß mit uns essen gehen? Irgend etwas stimmte da nicht. Mir war sowieso schon aufgefallen, daß er häufiger zu Hause und nur selten unterwegs war. Diese ungewohnte Anhänglichkeit hatte er mit den winterlichen Straßenverhältnissen begründet. »Wir Menschen sollten uns an den Schneeflocken ein Beispiel nehmen. Nicht zwei von ihnen sind gleich, aber wie großartig halten sie zusammen, wenn es darauf ankommt – zum Beispiel den Verkehr lahmzulegen!«

Noch rätselhafter wurde die ganze Sache, als er mir jetzt vorschlug: »Warum machst du eigentlich nicht den Führerschein? Ich habe keine Lust, bis an mein Lebensende jeden Samstag Mehltüten und Blumenkohlköpfe nach Hause zu fahren. Andere Frauen erledigen ihre Wochenendeinkäufe ja auch selber.« Das konnte doch einfach nicht wahr sein! Rolf bot mir freiwillig an, Fahrstunden zu nehmen, nachdem er es jahrelang abgelehnt hatte, diesen Gedanken auch nur zu diskutieren. »Frau am Steuer!« knurrte er jedesmal, wenn irgendein Wagen ihn verkehrswidrig behinderte. Meistens hatte er ja recht, aber saß wirklich mal ein Mann hinterm Lenkrad, dann sagte er ungerührt: »Dem hat wahrscheinlich seine Mutter das Fahren beigebracht!«

Und nun sollte ich...? Als Frau? Unmöglich!

»Weißt du denn, was so ein Führerschein kostet?«

»Bei dir einen runden Tausender! Andere bezahlen sicher weniger«, bemerkte mein Gatte liebenswürdig.

»Und den willst du so einfach opfern?«

»Bevor ich dich auf Händen trage, setze ich dich lieber in ein Auto! Ich hoffe doch, daß du diese zeitgemäßere Form eines vor Jahren unüberlegt gegebenen Versprechens akzeptieren wirst.«

Männer haben überhaupt keinen Sinn für Romantik, aber es stimmt trotzdem nicht, daß wir Frauen angeblich ständig versuchen, unsere Männer umzukrempeln. Wir wollen sie lediglich zu dem machen, was sie von Anfang an zu sein vorgaben!

Lassen wir das Thema lieber.

Es stellte sich heraus, daß Rolfs Freigebigkeit nicht auf einen grundlegenden Charakterwandel zurückzuführen war, sondern auf Mariechens Laube. Diese Laube stand auf einem Grundstück, auf dem Rolfs Vater während der Nachkriegszeit Kartoffeln und Tomaten angebaut und das er dann irgendwann in jenen Jahren für den Gegenwert von drei Sack Roggen erworben hatte. Daß der Roggen zuvor gegen die geernteten Kartoffeln eingetauscht worden war, beweist, was man damals unter Autarkie zu verstehen hatte.

Nach der Währungsreform und dem beginnenden Wohlstand auch in Beamtenkreisen wurde das Grundstück nicht mehr beackert. Es lag ziemlich weit außerhalb der Stadt, und es wäre für eine höhere Beamtengattin auch nicht schicklich gewesen, mit einem Handwägelchen Kohlrabiknollen oder Kürbisse durch die Straßen zu ziehen. Nur im Sommer spazierte Omi gelegentlich auf die Parzelle und pflückte die wildwuchernde Kamille ab, weil sie der Ansicht war, selbstgezogener Tee sei gesünder als gekaufter. Zum Transport des Grünzeugs verwendete sie eine stabile Papiertüte mit dem Aufdruck eines bekannten Braunschweiger Modehauses.

Die Laube, in deren einer Hälfte früher die zwei Klappstühle eingeschlossen worden waren und der Ersatzkaffee vor sich hingebrodelt hatte – in der anderen Hälfte hatten die beiden Hühner gesessen – hatte die Wirtschaftswunderzeit unbeschadet überdauert. Sie war solide wie eh und je. Kaum hatten die Nachkriegsdeutschen ihre Städte wieder aufgebaut, als sie schon versuchten, ihnen zu entrinnen. Auch in Braunschweig suchte man nach Bauland – erst östlich davon, dann weiter südlich, nur nach Norden wollte niemand. Omi pflückte also weiter Kamille und hoffte auf das Einsehen der Stadtplaner.

Es dauerte lange, bis sich jemand für Mariechens Grundstück interessierte, und noch länger, bis sie herausfand, daß dort eine Straße gebaut werden sollte. Am längsten dauerte es, den Kaufpreis auszuhandeln, denn damit wurde ein Anwalt betraut, und der war prozentual am Erlös beteiligt. Außerdem war Mariechen der Ansicht, daß die Laube solide Handwerksarbeit und somit ein Wertobjekt sei. Das Wertobjekt mußte angemessen berechnet werden. Darüber vergingen noch mal ein paar Monate. Omi erntete zum letztenmal Kamille, nahm den Scheck in Empfang und schickte ihn Rolf mit dem Bemerken: »Bis ein Ehepaar sich wirklich Kinder leisten kann, hat es meist schon Enkel.«

Nun konnte Rolf sich gelegentliche Faulheit leisten und ich mir sogar den Führerschein.

Der Schulbank schon seit einigen Jahren entwachsen, radelte ich mit etwas gemischten Gefühlen zur ersten theoretischen Fahrstunde. Dort lernte ich als erstes, daß man am besten gar nicht Autofahren lernt, weil es gefährlich ist und man sowieso immer unrecht hat, wenn was passiert.

»Es mag ja sein, daß es den Herstellern gelingt, die Autos unfallsicherer zu machen, aber es wird schwer sein, die Fußgänger umzukonstruieren«, sagte der muntere Herr vorne neben der Tafel.

Solchermaßen moralisch aufgerüstet, bestieg ich am nächsten Tag zum erstenmal ein Auto auf der linken Seite. Mein Fahrlehrer war ein in Ehren ergrauter Fünfziger, der sich keinen Illusionen mehr hingab, was die geistige Kapazität von Fahrschülerinnen betraf. Mich schien er für besonders schwachsinnig zu halten, denn ich sollte ihm demonstrieren, ob ich links von rechts unterscheiden konnte und oben von unten. Ich konnte es. Nach der dritten Stunde konnte ich auch schon den Blinker richtig bedienen. Nach der fünften durfte ich bereits durch Monlingen fahren.

Zu Beginn des Autozeitalters waren die Leute außer sich, wenn jemand mit einer Geschwindigkeit von 25 Kilometern in der Stunde fuhr – heute sind sie es wieder. Mein Fahrlehrer (er hieß Mundlos, was nicht stimmte, denn er redete wie ein Buch und war Junggeselle, was ich inzwischen begreiflich fand) dirigierte mich auf kürzestem Weg wieder in die Felder, wo er mir beizubringen versuchte, das Gaspedal nicht genauso zu behandeln wie ein Klavierpedal. Nach drei weiteren Übungsstunden hatte ich es begriffen. Wir wagten uns wieder in den Stadtverkehr.

Jetzt sollte ich das Einparken lernen, und dabei stellte ich mir nicht zum erstenmal die Frage: Wo finden eigentlich die Leute, die für Autowerbung zuständig sind, bloß immer die leeren Straßen, auf denen sie die Reklamespots filmen? Wir fanden nie auch nur eine Parklücke, und so beschränkten sich die vorgesehenen Übungen lediglich auf ein Rückwärts-um-die-Ecke-Fahren. Das vorschriftsmäßige Einparken trainierte ich später mit Svens Matchbox-Autos. Es war ganz leicht.

Auch auf die Präliminarien einer längeren Reise wurde ich gründlich vorbereitet.

»Nehmen wir mal an, Sie müßten heute nach Frankfurt fahren. Was würden Sie zuallererst tun?«

»Mich umziehen!«

Herr Mundlos lächelte nachsichtig und warf einen drängenden Blick auf die Benzinuhr. »Sehen Sie sich doch mal das Armaturenbrett genau an!«

Ich tat es und hatte die Erleuchtung: »Staubwischen!«

Kurz nachdem sich die ersten Frühlingszeichen auf der Landstraße zeigten (»Achtung! Bauarbeiten!«), wurde ich zur Prüfung zugelassen. Auch der Prüfer war nicht mehr der Jüngste, dazu ein ausgesprochen väterlicher Typ. Großzügig übersah er, daß ich mich rechts einordnete und links abzubiegen versuchte.

»Nu fahr'n Se man auch rechtsrum, is ja egal, wo wir ankommen!«

Die hart attackierte Bordsteinkante entlockte ihm nur ein mißbilligendes »Tztztztz«, aber als ich plötzlich auf der Stoßstange meines Vordermannes saß, wurde er ausgesprochen ungemütlich.

»Haben Sie denn den Wagen nicht gesehen?«

»Doch, natürlich!«

»Ja, und?«

»Ich konnte doch nicht bremsen!«

»Warum nicht?«

»Wenn man bei Schneematsch bremst, rutscht man und fährt jemanden an«, sagte ich sehr überzeugt, denn ich hatte im theoretischen Unterricht immer aufgepaßt.

»Aber Sie haben jemanden angefahren!« Der Prüfer machte bereits einen etwas entnervten Eindruck.

»Ich bin aber nicht gerutscht!« trumpfte ich auf.

»Sie haben zwar die Prüfung nicht bestanden«, beendete der väterliche Typ unsere Debatte, »aber dafür haben Sie Ihre Lebenserwartung beträchtlich erhöht!«

»Können Sie denn nicht ein Auge zudrücken?« bettelte ich. »Eigentlich brauche ich doch gar nicht die ganze Prüfung – nur gerade so viel, daß ich nach Monlingen zum Einkaufen fahren kann und später vielleicht noch die Kinder zur Schule.« Ich setzte mein betörendstes Lächeln auf.

Ohne mich eines weiteren Blickes zu würdigen, öffnete der Prüfer die Wagentür und stieg aus.

Charme ist eben etwas, was man so lange hat, bis man sich darauf verläßt!

Rolf grinste bloß, als ich nach Hause kam, und stellte den Sekt wieder in den Kühlschrank zurück. »Ich hab' sowieso nicht damit gerechnet, daß du es schaffst. Wunder sind heutzutage selten geworden!«

Dann bot er mir großzügig ein paar illegale Nachhilfestunden an. Zu diesem Zweck fuhr er mit mir auf einen Feldweg, wo außer einem verkrüppelten Mostapfelbaum weit und breit nichts stand, was höher als ein Grashalm war.

Leider erschöpften sich seine Fähigkeiten im Brüllen, Stöhnen und Jammern, aber daß wir dann doch den Mostapfelbaum ein bißchen angekratzt haben, war schließlich seine Schuld gewesen. Warum mußte er auch im selben Moment, als ich aufs Gas trat, die Handbremse lösen?

Etwas später verfolgte er händeringend meinen Versuch, den Wagen in die Garage zu fahren.

»Eins verstehe ich nicht. Wie kannst du einen Faden in ein winziges Nadelöhr fädeln, wenn du das Auto nicht in diese große Garage bringst?«

Herr Mundlos strahlte, als er mich wiedersah, denn ich garantierte ihm ein geregeltes Einkommen.

Im April gab es eine Schönwetterperiode, für die nächsten Tage war mit Nässe in irgendeiner Form nicht zu rechnen, und so wurde ich zum zweitenmal zur Prüfung gemeldet. Mit wieviel Optimismus mein Lehrer diesem Ereignis entgegensah, wurde mir kurz vor der entscheidenden halben Stunde klar.

»Wir haben noch ein paar Minuten Zeit. Soll ich Ihnen schnell zeigen, wie man eine Unfallanzeige ausfüllt?«

Empört lehnte ich das freundliche Angebot ab, stieg ins Auto, fuhr los – und bekam den ersten Rüffel: »Keine Frau wird die Gelegenheit versäumen, in den Spiegel zu schauen, außer wenn sie aus der Parkreihe ausschert!« bemerkte der Prüfer, der jung, energisch und gar nicht väterlich war.

Inzwischen kannte ich jedes Verkehrsschild im Umkreis von dreißig Kilometern, wußte, in welchen Intervallen die Ampeln umsprangen und wo die vorfahrtsberechtigten Straßen einmündeten. Ich fuhr traumhaft sicher, überholte sogar einen Trecker, was ich noch niemals vorher gewagt hatte, und nach zwanzig Minuten durfte ich aussteigen und den Führerschein in Empfang nehmen. Er hatte achthundertsiebenundachtzig

Mark und sechzig Pfennig gekostet. Für den Rest kaufte ich mir ein Paar Schuhe mit flachen Absätzen und ein Buch, das ich eigentlich gar nicht mehr brauchte: »Mit dem Auto auf du«.

Vor lauter Fahrstunden und Theorie-Pauken und Babysitter-Suchen waren die internen Siedlungsneuigkeiten nur an mir vorbeigeschwappt. Ich hatte andere Dinge im Kopf als Isabells neuen Neffen, der immer im Schlafanzug auf dem Balkon Zigarillos rauchte, oder Hermann Frieses neues Hobby, das rothaarig und wesentlich schlanker sein sollte als seine ihm angetraute künstliche Blondine. Obermüller hatte die beiden in einem Düsseldorfer Altstadtlokal gesichtet, wo er Zigarettenautomaten aufgefüllt hatte. Das Versicherungsgeschäft hatte er mittlerweile aufgegeben.

Natürlich hatte ich inzwischen Heinzes Tochter kennengelernt, die ihren Englandbesuch beendet hatte und nun schon seit ein paar Wochen überlegte, was sie mit ihrem weiteren Leben anfangen könnte. Nach Ansicht ihrer Mutter sollte sie heiraten, aber »von mir aus kann sie auch erst mal studieren; dann hat sie später wenigstens an etwas Vernünftiges zu denken, während sie ihre Hausarbeit macht!«

Patricia lehnte die Ehepläne strikt ab. Sie suchte noch nach dem idealen Mann und nicht nach einem zum Heiraten, was ihre Mutter aber keineswegs hinderte, ihren Bekanntenkreis nach möglichen Ehekandidaten zu durchforsten und die ihr geeignet Erscheinenden nacheinander einzuladen.

Wenn wieder einmal so ein Jüngling in voller Montur mit den obligatorischen fünf Nelken seinen Antrittsbesuch hinter sich gebracht hatte, erschien Patricia zur Berichterstattung. »Heute war einer da, der sah ja ganz gut aus, aber er hat eine Vorliebe für klassische Musik, liest viel und geht gern ins Museum. Na ja, niemand ist eben ganz ohnc Fehler!« seufzte sie und steckte sich eine Waffel nach der anderen in den Mund.

»Wenn du so weiterfutterst, bleibt von deiner Mannequinfigur nicht viel übrig!«

»Ich weiß ja, daß ich zuviel esse, aber ich habe einen ungeheuren Nachholbedarf.« Genußvoll leckte sie die Finger ab. »Wer in England einigermaßen gut essen will, muß dreimal täglich frühstücken. Sonst ist allenfalls die Tischdekoration genießbar – vorausgesetzt, es stehen überhaupt Blumen drauf.«

Dann kam sie zum Thema zurück: »Können Sie Mutti nicht mal klarmachen, daß man mit zwanzig noch keine alte Jungfer ist, die möglichst schnell unter die Haube gebracht werden muß?«

Diese Aufgabe wäre eines geschulten Diplomaten würdig gewesen, nicht aber einer völlig unemanzipierten Hausfrau, deren offen zu Tage liegendes Privatleben ja so sichtbar zeigte, wie erstrebenswert Haushalt und Familie sind.

Eine Zeitlang hatte Frau Heinze sogar Felix als Schwiegersohn in Betracht gezogen, ließ sich dann aber doch überzeugen, daß der Altersunterschied von 17 Jahren etwas zu groß sei.

»Aber Sie müssen doch zugeben, *finanziell* ist er in den besten Jahren«, sagte sie bedauernd.

(Da hatte sie zweifellos recht. Bei Felix war so eine Art Wohlstand ausgebrochen. Er fuhr ein nagelneues Auto, hatte eine Putzfrau und einen Lehrling eingestellt, trug weiße Hemden statt dunkler Pullover, weil er neuerdings die Wäschereirechnungen bezahlen konnte, und plante einen längeren Urlaub in Amerika, den er im Gegensatz zu früheren Reisen steuerlich nicht einmal absetzen konnte.)

Dann zog Herr Otterbach in das letzte noch leerstehende Haus, und sofort warf Frau Heinze die Angel aus. »Haben Sie ihn schon gesehen?« Aufgeregt kam sie in die Küche geschossen und sprudelte los: »Ein Bilderbuch von einem Mann! Groß, gutaussehend, sicher sehr tüchtig, denn er fährt einen dicken Wagen, liebenswürdig, charmant... genauso stelle ich mir meinen Schwiegersohn vor!«

»Und was sagt Patricia dazu?«

»Er ist nicht ihr Typ!«

»Glauben Sie nicht, daß sie sich ihren Ehemann lieber selbst aussuchen sollte?« fragte ich vorsichtig.

»Natürlich werde ich sie nicht mit Gewalt zum Standesamt schleppen, aber so ein bißchen Nachhelfen kann nichts schaden. Diese jungen Dinger haben doch überhaupt keine Menschenkenntnis. Für meine Kusine habe ich ja auch den richtigen Partner ausgesucht. Zu einem so bedeutsamen Schritt gehört Erfahrung!«

»Ich weiß. Sie veranlaßt aber auch die Menschen, neue Dummheiten zu begehen statt der alten!«

Frau Heinze überhörte die Anspielung und schmiedete Pläne. »Wie kann ich die beiden bloß zusammenbringen? Was halten Sie von einer Gartenparty? Ganz zwanglos natürlich.«

»Im April?«

»Na ja, das ist wohl in der Jahreszeit zu früh«, gab sie zu, »aber wir könnten doch offiziell unsere Bauernstube einweihen. Haben Sie die eigentlich schon gesehen?«

Nein, hatte ich noch nicht. Aber ich hätte sie ohne weiteres aufzeichnen können, denn Frau Heinze hatte mir täglich von den Fortschritten berichtet. Ursprünglich sollte das im Bauplan als »Hobbyraum« deklarierte Gelaß zur Kellerbar ausgebaut werden, aber nun hatten Wittingers schon eine, Frieses ebenfalls, und deshalb hatte sich Frau Heinze für eine individuellere Lösung entschieden. »Bauernmöbel sind viel gemütlicher als diese verchromten Barhocker«, hatte sie gesagt und Schätzchen veranlaßt, sich um das geeignete Mobiliar zu kümmern.

Jetzt war die bäuerliche Trinkstube also fertig und wartete darauf, eingeweiht zu werden.

»Brauers habe ich auch dazugebeten und Frau Obermüller«, sagte Frau Heinze, als sie uns die Einladung überbrachte, »sonst wäre es zu auffällig gewesen. Ein Glück, daß Herr Obermüller gerade verreist ist, er hätte überhaupt nicht in diesen Kreis gepaßt! Wissen Sie eigentlich, daß er bei seiner Zigarettenfirma schon wieder rausgeflogen ist und sich jetzt als Chauffeur in einem Industriellenhaushalt beworben hat? Ich glaube aber nicht, daß daraus etwas wird. Hier rennt nämlich ein Detektiv von einer Auskunftei herum und fragt alle Leute aus. Eigentlich erzähle ich solchen Klatsch ja nicht gern weiter, aber was soll man denn sonst damit machen?«

Der so sorgfältig inszenierte Abend wurde ein Fiasko, obwohl Frau Heinze sich alle Mühe gegeben hatte. Die Bauernstube war in matten Kerzenschimmer getaucht und ließ die anwesenden Damen in sehr schmeichelhaftem Licht erscheinen. Patricia sah entzückend aus. Sie hatte ein neues, sehr knapp sitzendes Sommerkleid bekommen, was ihren Vater zu der nicht unberechtigten Frage veranlaßte:

»Hast du denn nicht Angst, du könntest herauswachsen, bevor der Abend zu Ende ist?«

Der Ehrengast dieser Veranstaltung, der von seiner Rolle gar nichts wußte, erschien als letzter. Artig überreichte er seine Blümchen, artig begrüßte er die Anwesenden, artig nahm er auf dem Stuhl neben Patricia Platz, und artig beantwortete er alle Fragen. Doch, er habe sich schon eingelebt, ja, es gefalle ihm recht gut hier, nein, verheiratet sei er noch nicht, nein, auch nicht verlobt, ja, er habe auch schon gemerkt, daß es hier in der Siedlung wenig junge Leute gebe, nein, er gehe ziemlich selten aus, ja, natürlich würde er Fräulein Patricia gern ins Theater begleiten ...

Nach einer Stunde schob er eine dringende Verabredung vor, die sich leider nicht mehr habe rückgängig machen lassen, verabschiedete sich artig und verschwand.

»Komischer Heiliger«, sagte Brauer, »irgend etwas stimmt mit dem nicht!«

»Unsinn!« Frau Heinze räumte die Weingläser fort und stellte rustikale Bierseidel auf den Tisch. »Aus Ihnen spricht nur das typisch männliche Vorurteil gegenüber gutaussehenden Geschlechtsgenossen. Herr Otterbach ist ein wohlerzogener junger Mann, nur etwas zurückhaltend, aber das finde ich gerade so sympathisch an ihm.«

Patricia äußerte sich nicht näher, und von dem Theaterbesuch wurde vorläufig auch nicht mehr gesprochen.

Nachdem ich nun endlich den Führerschein hatte, wollte ich auch Auto fahren. Rolf wollte das nicht. Er karrte mich mit ungewohnter Bereitwilligkeit jeden Samstag in die Stadt, weil ich als Anfängerin mit dem Wochenendverkehr bestimmt Schwierigkeiten haben würde, und wenn er gelegentlich schon am Nachmittag nach Hause kam, durfte ich auch nicht, denn Fahren mit Licht wolle ja erst richtig gelernt sein. Ans Steuer ließ er mich nur, wenn er danebensaß. (Schade, daß es noch keine Wagen mit automatischer Drosselklappe für Beifahrer gibt!)

Nun sind zwei Köpfe immer besser als einer – außer hinter demselben Lenkrad. Schon zehn Meter vor einer leichten Straßenbiegung kommandierte Rolf ängstlich: »Gas wegnehmen!«

Mündete irgendwo ein besserer Trampelpfad in die Straße, rief er sofort: »Aufpassen! Rechts hat Vorfahrt!« Zum Schluß war ich so weit, daß ich nicht mal mehr einen Radfahrer zu überholen wagte und auf die Bremse trat, wenn ich von weitem ein Auto sah.

Völlig verspielt hatte ich, als ich unverhofft auf eine vereiste Stelle geriet und ins Schleudern kam.

»Gegensteuern! Gegensteuern!« schrie mein Gatte entsetzt. »Hast du das denn nicht in der Fahrschule gelernt?«

»Doch«, bekannte ich kleinlaut und rekapitulierte in Gedanken schnell den Fragebogen, den ich bei der schriftlichen Prüfung hatte ausfüllen müssen. »Ich weiß bloß noch, daß die richtige Antwort (B) hieß!«

»Laß mich mal ans Steuer! Ich werde dir jetzt zeigen, wie man sich bei unverhofft auftretendem Glatteis verhält!«

Rolf rückte auf den Fahrersitz, wendete den Wagen, gab Gas, rutschte – und setzte das Auto krachend gegen einen Kilometerstein.

Der nützlichste Sinn für Humor ist der, der einem rechtzeitig sagt, worüber man besser nicht lachen sollte!

8

Zum erstenmal in fast acht Ehejahren hatte ich nichts mit dem obligatorischen deutschen Frühjahrsputz zu tun.

Den erledigte Frau Koslowski, eine Klempnerswitwe, der Rolf unlängst im Supermarkt mit voller Wucht eine Zehnkilotrommel Waschpulver auf die Füße gestellt hatte. Sie nahm seine Entschuldigung erst an, als er sie in der nahegelegenen Espressobar bei einem Cappuccino und Kirschlikör aussprach, aber als sie hörte, daß Rolf Vater von zwei kleinen Kindern war, wollte sie den Kaffee selbst bezahlen.

»Ich dachte, Sie sind einer von den feinen Herren, die nicht heiraten und die Frauen bloß ausnützen«, knurrte sie, wobei offenblieb, welche Rückschlüsse sie nun aus dem Waschpulver zog. »Aber wenn Sie Familie haben, ist mir alles klar. Familienväter stellen sich beim Einkaufen immer duslig an. Is Ihre Frau krank?«

Krank war ich nicht, nur scheußlich erkältet. Bei Männern heißt so etwas Grippe und erfordert Bettruhe, während Hausfrauen in der Regel zwei Aspirin kriegen, verbunden mit der besorgten Frage, ob sie am Abend wieder gesund sein würden, denn Willi und Hilde und vielleicht auch noch Bernd und Anneliese kämen doch zum Essen. »Hatte ich dir das nicht gesagt?«

Frau Koslowski, die anscheinend nichts Besseres zu tun hatte und außerdem noch nie in der Millionärssiedlung gewesen war, besuchte mich am nächsten Tag, brachte selbstgemachte Stachelbeermarmelade mit und bot ihre Hilfe an.

»Zweimal die Woche drei bis vier Stunden, ist Ihnen das recht?«

Und ob mir das recht war! Besonders, nachdem ich sie überzeugen konnte, daß wir keine Millionäre waren und nur den ortsüblichen Stundenlohn bezahlen würden.

Frau Koslowski startete also ein Großreinemachen, weil das erstens im Frühling so üblich ist und weil zweitens ihre Vorstellungen von einem »ordentlichen Haushalt« die meinen übertrafen. Sie trieb sogar Rolf in die Flucht, der sich wieder an die Notwendigkeit des Geldverdienens erinnerte und nun dauernd unterwegs war.

»Seitdem deine neue Perle ihren Großputz eingeleitet hat, weiß ich, warum die Wirbelstürme immer weibliche Namen bekommen!«

Vom Fensterputzen und Teppichklopfen befreit, erinnerte ich mich an den Garten und an die kleinen Tüten, die ich unlängst aus einem Tante-Emma-Laden mitgebracht und irgendwo hingelegt hatte. Aber wo?

»Frau Koslowski, haben Sie vier oder fünf Plastiktütchen herumliegen sehen?«

»Wenn Sie die trockenen Wurzelenden meinen, die habe ich in den Mülleimer geschmissen«, tönte es aus dem oberen Stockwerk.

Auch gut, ich hätte ohnehin nicht gewußt, was sich hinter den merkwürdigen Abkürzungen wie Parth.tric. oder Syr. vulg. verborgen hatte. Sie hatten sehr wissenschaftlich geklungen, und ich war eigentlich nie den Verdacht losgeworden, es könne sich möglicherweise um Ergänzungspackungen für einen Chemiebaukasten gehandelt haben.

Also delegierte ich die Gartengestaltung an Rolf, auf dessen Schreibtisch sich schon seit Wochen Samenkataloge und Preislisten stapelten. Jeden zweiten Tag brachte er neue mit, und weil er so viel Zeit zum Lesen brauchte, hatte er noch keine Zeit gehabt, im Garten anzufangen. Aber am Wochenende sollte es endlich losgehen.

Bei Heinzes war schon längst der Rasen eingesät, bei Vogts kam er bereits heraus, und sogar Isabells Neffe buddelte manchmal in der Erde. Es mußte übrigens ein anderer sein, denn er rauchte Pfeife.

Umgegraben war unser Garten schon. Das hatte jemand von der Friedhofsgärtnerei gemacht, abends nach Feierabend. Es war ein bärtiger Jüngling gewesen, der Geld für ein Motorrad brauchte, mit dem er nach Indien fahren und ein neues Leben anfangen wollte. Während er Torf unter den Lehmboden grub, schwärmte er von blühenden Mohnfeldern und von einer Pflanze, die Cannabis hieß, mehrere Meter hoch werden und sehr dekorativ aussehen sollte.

»Wenn Sie wollen, kann ich Ihnen ein paar Samenkörner mitbringen.« Unser Areal war aber schon bis zum letzten Quadratzentimeter verplant.

Am Wochenende regnete es. »Das ist gut für den Garten«, sagte Rolf.

»Warum?« fragte ich. »Es ist ja noch gar nichts drin!«

»Regen lockert die Erde auf«, belehrte mich der Fachmann. Ich fand sie eigentlich locker genug. Man konnte nur mit Gummistiefeln durch den Matsch waten und blieb dauernd stecken.

Schon seit Monaten hatte Rolf bei allen Leuten, die ihren Garten als Hobby und als Quell unerschöpflicher Freude bezeichneten, Ratschläge geholt, alles gewissenhaft aufgeschrieben und dabei festgestellt, daß Gartenpflege ähnlich kompliziert und vielfältig ist wie Astrophysik oder Kindererziehung. Jeder Gärtner schien sein eigenes Rezept zu haben, wie man den Boden »samengerecht« vorbereiten muß, aber keiner konnte dafür garantieren, daß seine Methode die richtige ist. (Beim Skiwachs merkt man auch erst hinterher, daß man das falsche erwischt hat.)

Bauer Köbes hatte empfohlen, etwas gelben Sand unter die Gartenerde zu mischen, weil er Eisen enthalte. Der Besitzer von Rolfs Stammkneipe hatte davor gewarnt, aus dem einfachen Grund, weil gelber Sand Eisen enthalte. Der Vertreter von Christbaumschmuck, mit dem Rolf sich in einer

Autobahnraststätte unterhalten hatte, empfahl Marmorstaub (woher nehmen?), während der vierteljährlich bei uns auftauchende Scherenschleifer behauptete, es gebe nichts Besseres als abgelagerten Kuhmist.

Am Ende kaufte Rolf Kunstdünger, weil da wohl von allem ein bißchen drin sein würde.

Nach den ersten Versuchen, den Garten in vorschriftsmäßige Beete aufzuteilen, fuhr er wieder zum Friedhof und fragte den hohläugigen Jüngling, ob er das Geld für sein Motorrad schon zusammen hätte. Der wollte aber gar nicht mehr nach Indien, sondern nach Dänemark, um Korn anzubauen und alternatives Brot zu backen. Zum Glück fehlte ihm noch das Reisegeld. Daß unsere Beete später alle wie Gräber aussahen, wunderte uns natürlich nicht.

Zuerst pflanzte Rolf Sträucher. Sie kamen hinten an den Zaun und waren als Sichtschutz gedacht. Im Augenblick sahen sie noch aus wie kleine struppige Ungeheuer, aber der Gärtner hatte versichert, sie würden auch dann schnell wachsen, wenn man sich nicht darum kümmere. Das taten sie auch. Sie wurden groß und grün und spitz. Im nächsten Jahr wurden sie noch größer, grün wurden sie bloß noch oben, unten blieben sie braun, dann wurden sie auch oben braun, und im Herbst rissen wir die Lebensbäume wieder aus. Himbeeren waren ja auch viel nützlicher.

Rolf säte. Unmengen von Samen verschwanden in langen Rillen, wurden sorgfältig mit Erde überdeckt, festgeklopft und zum Schluß mit kleinen, auf Schaschlikstäbchen gespießten Zettelchen gekennzeichnet. Dann kam ein heftiger Gewitterregen mit Sturmböen. Erst im Juli, als die Petersilie noch immer nicht richtig aufgelaufen war, entdeckten wir, daß wir sie versehentlich bei den Mohrrüben gesucht hatten. Mit den Zwiebeln war es so ähnlich gewesen. Eine Zeitlang hatte ich mich über die neuartigen Zuchtergebnisse von Schnittlauch gewundert.

Nun war der Samen endlich drin, und damit begann das

Warten. Rolf ließ sich überzeugen, daß am ersten und zweiten Tag bestimmt nichts wachsen würde. Außerdem regnete es, was ja gut war für den Boden, aber schlecht für die Saat. Viele Körnchen wurden herausgespült, ich mußte sie wieder in die Erde stecken (»Du bist nicht so schwer, drückst also den Boden nicht so tief ein wie ich!«) und darüber hinaus noch ein wachsames Auge auf Spatzen, Amseln und ähnliche Schmarotzer haben. In nicht eben druckreifer Form äußerte sich Rolf über die mangelnde Intelligenz von Vögeln, die nicht zwischen freigebig verteiltem Winterfutter und sorgfältig gehegtem Radieschensamen unterscheiden könnten.

Am dritten Tag entdeckte er bei seinem stündlichen Rundgang durch die Friedhofsbeete ein kleines Pflänzchen, das zusehends größer wurde – erstes Anzeichen keimenden Lebens.

Am fünften Tag diagnostizierte er es als Unkraut und riß es zögernd aus. Immerhin war es bisher das einzige Grüne im Garten.

Der nahrhafte Teil war nun erledigt. Jetzt brauchten wir noch etwas fürs Auge. Dafür war wieder ein anderer Gärtner zuständig, der sich auf das Züchten von Blumen spezialisiert hatte. Sein Name ist der Nachwelt in Gestalt einer Dahlie erhalten geblieben. Sie hatte bei einer Blumenschau in Holland einen Preis bekommen und heißt jetzt »Georgina muellerosa« oder so ähnlich.

Zu einem Blumenzüchter geht man nicht wie in einen X-beliebigen Laden, wo man Zigaretten oder Rasierwasser kauft, bezahlt und wieder verschwindet. Zum Züchter geht man nur, wenn man viel Zeit und möglichst keine Vorstellungen von dem hat, was man eigentlich mitnehmen will. Der Züchter ist ein Fachmann und weiß am besten, was wo gedeiht. Er läßt sich kurz schildern, wie der Boden beschaffen ist, ob es Sonne, Schatten oder Schnecken gibt, wie kalkhaltig das Wasser ist und ob man oft Gäste hat, die ihre Zigarettenkippen in den Blumenbeeten ausdrücken. Dann bekommt man ein paar Töpfe in die Hand gedrückt, die so gut wie gar nichts kosten, weil ein Blumenzüchter kein Geschäftsmann ist, und zieht mit seiner Ausbeute hochbeglückt nach Hause.

Dort hat man längst wieder vergessen, ob es nun das stachelige Gestrüpp war, was ein halbschattiges Plätzchen braucht, oder der mickrige dunkelbraune Stengel in dem Plastiktopf. Was schließlich herauskommt, weiß sowieso kein Mensch, weil ein normal gebildeter Mitteleuropäer ohne Gartenerfahrung sich nichts unter Acaena und Wahlenbergia vorstellen kann.

Nachdem die Hauptarbeit getan war, gab ich mich der Illusion hin, das Wachsen, Blühen und Gedeihen vom Liegestuhl aus verfolgen zu können. Die Sonne schien, die Vögel zwitscherten, und wenn es wieder mal regnete, dann war das auch nicht so schlimm. »Der Garten braucht sicher Feuchtigkeit«, tröstete ich mich und brachte die Kaffeetassen ins Trockene.

»Der Garten braucht eine liebevolle Hand«, sagte Rolf. »Nach dem Regen ist die Erde schön locker, dann geht das Unkraut viel leichter raus. Morgen kannst du hinten bei den Tomaten anfangen!«

Weil auch die meisten meiner Nachbarinnen ihre Nachmittage überwiegend mit Hacke und Rechen verbrachten, dachte ich nichts Schlimmes und stürzte mich mit Feuereifer in die Arbeit. Als erstes rottete ich die Radieschen aus. Unten hing ja noch nichts dran, und oben sahen sie genauso aus wie Ackermelde. Beim Schnittsalat war ich etwas vorsichtiger, aber es blieb doch noch eine ganze Menge auf der Strecke. Als ich mich gerade über die Gurken hermachen wollte (Gemüse ist grün! Was gelb blüht, kann also nur Unkraut sein!), kam Rolf, entriß mir die Hacke und sagte wenig schmeichelhafte Worte, von denen »Vandalismus« noch das harmloseste war.

Der untere Teil des Gartens bestand aus Rasen. Natürlich sollte es englischer Rasen werden, grün wie ein Billardtisch und dicht wie ein Orientteppich. Rolf hatte die teuerste Sorte gekauft, aber es scheint ein Naturgesetz zu sein, daß sich aus dem besten Rasensamen das üppigste und stachligste Unkraut entwickelt. Das muß vor dem Mähen gejätet werden. Man bewaffnet sich mit einem spitzen Fleischmesser und kriecht auf der Jagd nach Löwenzahn, Klee und Huflattich so lange auf allen vieren herum, bis die gesäuberte Fläche aussieht, als hätte eine Herde Kühe darauf herumgetrampelt. Worauf man sich entschließt, das nächste Mal lieber gleich zu mähen.

Je kleiner die Rasenfläche, desto größer der Aufwand. Dünger wurde gekauft, und bald war der Rasen besser ernährt als wir. Ein Rasenmäher mußte her und ein großer Kanister mit dem zur Fütterung notwendigen Treibstoffgemisch. Dann brauchte der Rasenmäher Öl und passendes Handwerkszeug, weil er manchmal kaputtging. Später kamen noch ein Schleifstein dazu – der Scherenschleifer verstand sich nicht so gut auf Rasenmäher –, eine Spezialbürste zum Reinigen, eine Blechbüchse mit einer schwarzen Paste zum Einfetten und und und...

Wenn Rolf abends den Wagen in die Garage fuhr, erforderte dieses Manöver höchste Konzentration. Immerhin enthielt sie außer dem Rasenmäher nebst Zubehör noch mein Fahrrad, Svens Roller, Saschas Dreirad, diverse Gartengeräte, ein Go-Kart, zwei Eimer mit weißer Farbe, weil ich noch nicht dazu gekommen war, die Terrassenmöbel zu streichen, Spinnen, Asseln, ein Dutzend Pappkartons mit unbekanntem Inhalt und einen Feuerlöscher, für den wir im Haus keinen geeigneten Platz gefunden hatten.

Als Rolf zum erstenmal den Rasen mähte, rief er die ganze Familie zusammen, einschließlich Frau Koslowski, die er vom Geschirrspülen weggeholt hatte. Er erwartete von uns, daß wir die kultische Handlung mit gebührender Hochachtung verfolgten. Wir taten ihm den Gefallen. Nur Frau Koslowski trottete kopfschüttelnd in die Küche zurück. »Da soll nun was dabei sein! Das kann doch jede Kuh!« Was wohl absolut wörtlich zu verstehen war.

Nach dem zweiten Schnitt wurde das Rasenmähen an mich delegiert, weil ich ja viel mehr Zeit hätte! Neidisch sah ich zu Frau Heinze hinüber, die von der Terrasse aus zusah, wie ihr Mann mit dem Mäher durch den Rasen pflügte.

»Ich hab' ihm das Ding zum Geburtstag geschenkt!« frohlockte sie. Etwas wehmütig antwortete ich: »Und ich habe zum Muttertag einen Schraubenschlüssel bekommen, damit ich den Deckel vom Benzintank leichter aufkriege!«

Mit fortschreitender Jahreszeit und fortschreitenden Temperaturen muß gegossen werden. Das macht man morgens oder abends. Am besten abends, es könnte ja sein, daß es im Laufe des Tages doch noch regnet.

Am besten eignet sich Regenwasser zum Gießen. Man muß es in alten Teertonnen auffangen, die weder dekorativ noch praktisch sind.

Bis sie so voll sind, daß man ohne artistische Verrenkungen die Gießkanne füllen kann, muß es sehr viel geregnet haben. Aber dann braucht man ja nicht zu gießen, weil sowieso schon alles naß ist.

Garten*besitzer* gießen mit dem Schlauch, Garten*liebhaber* nehmen die Kanne, weil leicht angewärmtes Wasser besser ist für die Pflanzen. Warmes Wasser gibt es in der Küche, und was kümmert es den engagierten Gärtner, wenn der Parkettfußboden im Wohnzimmer schon nach kurzer Zeit schwimmt. Er bedauert höchstens, daß er nicht zwei Gießkannen hat. Nach der siebenunddreißigsten Kanne blickt er neiderfüllt zu seinem Nachbarn, der schon seit einer halben Stunde im Liegestuhl hängt und Zeitung liest. Der Nachbar hat einen Schlauch. Genau betrachtet wächst es bei ihm auch nicht schlechter.

Rolf stellte die Gießkanne in die Garage und kaufte einen Gartenschlauch. Nun konnte er in verhältnismäßig kurzer Zcit die Beete sprengen, den Rasen, die Hauswand, Dackel Conni, alle Familienmitglieder und am ausgiebigsten sich selbst. Wenn er bis auf die Haut durchnäßt war, erklärte er zufrieden, der Garten habe genug, und ging sich anschließend trockenlegen.

Irgendwann entdeckt der Gärtner Blattläuse. Natürlich weiß er, daß es dagegen verschiedene Pulver und Gifte gibt, die bei richtiger Anwendung verhältnismäßig unschädlich sind. Die Blattläuse überleben häufig, und auch die Rosen überstehen den Vernichtungsfeldzug. Es kann natürlich passieren, daß Blätter und Knospen dabei verbrennen, aber die kommen im nächsten Jahr wieder. Desgleichen die Blattläuse! Im Laufe eines Jahres kommt der Zeitpunkt, an dem etwas ge- oder beschnitten werden muß, wilde Ranken zum Beispiel, verdorrte Zweige oder Rosen. Dazu braucht man eine besondere Schere. Sie ist teuer und im Gegensatz zu anderen Scheren sehr scharf. Dann braucht man noch ein paar Meter Verbandmull, Leukoplast und Whisky zur innerlichen Desinfektion. Er ist auch zur Schockbekämpfung nützlich, wenn man nämlich dem Hobbygärtner schonend beizubringen versucht, daß er statt eines störenden Seitentriebes den Hauptstamm abgesäbelt hat.

Jeder erntet, was er gesät hat – nur der Gartenliebhaber nicht. Den Salat fraßen die Schnecken. Sie waren anspruchsloser als wir und hatten an den hochaufgeschossenen Stengeln nichts auszusetzen.

Die Rettiche waren holzig, die Karotten dünn wie Bleistifte, und die Kohlrabi haben wir erst gar nicht wiedergefunden. Vielleicht waren es auch keine gewesen, sondern diese spinnenbeinigen Blumen, die auf der Samentüte so herrlich ausgesehen hatten und in natura einem Drahtverhau ähnelten.

»Hoffentlich werden meine Tomaten wenigstens so groß wie meine Blasen«, hatte Rolf gesagt, nachdem er Pfähle in den Boden gerammt und die Pflänzchen daran festgebunden hatte. Aus den Pflänzchen wurden Pflanzen, dann kleine Bäume, aber die Früchte wurden nie größer als Murmeln.

»Vielleicht sind das gar keine Tomaten, sondern Kartoffeln«, zweifelte ich. Eine gewisse Ähnlichkeit ist den beiden Gewächsen ja wirklich nicht abzusprechen.

»Natürlich sind das Tomaten! Das weiß doch jedes Kind!«

Warum blätterte er dann bloß dauernd im Samenkatalog?

»Sieh sie dir doch an! Die Struktur der Blätter ist ganz anders als Kartoffelkraut!«

Seufzend betrachtete er das farbenprächtige Foto, auf dem Stauden mit dicken roten Früchten abgebildet waren. Dann klemmte er sich das Heft unter den Arm und marschierte mit energischen Schritten in den Garten. »Das will ich jetzt mal meinen Tomaten zeigen!«

Das einzige, was wir in großen Mengen ernteten (und was außer Rolf keiner von uns aß), war Spinat. Er ist zwar gesund, läßt sich aber aus Oberhemden und Krawatten nur sehr umständlich entfernen und wird nie alle. Rolf beschloß, im nächsten Frühjahr keinen mehr anzubauen.

Überhaupt wollte er auf Gemüsekulturen weitgehend verzichten und auch den Rasen sich selbst überlassen. Wir hatten im Laufe der Monate festgestellt, daß man unter »Rasen« sehr widerstandsfähiges Gras zu verstehen hat, das auf unbebautem Gelände großartig gedeiht, auf Wegen und in den Fugen der Terrassenplatten geradezu üppig wuchert, auf großer Fläche jedoch dank der liebevollen Fürsorge des Gartenliebhabers langsam zugrunde geht.

Das einzige, was in jenem ersten Jahr bei uns wirklich gewachsen ist, waren das Unkraut und die Wasserrechnung.

Nun bestand der Alltag ja nicht nur aus Gartenarbeit, aber irgendwie drehte sich alles um sie. Man mag dabei berücksichtigen, daß es unser erster Garten war. Die Begeisterung legte sich bei mir aber genauso schnell, wie sich auch mein anfänglicher Enthusiasmus für Säuglingspflege gelegt hatte (mir ist heute noch unklar, wie ich es geschafft habe, gleich fünf großzuziehen!). Im Krankenhaus werden einem die Babys sauber und frisch gewickelt präsentiert, die Kinderschwester bringt das temperierte Fläschchen, man braucht nur den Schnuller in das winzige Mäulchen zu schieben und zuzusehen, wie der Nachwuchs zufrieden nuckelt.

Zu Hause sieht die Sache dann schon ganz anders aus. Das Baby brüllt morgens um fünf zum ersten- und abends um zehn zum letztenmal. Es will gebadet, gefüttert, gewickelt, gehätschelt und in Ruhe gelassen werden. Es schreit, wenn man gerade Fenster putzt, und es schläft, wenn man es stolzgeschwellt der Verwandtschaft vorführen möchte. Es bringt den ganzen Tagesablauf durcheinander und kostet viel Zeit.

Mit einem Garten ist es so ähnlich. Da rührt man gerade einen Biskuitteig an, der zumindest bei mir immer größte Aufmerksamkeit erfordert, und plötzlich verdunkelt sich die Küche. Gewitterwolken ziehen auf, die ersten Böen wirbeln Papierfetzen hoch, darunter auch die heutige Zeitung, weil jemand (wer wohl?) sie auf der Terrasse liegengelassen hat, und dann fällt einem siedendheiß ein, daß der Rasenmäher noch draußen steht und der Sonnenschirm aufgespannt ist. Während die ersten dicken Tropfen an die Scheibe klatschen, stürzt man mit wehenden Haaren in den Garten und rettet, was noch zu retten ist. Der Schirm torkelt durch die Blumen und hat schon drei Gladiolen geknickt. Die anderen erledigt der Wind. Man tut, was man kann, aber es nützt nichts mehr. Außerdem gießt es in Strömen.

Kaum wieder im Haus und notdürftig getrocknet, entdeckt man, daß der Sturm das halbe Himbeerspalier abrasiert hat. Die losgerissenen Ranken pfeifen wie Peitschen durch die Luft. Man sucht händeringend die Bastrolle, findet sie natürlich nicht, nimmt den sonst verpönten Bindfaden und stürzt sich erneut in die Sintflut.

Klatschnaß und verdreckt, von oben bis unten zerrupft und zerstochen, schwankt man nach den provisorischen Rettungsmaßnahmen zurück ins Haus. In diesem Augenblick kommt die Sonne hervor und bescheint die Katastrophe. Nicht nur die Gladiolen, nein, auch die Dahlien hat es erwischt. Zwei abgebrochene Sonnenblumen haben melancholisch die Köpfe gesenkt, die zusammengeflickten Himbeeren sehen aus wie Stacheldraht. Daß der Kuchenteig inzwischen auch im Eimer ist, muß man als weiteren Schicksalsschlag hinnehmen.

Abends kommt der Gatte nach Hause, inspiziert sein demoliertes Reich und sagt vorwurfsvoll: »Du kriegst aber auch alles kaputt! Hättest du nicht vorher ein bißchen... Schließlich ist es ja auch *dein* Garten!«

Als ausgesprochen positive Folge der überall in der Siedlung ausgebrochenen Gartenleidenschaft empfand ich die Tatsache, daß sich auch die Gesprächsthemen gewandelt hatten. Mitunter blickten wir zwar neidisch in Isabells Garten, wo die Besitzerin im Liegestuhl schmorte, während wir Unkraut jäteten, aber das geschah weniger wegen der aufreizenden Badeanzüge, von denen sie ungefähr ein Dutzend besaß, sondern mehr aus »beruflichem« Interesse. Isabell hatte den schönsten Rasen, die üppigsten Blumen, obwohl sie sich kaum darum kümmerte, und als einzige von uns allen eine herrliche Birke. Die mußte bei den Bauarbeiten glatt übersehen worden sein.

Nachbarliche Kontakte spielten sich fast nur noch in den Gärten ab. Wollte ich mir von Frau Heinze eine Probe von dem hundertprozentig wirkenden Schneckengift holen, dann stieg ich hinten über unseren Zaun, überquerte den Gehweg, stieg vorne über ihren Zaun und fand sie mit ziemlicher Sicherheit irgendwo zwischen Maggikraut und Tausendschönchen.

»Ich komme gleich!« rief sie über die Schulter hinweg. »Ich muß das hier nur noch schnell umsetzen!«

Nach einiger Zeit erhob sie sich, machte mir die Hände schmutzig und sagte strahlend: »Kommen Sie mal schnell mit, das *müssen* Sie einfach sehen!«

Gehorsam trabte ich hinterher und bewunderte pflichtgemäß ein bescheidenes Blümchen, das sich heroisch gegen eine Phalanx von Dickblattgewächsen zu behaupten suchte.

»Was ist denn das?«

»Keine Ahnung«, sagte Frau Heinze, »aber ich habe es selbst gezogen.« Worauf wir uns in ein Fachgespräch stürzten über die Vermehrung von Szillen, über Kunstdünger, Wanderameisen und Kletterrosen. Zum Schluß zog ich mit zwei Blumenzwiebeln ab, die wir noch nicht hatten, und einem Samenkatalog, den wir auch noch nicht hatten. Ihm entnahm ich später, daß die schönsten und dankbarsten Blumen diejenigen waren, die nicht in unserem Garten standen.

Auch bei den Männern, samt und sonders Gartenneulinge und deshalb bestrebt, möglichst schnell das Gegenteil zu beweisen, drehte sich alles nur noch um Grünzeug. Wenn sie sich nach Einbruch der Dunkelheit auf irgendeiner Terrasse zum Feierabendschoppen zusammenfanden, ließen sie sogar ihre vollen Gläser stehen und kletterten statt dessen über drei Zäune, um hinter dem vierten im schwachen Schein einer Taschenlampe die Dianthus musalae zu bestaunen. Und weil man gerade unterwegs war, konnte man auch gleich noch einen Blick auf die purpurrote Nachtkerze von Herrn Wittinger werfen. Wirklich, ein selten schönes Exemplar. Duftete es auch? Vier männliche Hinterteile ragten in die Höhe.

Bliebe noch zu bemerken, daß Gärtnern nur etwas für Erwachsene ist. Kinder interessieren sich für einen Garten nur insoweit, als sie dort Regenwürmer ausgraben können, die sie – aus welchen Gründen auch immer – aufsammeln und in den Kühlschrank legen wollen und es auch wirklich tun!

Aber so weit fortgeschritten in der Jahreszeit waren wir ja noch gar nicht. Zunächst kam erst mal Ostern.

Rolf freute sich in diesem Jahr ganz besonders auf seine Rolle als Osterhase, denn er wollte die Eier im Garten verstecken und zusammen mit seinen sonntäglich gekleideten Söhnen auch die blühenden Forsythien knipsen. Natürlich in Farbe. Für Sven mußte ich deshalb ein hellblaues Hemd kaufen und für Sascha einen roten Pullover.

Karfreitag hatten wir herrliches Wetter; auch der Ostersamstag entsprach der amtlichen Wetterprognose, nämlich heiter bis bewölkt, aber in der Nacht öffneten sich sämtliche Schleusen, und es goß wie aus Eimern. In der Regenrinne gurgelte es, morgens um vier wischte ich den Parkettboden im Wohnzimmer auf, weil die Terrasse überlief, aber zwei Stunden später ging der Regen in ein sanftes Nieseln über, um sieben hörte er schließlich ganz auf, um acht schien strahlend die Sonne.

»Na also!« sagte Rolf befriedigt, klemmte sich die beiden Plastiktüten voll Süßigkeiten unter den Arm und machte Anstalten, in den Garten zu gehen.

Ich sah wohl nicht recht! »Bist du wahnsinnig geworden? Draußen ist doch alles aufgeweicht! Du kannst unmöglich in dieser Pampe die Eier verstecken!«

»Das bißchen Nässe«, sagte der Osterhase abfällig. »Das meiste davon ist sowieso schon versickert.«

Auf Zehenspitzen überquerte er die klatschnassen Fliesen. »Quaaatsch« machte es, als er nach dem ersten Schritt mit dem Schuh halb im Boden versank, und noch mal »Quaaatsch«, als der zweite Schuh steckenblieb.

»Ich glaube, das ist nur hier vorne«, sagte Rolf optimistisch. »Weiter hinten wird es trockner sein. Aber vielleicht gibst du mir doch lieber die Gummistiefel raus!«

Vorsichtshalber fragte ich: »Paßt denn Rot zu Gelb?«

»Wieso?«

»Weil Saschas Stiefel gelb sind.«

Rolf sagte gar nichts, zog seine Elbkähne an und stapfte wieder los.

Natürlich war der Boden hinten genauso aufgeweicht wie vorne, aber das konnte er ja nicht zugeben. Unverdrossen begann er, die Eier zu verstecken.

Jetzt kam die zweite Schwierigkeit: es gab keine Verstecke. Bis auf ein paar Sträucher war der Garten leer, und selbst die waren noch nicht grün. Die versuchsweise hineingesteckten bunten Eier leuchteten wie Verkehrsampeln.

»Komm zurück!« rief ich, »das hat doch keinen Zweck!« Rolf ließ sich nicht beirren. »Dann buddle ich sie eben ein bißchen ein. Ist ja Stanniolpapier drum!«

Tatsächlich fing er an, kleine Vertiefungen zu graben, in die er die Eier legte und sorgfältig mit Erde bedeckte. Training hatte er ja schon!

»Nun markiere wenigstens die Stellen, sonst können wir nachher mit einer Wünschelrute herumrennen!« empfahl ich.

»Daran habe ich schon gedacht!« Rolf winkte mit kleinen Stöckchen, die er irgendwo aufgelesen hatte. »Ich stecke überall eins rein. Hoffentlich kommen die Kinder nicht so schnell dahinter!«

Die krakeelten in der Küche herum. Ich hatte sie dort eingesperrt, weil es der einzige Raum im Haus war, von dem aus man nicht in den Garten sehen konnte.

Endlich war Rolf fertig. Während die beiden kleinen Zappel ihre Gummistiefel anzogen, kontrollierte er noch einmal den Fotoapparat. »Alles klar, es kann losgehen!«

Jubelnd stürmten die Kinder los. Jubelnd entdeckte Sascha den blauen Osterhasen in den Forsythienzweigen, und immer noch jubelnd flog er der Länge nach in den Dreck.

»Macht nichts«, sagte Rolf, »das ist ein prima Bild geworden!«

Sven hatte inzwischen den Garten abgesucht – einmal längs und einmal quer –, außer einem Schokoladenei und einer ertrunkenen Feldmaus aber nichts gefunden. »War das schon alles?«

»Ihr müßt *suchen*!« sagte Rolf, immer noch den Apparat vorm Auge. »Hasen vergraben doch alles!« (Zoologie fällt nicht unbedingt in das Wissensgebiet eines Werbeberaters!).

»Du meinst, wir müssen hier herumbuddeln?« erkundigte sich Sven ungläubig. Er sah sowieso schon aus wie ein Grubenarbeiter.

»An eurer Stelle würde ich es mal versuchen!« Rolf drückte auf den Auslöser und erwischte seinen Jüngsten, wie der erwartungsvoll in eine Tulpenzwiebel biß.

Eine Stunde später: Die Sanders', vier an der Zahl, zwei davon heulend, eingehüllt in wasserdichte Kleidung, stapften durch den Garten und suchten in strömendem Regen die vergrabenen Ostereier. Bei dem voraufgegangenen Hin-und-her-Gerenne hatten die Jungs die kleinen Markierungsstöckchen in die weiche Erde getreten, wo sie von den überall herumliegenden anderen kleinen Stöckchen nicht mehr zu unterscheiden waren.

Zu seinen Fotos ist Rolf aber doch noch gekommen. Herr Heinze hatte von seinem Fenster aus einen ganzen Film verknipst. Das schönste Bild zeigte Rolf, die hellgrauen Hosen bis zum Knie voll Lehm, wie er einen toten Maulwurf auf dem Spaten hat.

9

Die Schulzeit ist die glücklichste Zeit unseres Lebens – vorausgesetzt natürlich, unsere Kinder sind schon schulpflichtig! Sven war endlich soweit. Zusammen mit Riekchen, Karsten Vogt und den Zwillingen wurde er eingeschult.

Die Schule lag im Zentrum von Monlingen. Schüler der umliegenden Dörfer wurden mit dem Bus geholt und zurückgebracht. Es fehlten zwar noch ein paar hundert Meter bis zur gesetzlich festgelegten Mindestentfernung, die einen Schulbus amtlich rechtfertigte, aber die Stadtverwaltung hatte ein Einsehen und richtete am Ende unserer Zufahrtsstraße extra eine Haltestelle für unsere fünf I-Dötzchen ein. Michael und Hendrik durften auch mitfahren. Dann mußten sie noch in einen zweiten Bus umsteigen, weil Monlingen kein Gymnasium hatte.

Zu den ersten Dingen, die Sven in der Schule lernte, gehörte, daß alle anderen mehr Taschengeld bekamen. Sie durften auch länger aufbleiben, öfter fernsehen und alles das tun, was er schon seit Jahren sehr nachdrücklich forderte. Etwas verunsichert machte ich einige Zugeständnisse, und von da an gefiel es ihm in der Schule großartig. Die täglichen Tischgespräche kreisten jetzt um ein neues Thema.

»Was habt ihr denn heute in der Schule gelernt?«

»Schreiben!«

»Das ist ja prima«, sagte Rolf. »Und was hast du geschrieben?«

»Das weiß ich nicht«, lautete die Antwort, »ich kann noch nicht lesen.«

Als ich eines Morgens von der Haltestelle zurückkam, es war etwas spät geworden, und ohne Antreiber hätte Sven mal wieder nur die Rücklichter vom Bus gesehen –, stieß ich knapp vor unserer Haustür mit einem Herrn zusammen. Er war großgewachsen, hatte schwarze Haare, schwarze Augen und einen bronzefarbenen Teint. In dieser Umgebung wirkte er wie eine Kokospalme am Südpol. Ihm folgte eine Dame, die nur etwas kleiner war, dunkle Mandelaugen hatte und einen schwarzen Farbtupfer über der Nasenwurzel.

»Guten Tag«, sagte ich etwas verblüfft.

»Guten Tack«, sagte der Herr, verbeugte sich leicht und legte die Hände aneinander, als wolle er beten. »Ich sein Ransome Botlivala. Wohnen neben-ann.« Er lächelte, verbeugte sich und zeigte nach rückwärts. Das Musterhaus? Aber warum eigentlich nicht? Alle anderen waren verkauft, sogar die halbfertigen in der letzten Reihe. Deshalb wurden diese Häuser wohl auch nie ganz fertig.

»Dann sind Sie also in Nummer sechs eingezogen?«

Herr Botlivala lächelte und nickte.

»Wie schön. Allmählich werden wir international«, freute ich mich. Legte man ihre nicht ganz alltäglichen Gewohnheiten zugrunde, so konnte man Brauer und Staatmanns zumindest als halbe Afrikaner bezeichnen.

»Si si, hier wohnen«. Botlivala deutete wieder eine Verbeugung an.

»Und das ist sicher Ihre Frau!« Ich streckte der mandeläugigen Schönheit die Hand entgegen. Sie lächelte, berührte mit den zusammengelegten Händen ihre Stirn und verbeugte sich.

»Ihre Frau, si«, lächelte auch Herr Botlivala und verbeugte sich. Langsam ging mir das auf die Nerven.

»Sind Sie schon lange in Deutschland?« Irgend etwas mußte ich ja sagen, und Geistreicheres fiel mir nicht ein.

»Deutschland, si si«, antwortete Botlivala lächelnd mit einer etwas weniger tiefen Verbeugung.

Allmählich begriff ich, daß seine Sprachkenntnisse eine flüssige Unterhaltung noch nicht gestatteten. Anscheinend sprach er Spanisch, aber das wiederum konnte ich nicht. Mir fiel lediglich die spanische Bezeichnung für ›Damentoilette‹ ein, und diese Vokabel erschien mir im gegenwärtigen Stadium unserer Bekanntschaft nicht recht geeignet. Ob ich es mal mit Englisch versuchen sollte? Halb Asien ist schließlich mal Kronkolonie gewesen, da müßte doch eigentlich etwas hängengeblieben sein. »Where did you come from?«

Herr Botlivala verbeugte sich. Du lieber Himmel, aus welcher Ecke unserer guten Mutter Erde stammte er bloß? Thailand? Vietnam? Korea? Hatten dort nicht mal die Franzosen gesessen? Ach nee, das war ja Algerien gewesen, und arabisch sah mein Gegenüber nun wirklich nicht aus. Trotzdem probierte ich es.

»Avez-vous des enfants?« Kinder sind immer ein gutes Gesprächsthema, abgesehen von der blamablen Tatsache, daß ich mit der französischen Sprache nie ein sehr inniges Verhältnis eingegangen war.

Zur Abwechslung legte Herr Botlivala wieder einmal die Hände an die Stirn, bevor er sich verbeugte.

Zum Kuckuck noch eins! Wie kam ich jetzt bloß weg? Ich konnte doch nicht den halben Vormittag hier auf der Straße stehen und wie ein Stehaufmännchen auf und nieder wippen. Ich hatte mich nämlich dabei ertappt, wie ich mich synchron zu Herrn Botlivala ebenfalls leicht verbeugte. Jetzt versuchte ich es mal mit Lächeln. Herr Botlivala lächelte zurück. Mein Lächeln wurde zur Grimasse. Herr Botlivala lächelte immer noch gleichmäßig schön. Ich verbeugte mich. Herr Botlivala verbeugte sich auch.

Endlich zwitscherte seine Frau etwas Unverständliches, worauf sich Herr Botlivala noch einmal verbeugte und von dannen schritt. Mandelauge hinterher. Dann drehte sie sich noch einmal um. »Danke.«

Kaum waren sie hinter den Garagen verschwunden, da machte ich auf dem Absatz kehrt und ging zu Obermüllers. »Ich hab' da eben einen Asiaten getroffen, der ...«

»Ach, der Kamasutra oder wie er heißt«, feixte Obermüller, während er sich einen Doppelkorn ins Schnapsglas goß. »Det sind Inder. Jestern einjezogen. Sprechen keen Wort Deutsch und jrinsen bloß. Janz ulkije Typen. Wülste ooch 'n Korn?«

Dankend lehnte ich ab. »Ich hab noch nicht mal gefrühstückt.«

»Ick ooch nich. Jenaujenommen bin ick jrade dabei.« Er kippte den Schnaps hinunter. »Wenn du Dorle suchst, die is in'n Jarten. Irjendwo mang de Erdbeern.«

Obwohl ich zu Obermüller weiterhin ›Sie‹ sagte, duzte er mich seit der Silvesternacht. »Is doch Quatsch. Wir sind hier 'ne jroße Familje, und inne Verwandschaft jibts keene Förmlichkeiten.«

Daß ich auf diese familiären Bindungen keinen großen Wert legte, schien er nicht zu bemerken. Zum Glück war seine Frau ganz anders. Sie mochte ich wirklich.

Dorle hängte im Garten Wäsche auf. »Bist du aus dem Bett gefallen?« wunderte sie sich.

»Im Gegenteil. Deshalb mußte ich auch Sven auf Trab bringen, sonst hätte er den Bus verpaßt. Auf dem Rückweg hatte ich dann eine sehr einseitige Konversation in verschiedenen Sprachen mit einem Vertreter der ostasiatischen Rasse.«

»Botlivala!« Sie lachte. »Die wohnen nur vorübergehend hier, bis die Wohnung von ihren Vorgängern frei wird. Er ist Praktikant bei einer Maschinenbaufirma oder so ähnlich und soll jetzt deutsches Knowhow lernen. Miete zahlt er auch nicht, das wird alles von höherer Warte aus geregelt.«

»Aha. In welcher Sprache hat er dir das denn erzählt? Oder kannst du Hindi?«

»Sayonara«, antwortete sie.

»Das ist japanisch!«

»Weiß ich, klingt aber auch so schön orientalisch.«

»Jetzt mal im Ernst: Wie hast du dich mit diesen exotischen Vögeln verständigt?«

»Überhaupt nicht.« Dorle klammerte die letzten beiden Handtücher an. »Die Tante von der Baufirma hat es uns erzählt, als sie die Schlüssel brachte. Aus irgendwelchen Gründen ist das Musterhaus nicht verkauft worden, sondern möbliert vermietet. Und wie es scheint, zahlen die Inder recht gut.« Sie griff nach dem Wäschekorb. »Kommst du noch mit rein?«

»Um Himmels willen, nein! Ich muß nach Hause, sonst stellt Sascha wieder die ganze Bude auf den Kopf. Gestern hat er die Geflügelschere in die Waschmaschine geworfen, und ich habe mir eine Stunde lang den Kopf zerbrochen, was da so klappert. Rangetraut habe ich mich aber auch nicht, weil ich dachte, das ganze Ding fliegt mir um die Ohren. Endlich bin ich auf die Idee gekommen, die Hauptsicherung auszuschalten!«

Seitdem Sven vormittags in der Schule war, langweilte sich Sascha und war ständig auf der Suche nach Unterhaltung. Kaum hatte ich das Zahnpastagemälde vom Toilettendeckel entfernt und die Erbsen aus dem Badewannenabfluß, dann raste ich schon in die Küche hinunter, weil es brenzlig roch. Sascha toastete Plastikteller.

Dabei war ich sogar froh, wenn es irgendwo klirrte oder zischte, dann konnte ich meist noch das Schlimmste verhüten. Die lautlosen Tätigkeiten waren – jedenfalls von Saschas Standpunkt aus – viel erfolgreicher. Einmal hatte er Rolfs nagelneuen Shetlandpullover und ein Badehandtuch zur Altkleidersammlung gegeben, weil »die Tüte noch ganich richtich voll war«. Entdeckt haben wir es erst drei Tage später. (Merke: Wohltätig ist, wer weggibt, was er selbst noch gebrauchen kann!)

Oder kurz vor Weihnachten, als ich Geschäftsfreunde von Rolf zum Adventskaffee einladen mußte. Der Tisch hatte wirklich hübsch ausgesehen mit seiner Dekoration aus Kerzen und Tannenzweigen. Sogar einen dreiarmigen Leuchter hatte ich noch gekauft, weil wir nur versilberte besaßen

(Hochzeitsgeschenk von Tante Lotti), die immer wie Altarschmuck aussahen. Dorle hatte mir eine alte handgeschnitzte Holzschale für das Gebäck geliehen, und nach einer letzten Inspektion meines Gesamtwerks war ich zufrieden nach oben gegangen, um mich in das unauffällig-elegante Jackenkleid zu werfen. Rolf hatte diesen feierlichen Aufzug angeordnet. Ich war gerade in die Schuhe geschlüpft, als er mit den Gästen erschien. Während ich in der Küche die mitgebrachten Blumen in die Vase stellte, führte Rolf den Besuch ins Wohnzimmer.

»Ach nein, wie originell!« hörte ich das etwas gequält klingende Entzücken der Dame. »Richtig winterlich!«

Winter? Was denn für Winter? Leicht beunruhigt lief ich ins Zimmer, und dann sah ich auch schon die Bescherung! Über den ganzen Tisch verteilt lag eine weiße Substanz, die eine gewisse Ähnlichkeit mit Puderzucker hatte. Sascha hatte nicht gespart! Auf den Zweigen, auf den Löffeln, auf den Keksen, in den Tassen – überall häufte sich das Zeug. Daß es auch in die Schlagsahne geraten war, merkten wir erst beim Essen.

Vorsichtig tauchte ich einen Finger in das weiße Gekrümel und probierte. Es war Waschpulver!

»Sascha!!!«

»Ich hab' gar nichts gemacht!« klang es dumpf von oben, wo er sich vorsichtshalber im Bad verbarrikadiert hatte.

»Du kommst sofort herunter!« forderte sein Vater mit letzter Selbstbeherrschung.

Zum Glück ahnte Sascha, daß es ernst wurde. Er kam postwendend anmarschiert, begrüßte artig die Gäste und warf nur einen ganz verstohlenen Blick auf den verschandelten Kaffeetisch.

»Würdest du mir bitte erklären, was das bedeuten soll?« Rolf war wütend und sprach deshalb sehr akzentuiert.

Mit unschuldigem Augenaufschlag sah ihn Sascha an. »Da hat noch der Schnee gefehlt! Is doch bald Weihnachten! Und wo Mami doch die ganzen Tannenzweige hingelegt hat...«

»Das hast du sehr hübsch gemacht«, lobte die Besucherin, »aber du weißt ja sicher, daß man keinen Schnee essen soll. Deshalb gehört er auch nicht auf einen Tisch. In Zukunft machst du das nicht mehr, gell?«

»Nein«, versprach Sascha. »Aber schön sieht's aus, nich wahr?«

Während wir gemeinsam in der Küche das Waschpulver von den Lebkuchen bürsteten, erzählte mir Frau Kayser, daß sie drei erwachsene Kinder und fünf Enkel habe. Von da an verstanden wir uns prächtig.

Den erhofften Auftrag hat Rolf später auch noch bekommen.

An Herrn Botlivala hatte ich gar nicht mehr gedacht, als Isabell abends um zehn Sturm klingelte.

»Also ich muß schon sagen, es ist unverantwortlich von Ihnen, ein Baby stundenlang schreien zu lassen!«

»Wie bitte?« Ich verstand kein Wort.

»Bei Ihnen schreit doch ein Baby!«

»Unsinn! Wo sollte das denn herkommen? Aber wenn Sie mir nicht glauben, dann treten Sie ein und überzeugen sich selber!«

Sie tat es. »Merkwürdig«, sagte sie dann zögernd, »ich hätte schwören können, daß Sie ein Baby haben!«

»Eins? Ich hab drei, auch wenn sie inzwischen aus den Windeln heraus sind.«

»Dann muß ich Halluzinationen haben«, sagte Isabell, »dabei habe ich überhaupt noch nichts getrunken.«

Wenigstens zog sie wieder ab, ohne Rolf »Guten Abend« gesagt und den obligatorischen Schlummertrunk hintergekippt zu haben.

Gleich darauf war sie wieder da. »Jetzt kommen Sie mit rüber und hören sich das an! Das ist ein Baby!«

»Es wird eine Katze sein«, beruhigte ich sie, stapfte aber

hinterher, um zu verhindern, daß sie wieder nach männlichem Schutz Ausschau hielt. Der Neffe war ja inzwischen abgereist.

Die vermeintliche Katze war wirklich ein Baby. Ganz deutlich hörte man ein klägliches Wimmern, unterbrochen von trockenen Schluchzern.

»Das kommt von der anderen Seite. Die Inder müssen ein Kind haben! Legen Sie mal das Ohr an die Wand!«

Isabell drückte ihre ondulierte Haarpracht an die rosa Stofftapete. »Tatsächlich! Aber die sind gar nicht da. Ich habe sie vor zwei Stunden weggehen sehen.«

»Dann kommen sie sicher bald zurück. Gewöhnlich schlafen Kinder um diese Zeit. Wer weiß, wovon es aufgewacht ist.« Ich wandte mich zum Gehen.

»Aber wenn es nun immer weiter schreit? Ich hab' doch so gar keine Erfahrung mit Babys.«

»Wir können doch sowieso nichts machen«, sagte ich. »So außergewöhnlich ist es nun wirklich nicht, daß ein Kind nachts mal schreit. Wenn es sich müde gebrüllt hat, schläft es wieder ein!«

»Aber es ist sehr störend«, meinte Isabell ungnädig. »Es klingt auch sehr unmelodisch.«

»Nicht jeder hat einen bühnenreifen Sopran!«

Sofort lebte Isabell auf. »Haben Sie den Unterschied auch schon gemerkt? Es ist doch erstaunlich, wieviel ich schon aus meiner Stimme herausholen kann! Dabei habe ich erst seit acht Wochen Gesangsunterricht. Der Professor meint, in gut zwei Jahren könnte ich schon mit meinem ersten Engagement rechnen.«

Auch das noch! Nicht nur, daß Isabell stundenlang Klavier spielte – wobei sie mehr Pedal- als Fingerarbeit leistete und besonders schwierige Passagen einfach unter den Tisch fallen ließ –, nein, sie sang auch noch dazu! »Mei-hein Herr Marquis, ei-hein Mann wie Sie...«

Vom Komponisten nicht vorgesehene Koloraturen fügte

sie selbst ein, und was manchmal durch die leider sehr hellhörigen Wände drang, war eine Mischung von Butterfly, Hello Dolly und Königin der Nacht.

»Wen vergewaltigt sie denn jetzt wieder?« rätselte Rolf, wenn es uns trotz größter Aufmerksamkeit nicht gelang, den Urheber des Liedes herauszubringen. Und nun standen diese Gesangsdarbietungen sogar unter fachmännischer Obhut! Besser wurden sie dadurch zwar auch nicht, aber bedeutend länger.

Etwas wehmütig erinnerte ich mich an Tante Else, die bei uns zu Hause eine Zeitlang das Zepter geführt und beim Kartoffelschälen so richtig schöne Küchenlieder gesungen hatte. Wenn sie weinte, wußte ich nie, ob das von den Zwiebeln kam oder weil Sabinchen ins Wasser gehen wollte.

Auch an den nächsten beiden Abenden holte mich Isabell ins Haus, damit ich mir das Babygeschrei anhören sollte. Dann platzte mir der Kragen.

»Warum kommen Sie eigentlich immer zu uns? Beschweren Sie sich doch bei Botlivalas!«

»Erstens kann man mit denen nicht reden, und zweitens sind sie nie zu Hause.«

Das stimmte nicht. Jeden Morgen hängte Mandelauge Bastmatten über das Geländer, zupfte an ihnen herum, beträufelte sie mit einer farblosen Flüssigkeit, und nach einer Weile holte sie sie wieder herein, schloß die Tür und ward nicht mehr gesehen.

»Soll ich mal mit ihr sprechen?« schlug ich vor.

Dankbar nickte Isabell. »Ach ja, wenn Sie das tun würden? Sie haben viel mehr Erfahrung, und so von Mutter zu Mutter redet es sich leichter.«

Vorausgesetzt, man spricht Indisch.

Am folgenden Tag paßte ich auf, wann Mandelauge ihre Bastmatten vom Balkon pflückte, wartete einen winzigen Augenblick und ging hinüber. Sie trug einen mattgelben Sari, in dem sie wirklich ganz entzückend aussah, und lächelte freundlich.

»Sie haben ein Baby«, begann ich vorsichtig.

»Si, Baby«, bestätigte Mandelauge. »Sehen wollen?«

»Natürlich, gerne«, sagte ich sofort, obwohl ich der Wahrheit halber zugeben muß, daß mich weniger das Baby interessierte als eine indische Wohnung. Deshalb war ich auch ziemlich enttäuscht, als sich das orientalische Interieur als europäische Dutzendware entpuppte. Anscheinend hatte die Baufirma die ursprünglich nur zu Anschauungszwecken hingestellten Möbel im Musterhaus belassen und gleich mitvermietet. Das Baby lag in einer Art Körbchen und – schlief!

»Das Indira«, sagte Mandelauge stolz.

Indira war ungefähr vier Monate alt, hatte schwarze Haare und den verkniffenen Gesichtsausdruck eines Finanzbeamten mit chronischem Magengeschwür.

»Nachts schreit Indira sehr viel«, sagte ich betont freundlich.

»Indira schreit viel«, echote Mandelauge bereitwillig.

»Indira schreit auch, wenn Sie nicht zu Hause sind. Abends. Nachts.«

Aufmerksam verfolgte Mandelauge meine Gesten. Ich hielt mir die Augen zu, um den Begriff Dunkelheit zu demonstrieren, malte einen Halbmond in die Luft, trippelte zur Tür und zeigte wieder auf das Baby. »Wenn Sie weggehen, schreit Indira.«

Mandelauge hatte nichts verstanden. Höflich folgte sie mir zur Tür.

So ging es also nicht. Langsam begriff ich, weshalb manche Menschen Ausländer behandeln, als hätten sie Schwachsinnige vor sich. Jetzt versuchte ich es auf die gleiche Tour: »Du gehen weg, wenn dunkel! Wenn Nacht! Dann Indira schreien. Viel lange! Nicht gut für Baby. Indira nicht allein lassen, wenn dunkel!«

Nun hatte Mandelauge begriffen! Eifrig nickte sie, trat ans

Fenster und zog vorsichtig die Übergardinen zu. »Dunkel«, sagte sie mit einem Blick zu dem schlafenden Säugling.

»Das meine ich doch gar nicht«, murmelte ich erschöpft. »Jetzt paß mal auf, du wunderhübsche, aber leider ziemlich begriffsstutzige exotische Blüte, du! Ich verklicker dir das Ganze noch mal, und wenn du dann wieder nichts kapierst, komm ich dir mit Goethe!«

Ich riß mich zusammen und sagte ganz langsam und deutlich: »Du Mama! Mama gehen weg! In der Nacht. Indira schreien. Du« – damit deutete ich auf sie – »nicht gute Mama!«

»Gute Mama«, flüsterte Mandelauge verträumt und strich mit der linken Hand sanft über ihren Bauch. »Wieder Mama.«

Ach du liebe Zeit, etwa noch eins? Isabell würde durchdrehen! Hoffentlich! Meine Kommunikationsversuche gab ich jedenfalls erst einmal auf und versuchte mein Glück abends bei Papa Botlivala, aber dem hatte Mandelblüte wohl schon von meinem Besuch erzählt, denn als er mich sah, strahlte er. »Indira schön Baby?«

»Ein sehr schönes Baby«, versicherte ich, »aber es schreit zu viel.«

»Schreit, ja. Gesund«, sagte Herr Botlivala, verbeugte sich lächelnd und schloß die Tür.

Indira brüllte also weiter und trieb Isabell aus dem Haus, die bei uns Trost und Armagnac suchte. Rolf fing an, sich an unseren täglichen Gast zu gewöhnen. Er kam pünktlich nach Hause, brachte Blümchen für den Couchtisch mit und Räucherlachs fürs Abendessen und erwähnte immer häufiger, welch ein erfreulicher Anblick eine gutgekleidete, gutgelaunte Frau für einen ermüdeten, gestreßten Mann doch sein könne.

Die gutgelaunte, ausgeglichene Isabell hatte ja auch nicht fünf Minuten vorher Tomatenketchup vom Küchenboden wischen und Schokoladenstreusel von der Butter kratzen müssen – ganz zu schweigen von der hektischen Suche nach

Saschas Schlafanzug, der sich endlich zwischen den Bauklötzen wiedergefunden hatte, wo ihn natürlich niemand vermuten konnte.

Dabei versuchte ich jeden Abend, wenigstens das größte Chaos zu beseitigen, bevor Rolf kam. Aber wohin mit den Legosteinen, wenn er schon die Autotür zuschlug? Mit beiden Händen zusammenraffen und unter die Couch schieben. Ebenfalls das Feuerwehrauto und Svens Latschen, die Buntpapierschnipselei in die Ecke vom Fensterbrett, da hängt die Gardine vor, Stehlampe anknipsen und fertig war das traute Heim. Nur für mich selbst reichte die Zeit nicht mehr, weil ich entweder noch schnell den Wellensittich einfangen oder Sascha aus der Badewanne fischen mußte, in der er meine Seidenbluse mit Scheuersand schrubbte, oder...

Isabell ging mir auf die Nerven, aber Indira schrie immer noch, und Botlivalas fuhren weiterhin jeden Abend weg. Ich konnte sie ja schlecht mit vorgehaltenem Revolver daran hindern.

Schließlich wandte ich mich an Frau Straatmann. Jahrelang hatte sie kleinen Wilden die Heilige Schrift erläutert, dann würde sie doch wohl auch ausgewachsenen zivilisierten Indern klarmachen können, daß sie abends gefälligst zu Hause bleiben oder wenigstens einen Babysitter engagieren sollten.

Zuversichtlich machte sich Frau Straatmann auf den Weg. Sie blieb fast eine Stunde lang bei Mandelauge, und als sie zurückkam, hatte sie fünf verschiedene Teesorten in der einen Hand und in der anderen eine Tuschezeichnung von Indiras Urgroßvater.

»Eine reizende junge Frau«, schwärmte Frau Straatmann, »und eine ganz hervorragende Köchin. Sie hat mir eine Kostprobe von ihrem Curryreis gegeben, leider in ihrer Sprache. Aber am Sonntag wird es mir Bruder Benedikt sicher übersetzen können. Er ist nämlich häufig in Indien gewesen.«

»Haben Sie Frau Botlivala die Sache mit dem Baby erklären können?«

»Sie versteht ja so wenig Deutsch. Dabei ist sie ein so reizendes Geschöpf.« Mit einem freundlichen Kopfnicken eilte Frau Straatmann nach Hause.

Vielleicht konnte Alex Brauer helfen? Der radebrechte immerhin diverse Sprachen, und außerdem ist Nordafrika von Indien nicht so weit weg wie Deutschland. Aber Hindi sprach er trotzdem nicht.

»Dazu braucht man eine Kastratenstimme«, sagte er lachend. »Ist ja möglich, daß sich der Palmwein negativ auf die männlichen Hormone auswirkt. Hast du das Zeug schon mal getrunken?«

»Nein.«

»Da hast du auch nichts versäumt. Schmeckt wie aufgewärmtes Haarwasser. Scotch ist besser. Willste einen?«

Brauer saß im Liegestuhl, vor sich eine Tabelle mit endlosen Zahlenkolonnen, neben sich die halbgeleerte Flasche. Es war elf Uhr vormittags, und ich überlegte, ob er noch frühstückte oder schon das Mittagessen vereinnahmte. Ich wurde einfach nicht klug aus ihm. Anscheinend arbeitete er intensiv, denn manchmal sah man ihn tagelang nicht, weil er aus seinem Schneckenkeller nicht herauskam. Dann wieder lag er von morgens bis abends in der Sonne, kippte pausenlos Whisky in sich hinein und brüllte seine Frau an. Er konnte charmant sein, liebenswürdig und geistreich, er konnte aber auch zum Ekel werden.

Seit der Silvesterparty duzten wir uns. Meinen zaghaften Versuch, wieder zum Sie zurückzukehren, hatte er kurzerhand abgeblockt. »Kommt nicht in Frage, Mädchen, ich sieze nur Leute, die ich nicht leiden kann – also meine Schwiegermutter und den Gerichtsvollzieher. Aber wenn der noch öfter zu uns kommt, werden wir vielleicht doch noch Freunde.«

Helfen konnte mir Alex aber auch nicht. Er konnte kein

Hindi, hatte auch keine Lust, sich mit diesen Ausländern abzugeben und empfahl mir Schlaftabletten.

»Für ein vier Monate altes Baby dürfte das wohl kaum das richtige sein«, protestierte ich.

»Wer redet von dem Schreihals? *Du* sollst sie nehmen!«

»Blödsinn! Ich höre das Gebrüll ja gar nicht. Babydoll ist die Leidtragende, und weil sie so zarte Nerven hat, kommt sie jeden Abend zu uns, weint sich aus und verdreht Rolf den Kopf.«

»Diese abgetakelte Fregatte? Mach dich doch nicht lächerlich, Mädchen! Die ist mindestens ein Dutzend Jahre älter als du, saublöd und Nymphomanin. Oder glaubst du etwa das Märchen von der liebenden Tante, die ständig ihre Neffen zu sich einlädt? Demnach müßte sie mindestens sechs Geschwister mit ausschließlich männlichen Nachkommen haben. Dieses Weib ist mannstoll, und wenn Rolf das noch nicht gemerkt hat, tut er mir leid. Schmeiß sie doch einfach raus!«

Das tat ich dann auch. Isabell war beleidigt, aber weil Kawabatas kurze Zeit später auszogen, hatte sie keinen triftigen Grund mehr, uns jeden Abend auf den Wecker zu fallen. Zu meiner Überraschung war Rolf sogar froh, denn nun konnte er wieder seine alten Pantoffeln und die ausgeleierte Strickjacke tragen und brauchte sich nicht mehr in den kleidsamen, aber leider viel zu engen Blazer zu zwängen. –

Nach Indien kam Schottland. Die McBarrens waren ein älteres Ehepaar ohne Kinder, und wenn Mr. McBarren nicht eine ungewohnte Vorliebe für großkarierte Sakkos gehabt hätte, würde man ihn für einen Beamten des Einwohnermeldeamtes oder der Bundesbahnverwaltung gehalten haben. Deutsche Beamte geben sich aber dezenter.

Wie ihre Vorgänger hatten auch die McBarrens keine Ahnung von der Landessprache, und deshalb grüßten wir uns nur oder winkten uns zu, wenn wir uns begegneten.

Es muß im Juni oder Juli gewesen sein, als Mrs. McBarren

mich unverhofft besuchte. Sie wollte wissen, ob ich ihr eine Putzfrau besorgen könnte. Deutschland gefalle ihr, ganz besonders sei sie von der hinreichend bekannten Ordnung und Sauberkeit beeindruckt, und nun hätte sie es auch gerne so.

(Wahrheitsgemäß muß ich zugeben, daß sich dieses Gespräch eine Stunde lang hinzog und nur mit Hilfe eines Wörterbuchs zu Ende geführt werden konnte, denn meine Englischkenntnisse sind nicht gerade umfassend, und Schottisch verstand ich schon überhaupt nicht.)

Ich versprach Frau McBarren, daß ich mich umhören würde. Frau Koslowski hatte keine Lust. Sie fühlte sich bei uns schon überfordert bzw. unterbezahlt, und Schotten sind bekanntlich geizig. Eine zweite Putzstelle wollte sie auf keinen Fall annehmen. Weshalb sie überhaupt noch bei uns war, wußte ich ohnedies nicht. Jedesmal erzählte sie mir, daß sie das Geld gar nicht nötig habe, jede Arbeit Gift für ihre Arthritis sei und an ihrer Wiege niemand gesungen habe, daß sie mal ihr Brot als Putzfrau verdienen müßte. Trotzdem kam sie immer wieder. Vielleicht deshalb, weil sie sich mit Tante Leiher so gut verstand und ihr beim Zusammenlegen der Frottiertücher half; vielleicht auch, weil sie jede Woche einen Schwung Romanheftchen bekam, die Rolf von dem Verlag, für den er die Werbung machte, stapelweise mitbrachte; vielleicht kam sie aber auch nur, weil sie sich zu Hause langweilte.

Dann fiel ihr plötzlich ein, daß ihre Freundin eventuell »auf die Stellung reflektieren täte«. Mit der hatte sie früher immer zwischen zehn und zwölf Uhr Kaffee getrunken. Wenn Frau Koslowski aber bei uns war, konnte sie nicht Kaffee trinken, und angeblich hatte die Freundin das schon häufig beklagt.

Emma Kiepke, geborene Nägele, war 157 cm groß und ungefähr 75 cm breit. Sie hatte ein rundes Apfelgesicht, schüttere graue Haare und ein bemerkenswertes Temperament.

»Ha, wisset Se, ich bin net von do! Ich komm aussem

Schwäbische, aus Grunberg, des isch bei Waiblinge, mitte im Hohenlohensche. Arg schön isch's do, und ich hab erscht gar net wegwolle, awer wie ich mei Karle kenneglernt hab – des war mein seliger Mo, müsset Se wisse –, grad uf dr Hochzich von meiner Schweschter isses gwäse, do hab ich wähle gmüßt zwische dem Karle seiner Arbeitsstell un dem Häusle, wo mei Vater mir die Hälfte hätt vererbe gwollt. Do hab ich halt de Karle gnomme un bin do hergzoge. Akkurat zweiunddreißig Johr isch des jetzt her.«

Natürlich sprach auch Emma Kiepke kein Englisch, aber sie meinte, das sei nicht so schlimm, als gute Hausfrau wisse sie schon, was zu tun sei. »Vorschrifte laß ich mir koine mache, scho gar net von so herglaufene Leit, wo sowieso net wisse, was Ordnung isch.«

Ich machte Emma mit ihrer künftigen Brötchengeberin bekannt. Sie akzeptierte alle Bedingungen einschließlich des beachtlich hohen Stundenlohnes, und Emma schritt besitzergreifend in das Haus.

Fünf Minuten später war sie wieder da. »Ha no, des isch jo unmeglich bei dene do drüwe. Die hend koi Teppich, die hend koi Vorhäng, die hend koi Putzlumpe, die hend jo net emol en Kutteroimer!«

»Was ist denn das?«

»Kutteroimer?« Emma plumpste auf einen Küchenstuhl. »Ha no, en Abfallkiewel hab ich gmoint. Die tun ihrn Dreck in en oifache Pappkarton. Un wie ich en Putzlumpe hawe wollt, hat mir de Fra en alde Unnerrock gewe. Mit so ebbes ko ma doch koi Fenschder putze!«

»Natürlich nicht, aber das läßt sich ja alles besorgen!« beschwichtigte ich die aufgeregte Emma. »Frau McBarren hat vielleicht noch keine Zeit zum Einkaufen gehabt. Sie wohnt ja noch nicht lange hier.«

Das ist ein relativer Begriff, und Emma legte ihn auch prompt zu Mrs. McBarrens Gunsten aus.

»Des wirds soi! Sage Se ihr ruhich, daß ich mitkomm zum

Eikaufe, weil ich hab do so mei Spezialputzmittel, wo sie ja net kennt. Un en Mop brauch ich un en Blocker un...«
»Blocker? Wofür?«
»Ha, für de Parkettböde zum Bohnere.«
»Aber die sind doch versiegelt!«
»Des isch egal. Parkett ghört gbohnert!«

Zum Glück schienen Mrs. McBarren Emmas Wünsche keineswegs übertrieben, und das nötige Kleingeld hatte sie auch. Emma bestieg am nächsten Morgen stolz das kakaofarbene Schlachtschiff der McBarrens und ließ sich in ein großes Haushaltswarengeschäft nach Düsseldorf fahren. Später half ich beim Ausladen. Vom Bohnerbesen bis zur dreiarmigen Zentralheizungsbürste fehlte nichts, und mit der Batterie von Flaschen, Dosen, Tuben und Tüten voller Reinigungsmittel wäre ich drei Jahre ausgekommen.

Emma machte sich an die Arbeit. Morgens klingelte sie bei mir und schleppte mich ab, damit ich Mrs. McBarren klarmachen konnte, was Emma heute tun wollte und was Frau McBarren tun *sollte*: nach Möglichkeit verschwinden.

»Ich ko nix schaffe, wenn allweil jemand rumsteht un mir uf de Finger guckt. Schwätze ko ma nix mit ihr – so ebbes ko ich net brauche!« Schließlich einigten sich die beiden Frauen dahingehend, daß Mrs. McBarren in einem der oberen Zimmer bleiben würde, bis Emma sich unten ausgetobt hatte, und dann würde man einen Stellungswechsel vornehmen.

»Do könnet Se ihr a gleich sage, daß leere Flasche net in die Toilette gstellt ghöre, sondern in de Kutteroimer. Un de Kaffeetasse kommet in die Küch un net in de gute Stubb. Do stellet ma nur des richtige Porzellan hi. Un an de Fenschder müsset Vorhäng, was solle sonsch de Leit denke?«

Es stellte sich heraus, daß die Gardinen in der Wäscherei waren und die von Emma beanstandeten Kaffeetassen zu einem Wedgewood-Service gehörten.

»So? Die sehe awer gar net wertvoll aus mit dene merkwürdige Muschder druff. Mei guts Porzellan isch rein weiß mit so kloine Blümlen am Rand.«

Nach drei Wochen hatte Emma »des Gröbschde gschafft« und ihre Herrin bestens erzogen. Die zog sich schon vor der Haustür die Schuhe aus, kaufte eine zweite Mülltonne und setzte unter Emmas Anleitung sogar zwanzig Salatpflänzchen vor das Rosenbeet, weil »des isch e arge Verschwendung, wenn ma en Garte hat un nix ernte tut. Für Kohl un Tomate isch es jetzt zu spät, awer für de Salat täts noch reiche. Des annere mache wir dann im nächschde Frühjohr.«

Es muß irgendwann im Hochsommer gewesen sein, als Mrs. McBarren mir erzählte, daß ihre Schwiegereltern zu Besuch kämen – direkt aus Schottland. Sie waren noch nie von ihrer Insel heruntergekommen, seien sehr gespannt auf Deutschland und würden furchtbar gern eine richtige deutsche Familie kennenlernen. Ob wir nicht an einem der nächsten Abende ein Stündchen Zeit für sie hätten. Nein, Deutsch könnten die Schwiegereltern natürlich nicht, aber sie seien sehr gesellig, und es würde bestimmt ein netter Abend werden.

»Was soll ich denn da?« murrte Rolf, als ich ihm die Einladung überbrachte. »Ich kann kein Englisch, und einen ganzen Abend lang herumsitzen und Keep-smiling machen, ist nicht mein Fall.«

Der Ärmste hatte ein humanistisches Gymnasium besucht, kann heute noch den halben Cäsar auswendig und den ersten Gesang der Odyssee im Originaltext, aber Englisch ist ihm ein Buch mit sieben Siegeln geblieben.

Am nachhaltigsten hatte er es zu spüren bekommen, als er Anfang der fünfziger Jahre ein paar Tage in London gewesen war. Aus Ersparnisgründen hatte er sich selbst beköstigt. Im »Handbuch für England-Touristen« hatte er zwar so nützliche Redewendungen gefunden wie: »Ich führe einen Hund mit mir, wo befindet sich der Veterinär?«, aber wo man Hartspiritus für einen transportablen Kocher bekam, stand nirgends verzeichnet. So mußte er auf kalte Küche umsteigen und hatte sich todesmutig in einen Selbstbedienungsladen gestürzt. Als er später sein Abendessen auspackte, entpuppten sich die vier Joghurtbecher als saure Sahne und der Erbseneintopf als Gemüsemais. Nicht zu vergessen die Margarine, die billiges Bratfett gewesen war.

Seitdem vertritt Rolf die Ansicht, daß humanistische Bildung zwar ethisch wertvoller, ansonsten aber ziemlich überflüssig sei.

»Die McBarrens wollen eine deutsche *Familie* kennenlernen. Dazu gehören mindestens zwei«, erklärte ich ihm. »Du brauchst ja gar nicht zu reden. Ich sage einfach, du seist stark erkältet und heiser. Bei der Begrüßung krächzt du bloß ein bißchen herum, dann wird jeder Mitleid mit dir haben. Außerdem kannst du dich kostenlos besaufen!«

Ob diese Hoffnung den Ausschlag gegeben hatte oder die Aussicht, einen echten Schotten im Kilt herumlaufen zu sehen und endlich die Frage klären zu können, ob man nun darunter... oder ob man nicht, weiß ich nicht, jedenfalls erklärte sich Rolf zum Mitkommen bereit.

Ich hatte ein ganz anderes Problem: Worüber redet man mit Schotten, die nie aus Schottland herausgekommen waren? Natürlich über Schottland. Und was wußte ich über Schottland? Gar nichts! Abgesehen von Nessie, jenem prähistorischen Ungeheuer, das in einem schottischen See und jeden Sommer durch die deutschen Illustrierten schwimmt. Dann fiel mir noch ein, daß man in Schottland Dudelsack spielt und Whisky brennt. Aus.

Also wälzte ich das Lexikon, las mich durch die Geschichte Schottlands, paukte mir die Namen der großen Clans ein (ein McBarren-Clan war nicht darunter), lernte die Hebriden-Inseln auswendig und fühlte mich in die Schulzeit zurückversetzt, wenn ich für eine Geographiearbeit büffeln mußte. Ganz nebenbei bezweifelte ich allerdings, daß unter einem geselligen Abend das Herunterleiern von Geschichtszahlen zu verstehen sei.

»Was weißt du über Schottland?« fragte ich Alex in der Hoffnung, er könnte vielleicht früher auch mal die nördliche Halbkugel bereist haben.

»Da gibt es hervorragenden Whisky!« lautete die prompte Antwort.

Wie hatte ich bloß etwas anderes erwarten können?

»Sonst nichts?«

»Ist das nicht genug?«

»Nein. Ich brauche einen abendfüllenden Gesprächsstoff!« Ich erzählte ihm von der Einladung bei den McBarrens und ihrem elterlichen Besuch aus Schottland.

»Mach dir deshalb keine Sorgen, Mädchen. Wenn's echte Schotten sind, machen sie das Maul sowieso bloß zum Saufen auf. In Bengasi kannte ich einen, das war irgendso ein vertrottelter Oberst, der noch aus der Kolonialzeit übriggeblieben war. Der soff wie ein Loch, und wenn er richtig voll war, spielte er Dudelsack. Mir hat's dabei immer die Schuhe ausgezogen! Weißt du übrigens, weshalb Dudelsackpfeifer meistens im Gehen spielen? Nein? Ganz einfach: Weil bewegliche Ziele schwerer zu treffen sind!«

Ich konnte nicht mal darüber lachen. Je näher der bewußte Abend kam, desto nervöser wurde ich. Rolf begriff das nicht.

»Du hast doch wirklich einen herrlichen Vogel! Wenn diese Schotten schon nach Deutschland kommen, dann wollen sie doch nichts über Schottland erfahren, sondern etwas über die hiesigen Verhältnisse. Erzähle ihnen, was ein Pfund Butter kostet oder wie viele Hunde es in Deutschland gibt.«

»Woher soll ich das wissen?« Ich ließ mich nicht davon abbringen, daß man mit Schotten über Schottland spricht. In der Monlinger Leihbücherei trieb ich ein Buch über Großbritannien auf, und als ich auch ein Kapitel über Schottland entdeckte, nahm ich es mit. Nach gründlichem Studium der 37 Seiten wußte ich endlich, daß man in Schottland hochwertige Schafe züchtet, Fischfang betreibt, Whisky brennt und zwischen den Lowlands und den Highlands zu unterscheiden hat. Der echte Schotte stammt aus den Highlands. Weil ich nicht wußte, wo die McBarrens ansässig waren, beschloß ich vorsichtshalber, dieses Thema auszuklammern.

Der gefürchtete Abend war da. Rolf hatte vergessen, Blumen zu besorgen, und inspizierte den Garten. »Ob ich ein paar Wicken abschneide?«

»Die sehen so popelig aus. Du wirst dich wohl von den Nelken trennen müssen!«

»Aber mehr als fünf Stück kommen nicht in Frage! Die blühen doch erst seit drei Tagen, ich hab' sie noch gar nicht richtig genießen können.«

»Wer hat eigentlich das Gerücht aufgebracht, nur Schotten seien geizig?« fragte ich hinterhältig.

Rolf knurrte, schnitt noch zwei Blümchen ab und wickelte den Strauß in hellbraunes Seidenpapier. Es stammte aus einem alten Schuhkarton und war schon etwas zerknittert.

Die alten McBarrens sahen gar nicht schottisch aus, trugen ganz normale Kleider und begrüßten uns mit vielen netten Worten, von denen ich nicht eins verstand.

Rolf krächzte ein höfliches »How do you do, glad to meet you« und versank in dem angebotenen Sessel, aus dem er nur immer dann auftauchte, wenn er nach seinem Glas griff.

Auf dem eckigen Couchtisch standen Salzmandeln, Aschenbecher und Wassergläser. Frau McBarren jun. kam mit Eiswürfeln, Herr McBarren sen. schälte eine dickbauchige Flasche aus dem echt schottischen Einwickelpapier.

»It's the finest we have!« erklärte er und goß die Gläser dreiviertel voll. »Cheers!« Er kippte den Inhalt auf einen Zug hinunter. Mit schottischen Sitten nicht vertraut, nahm ich an, daß ich mein Glas nun auch austrinken müßte. Also lächelte ich freundlich, sagte »Cheers!« und trank. Das Zeug brannte wie Feuer. Ich bekam einen Hustenanfall, kriegte keine Luft mehr, aber McBarren sen. klopfte mir nur hilfreich auf den Rücken und sagte verständnisvoll: »It's the finest we have!«

Viel mehr sagte er später auch nicht. Dafür redete ich! Schon nach kurzer Zeit spürte ich die Wirkung des Whiskys, verlor alle Hemmungen, quasselte wie ein Wasserfall ohne Rücksicht auf grammatikalische Regeln oder besonders elegante Redewendungen der englischen Sprache, kam von König Duncan über die Schafzucht zur wirtschaftspolitischen Lage Schottlands und weidete mich an Rolfs ungläubigem Staunen.

Er hatte mich ja schon immer unterschätzt! Aber daß ich so gut Englisch sprach, hatte ich selbst nicht gewußt.

Dann trank ich mein zweites Glas Whisky, und dann war plötzlich alles aus. McBarren sen. hatte zwei Gesichter bekommen, die dauernd ineinanderliefen, unser kümmerlicher Nelkenstrauß wuchs sich zu einem riesigen Bukett aus, aber was viel schlimmer war – ich hatte mein Gedächtnis verloren! Mir fiel keine englische Vokabel mehr ein. Totaler Blackout!

McBarren legte meine plötzliche Schweigsamkeit falsch aus und schenkte nach. »Cheers!«

Nun war schon alles egal! Entschlossen griff ich nach dem Glas. Vielleicht würde mich sein Inhalt wieder erleuchten. Keine Spur von Erleuchtung. Mir wurde bloß schwindlig.

Die McBarrens warteten und schwiegen.

»Und nun wollen wir alle zusammen singen!« hörte ich mich plötzlich auf deutsch sagen.

Weshalb ich das unbedingt wollte, weiß ich nicht. Ich kann überhaupt nicht singen, und außerdem habe ich mich seit jeher mokiert, wenn irgendwo ein feuchtfröhlicher Abend mit dem Absingen gemeinsamer Lieder beendet wurde. Trotzdem legte ich los: »My heart is in the Highlands...«

Etwas anderes fiel mir nicht ein, und ich hoffte bloß, daß es schottisch war.

Nach anfänglichem Staunen fielen die McBarrens ein und

sangen alle Strophen herunter. Ich kannte bloß die erste. Dann sangen sie noch etwas Gälisches, aber bevor sie ihr gesamtes Repertoire an Heimatliedern herunterspulen konnten, mahnte Rolf zum Aufbruch. Ich hatte nichts dagegen und erhob mich.

Hoppla! Meine Beine waren aus Gummi, mein Kopf ein aufgeblasener Luftballon, und meinen Orientierungssinn hatte ich auch verloren. Vorsichtig peilte ich die Tür an. »Da mußt du durch!« sagte ich zu mir, »und zwar genau in der Mitte!«

Wie ich es geschafft habe, weiß ich nicht mehr. Angeblich soll ich mich sogar noch für den reizenden Abend bedankt haben. Aber kaum hatte sich die Haustür hinter uns geschlossen, sackte ich zusammen. »It's the finest we have!« sagte Rolf und brachte mich nach Hause.

Ich kann nur hoffen, daß die McBarrens vor ihrer Rückreise nach Schottland noch eine andere deutsche Familie kennengelernt haben. Das Fremdenverkehrsamt möge mir verzeihen, aber gegen selbstgebrannten schottischen Whisky ist kein Kraut gewachsen!

10

Tante Lotti machte ihre Drohung wahr. Sie rief mich eines Morgens aus Celle an, wo sie die betagte Kränzchenschwester ihrer schon längst verstorbenen Tante besucht hatte, und erklärte rundheraus, daß diese Dame senil und keineswegs das sei, was sie sich unter einer verwitweten Juweliersgattin vorgestellt habe.

»Denk dir, Liebes, sie trägt Kittelschürzen und schneidet die Kartoffeln mit dem Messer! Natürlich werde ich meinen Aufenthalt hier sofort abbrechen. Hildchen Bergdoll – du kennst doch sicher die entzückende Tochter meiner Nachbarin? Sie ist seit drei Jahren verheiratet und wohnt jetzt in der Nähe von Wiesbaden –, also Hildchen erwartet mich in vierzehn Tagen, im Augenblick ist sie noch im Urlaub in Österreich... wo war ich stehengeblieben? Ach ja, wie gesagt, zu Hildchen kann ich erst Mitte des Monats weiterfahren, und da dachte ich, nun könnte ich endlich mein Versprechen wahrmachen und zu euch kommen. Morgen früh um elf bin ich in Düsseldorf. Rolf wird mich sicher vom Bahnhof abholen. Ich freue mich schon sehr, Liebes, und du weißt ja: Keinerlei Umstände meinethalben. Ich stelle überhaupt keine Ansprüche!«

Die stellte sie nie. Trotzdem schaffte sie es regelmäßig, die gesamte Familie in Trab zu halten. Das fing beim Pfefferminztee an, den sie morgens am Bett serviert wünschte (»Mein Magen braucht etwas zum Anlaufen!«), und endete Punkt 22 Uhr mit einem Glas lauwarmer Milch, damit der Magen beruhigt schlafen gehen konnte. Zwischendurch benötigte er, der bei entsprechenden Gelegenheiten aber auch Gänsebraten und Schweinshaxe vertrug, geschlagene Bananen, Rotwein mit Ei, Biskuits oder auch mal ein dünnes Stüllchen mit Kalbsleberwurst. »Und keine Alkoholika, Liebes, die sind Gift für den Magen! Höchstens mal ein Gläschen Portwein oder Sekt, aber nur ganz trockenen!«

Rolf sagte zunächst gar nichts, als er von dem bevorstehenden Besuch hörte. Erst als ich ihn bat, mir beim Transport von Saschas Kinderbett in Svens Zimmer zu helfen, moserte er: »Wie lange bleibt sie denn?«

»Voraussichtlich zwei Wochen.«

»Zwei Tage sind schon zuviel! Ich hab' ja nichts gesagt, als deine liebeskranke Freundin sich im vergangenen Jahr bei uns eingenistet und mir stundenlang erzählt hat, auf welche Weise sie sich umbringen will. Ich habe auch die merkwürdige Tante mit ihrem verfetteten Pekinesen ertragen, obwohl ich dieses asthmatische Vieh am liebsten ersäuft hätte. Ich habe stillschweigend zugesehen, wie dein Onkel Henry drei Abende lang aus meinem teuren ›Côte du Rhone‹ seinen Glühwein zusammengepanscht hat, aber diese Logiergäste sind wenigstens nach ein paar Tagen wieder abgereist. Manche Gäste kommen einem ja sehr entgegen, wenn sie wieder gehen. Aber Tante Lotti ist kein Gast, sie ist eine Heimsuchung! Es ist überhaupt ein Nachteil der Düsenflugzeuge, daß es jetzt keine entfernten Verwandten mehr gibt!«

»Sie kommt mit dem Zug, und du sollst sie abholen!«

»Ich denke gar nicht daran! Fahr doch selber!«

Eigentlich sah er es nicht gern, wenn ich mich allein in den Großstadtverkehr wagte, aber die möglichen Folgen erschienen ihm wohl weniger schrecklich als die Aussicht, mindestens eine Stunde lang mit Tante Lotti in einem Auto eingesperrt zu sein.

»Du mußt unterwegs noch tanken!« rief er mir nach, als ich vorsichtig vom Garagenhof fuhr. Damals gab es noch keine Selbstbedienungs-Tankstellen, kein Herumfummeln am verklemmten Tankschloß, kein Hantieren mit dem Benzinschlauch, der entweder zu kurz ist oder sich beim versehentlichen Loslassen wie eine Kobra aufbäumt – damals kam ein netter Tankwart, der das Auto tränkte, die Windschutzscheibe putzte und einen freundlich auf die angezogene Handbremse aufmerksam machte, wenn der Wagen unbegreiflicherweise zu bocken anfing.

Am Ortsende von Monlingen gab es eine Tankstelle. Den Tankwart kannte ich, er hatte meine Fahrversuche vom ersten Tag an verfolgt und mich gelegentlich ermuntert: »Jeder Trottel kriegt irgendwann den Führerschein, Sie werden es auch mal schaffen!«

Die Tankstelle war mir also bekannt. Nicht bekannt war mir die Tatsache, daß man unlängst neben die Einfahrt einen Grenzstein gesetzt hatte. Es knirschte häßlich, ein bißchen schepperte es auch, aber zum Glück erschien niemand, um mit teilnahmsvoll grinsendem Gesicht die Schleifspur am Wagen zu besichtigen. Das Nummernschild war auch ein bißchen verbogen, aber die kleine Beule am Kotflügel mußte nicht unbedingt von mir stammen. Wer weiß, wo Rolf die geholt hatte. Langsam setzte ich zurück, bemüht, das widerliche Kratzen zu überhören, dann fuhr ich mit neuem Anlauf los und kurvte elegant vor die Zapfsäule.

»Bitte volltanken!«

Der Tankwart wischte sich die Hände an einem Lappen ab, musterte mit bedenklicher Miene die frische Schleifspur und sagte zweifelnd: »Tja, ich weiß nicht, ob ich Ihnen noch Benzin geben soll. Sieht aus, als hätten Sie schon genug!«

»Diese Bemerkung kostet Sie das Trinkgeld!« sagte ich hoheitsvoll.

Er grinste. »Das kriege ich von Ihrem Mann, wenn ich ihm erzähle, *wie* Sie das geschafft haben!«

Tante Lottis Zug hatte Verspätung. Nervös lief ich auf dem Bahnsteig hin und her, sah dauernd auf die Uhr und überlegte, was ich machen sollte. Ich stand im Parkverbot, und außerdem würde im Backofen die Ente anbrennen. Die gefüllte Blumenvase für Tante Lottis Zimmer hatte ich in der

Badewanne vergessen, Sascha hätte ich noch sagen müssen, daß er sich ein sauberes T-Shirt anziehen soll...

Immer, wenn man eine Telefonzelle sucht, findet man keine. Endlich entdeckte ich sie. Natürlich besetzt. Ein weiblicher Teenager wollte von jemandem wissen, ob sie Harry einen Plüschaffen oder lieber eine Dreiklanghupe schenken solle. Nach fünf Minuten hatte man sich auf zwei Paar Tennissocken geeinigt, und die Anruferin räumte das Feld. Ich nahm gerade den Hörer ab, als der verspätete D-Zug angekündigt wurde. Was jetzt? Ente oder Tante Lotti? Ich wählte die Ente. Tante Lotti würde wütend sein, aber wenigstens nicht ankokeln können.

Sven war am Apparat. »Ruf mal ganz schnell Papi ans Telefon!«

»Der ist nicht da!« erklärte mein Sohn.

»Wo ist er denn?«

»Er ist draußen und sucht mich!«

Heiliger Himmel! Kaum läßt man Mann und Kinder allein... Wieso war Sven eigentlich schon zu Hause? Notfalls hätte der ja auch die Ente... Egal, dann würde es eben Eierkuchen geben. Die wären für Tante Lottis Magen sowieso bekömmlicher.

Sie thronte auf ihrem großen Koffer am hintersten Ende des Bahnsteigs und sah mir mit anklagender Miene entgegen. Um sie herum stapelten sich noch ein mittelgroßer Koffer und ein kleiner Koffer und zwei Hutschachteln. In einer davon befand sich immer der Reiseproviant sowie eine Thermosflasche mit Kamillentee.

»Der Zug hatte über eine Viertelstunde Verspätung. Wäre er pünktlich gewesen, dann würde ich jetzt schon seit zwanzig Minuten hier warten. Ein derartiges Verhalten ist lieblos. Würdest du jetzt bitte einen Gepäckträger besorgen? Oder gibt es hier auch nur diese unhandlichen Wägelchen?«

»Gepäckträger sind genauso ausgestorben wie Hutschachteln!« Mißmutig betrachtete ich das umfangreiche Gepäck. »Warum schleppst du denn deine gesamte Garderobe mit?«

»Ich bin seit vier Wochen unterwegs, mein Liebes, und es hat ja nicht jeder eine Waschmaschine. Ich hoffe doch, daß du eine besitzt, denn ich habe kaum noch etwas Sauberes zum Anziehen.«

Auch das noch! Tante Lotti trug mit Vorliebe Spitzenblusen, weil die sie am vorteilhaftesten kleideten, aber das Bügeln überließ sie nach Möglichkeit anderen. Ihre Arthritis verbot allzu langes Stehen.

In drei Etappen schleppte ich die Koffer zur Treppe – Tante Lotti trug die Schachtel mit Kamillentee –, dann schleifte ich sie einzeln die Treppe hinunter, lud sie auf einen Kofferkarren, fuhr damit zum Parkplatz, wuchtete das Gepäck ins Auto, entfernte den Strafzettel von der Windschutzscheibe (wo sind die Zeiten geblieben, als das Autofahren noch mehr Geld kostete als das Parken?), half Tante Lotti beim Einsteigen, klaubte den Inhalt der heruntergefallenen Handtasche auf, schloß die Tür, ging um den Wagen herum, stieg selber ein, suchte nach den Schlüsseln und – fand sie nicht.

»Ich hab' die Autoschlüssel verloren!«

»Wo denn?« fragte Tante Lotti.

»Wenn ich das wüßte, hätte ich sie ja wohl nicht verloren!«

Angestrengt überlegte ich. Es konnte eigentlich nur oben an der Treppe gewesen sein, als ich mir den großen Koffer auf den Fuß gestellt und hinterher versucht hatte, den weißen Schuh notdürftig mit einem Taschentuch zu säubern.

»Ich muß noch mal zurück, Tante Lotti, vielleicht liegen sie auf der Treppe.«

Dort lagen sie nicht, auch nicht auf dem Bahnsteig. Und die Reserveschlüssel hingen zu Hause am Schlüsselbrett, damit sie auch immer griffbereit waren! Was jetzt? Autowerkstatt? Sinnlos, die haben alle Mittagspause. Plötzlich hatte ich eine Erleuchtung: Schlüsseldienst!

Wo war der nächste? Eilmarsch zur Telefonzelle. Diesmal

war sie leer. Und was lag dort auf dem zerfledderten Telefonbuch? Erleichtert griff ich nach dem Etui und rannte zurück zum Parkplatz.

Tante Lotti unterhielt sich angeregt mit einem Polizisten. »Und Sie meinen, Schloß Benrath ist wirklich sehenswert? Dann werde ich meine Nichte bitten, mich einmal dort hinzufahren. Es war sehr liebenswürdig von Ihnen, mich darauf aufmerksam zu machen, Herr Wachtmeister!«

Sie kurbelte das Fenster wieder hoch. »Ein äußerst zuvorkommender Mensch!«

»Wahrscheinlich hat er sein Soll an Strafzetteln schon erfüllt. Ich habe auch einen gekriegt.«

»Warum hast du mir das nicht früher gesagt? Verlorene Schlüssel sind höhere Gewalt, das hätte ich ihm schon begreiflich gemacht.«

»Da kennst du aber die Parkplatzhyänen schlecht!«

Wütend trat ich aufs Gaspedal und fädelte mich in den Verkehr ein.

Während der Heimfahrt erging sich Tante Lotti in anklagenden Schilderungen der letzten drei Tage. Der Tee war zu dünn und die Juwelierswitwe zu geschwätzig gewesen; die Aufwartefrau hatte nicht einmal das Bett richtig aufgeschüttelt, keine Schuhe geputzt und strikt abgelehnt, Tante Lottis Morgenrock zu waschen.

»Der Begriff ›Gastfreundschaft‹ scheint allmählich auszusterben. Wenn ich an die Zeit meiner Jugend zurückdenke... Manchmal hatten wir wochenlang Hausgäste, mitunter recht anspruchsvolle, aber nie ist uns irgend etwas zu viel geworden. Jeder Wunsch wurde erfüllt! Einmal hat der Kommerzienrat Petersen zu Papa gesagt, er fühle sich bei uns heimischer als in seinem eigenen Haus.«

Ob Tante Lotti wohl jemals begreifen würde, daß mit den Kommerzienräten auch die herrschaftlichen Villen samt ihren Gästezimmern, Hausmädchen und Köchinnen ausgestorben sind? Frau Koslowski würde kaum bereit sein, Tante

Lottis Gesundheitstreter zu putzen oder ihr den Tee hinterherzutragen.

Rolf hatte sich selbst übertroffen! Der Tisch war gedeckt, die Ente genau richtig, die Jungs hatten saubere Hände und die Servietten eine dekorative Form.

»Hast du prima gemacht, vielen Dank!« flüsterte ich ihm zu, bevor er leise fluchend die Koffer ins Haus schleppte.

»Bedank dich bei Dorle!« flüsterte er zurück. »Wenn sie nicht eingesprungen wäre, hätten wir jetzt gegrillte Holzkohle. Wie kannst du mich mit einem halbfertigen Vogel und zwei halbfertigen Kindern allein lassen? Wo habt ihr bloß so lange gesteckt? Ich dachte schon, es ist was mit dem Wagen!«

Die Schramme auf der anderen Seite hatte er noch nicht bemerkt, aber der Zeitpunkt zum Beichten war momentan denkbar ungünstig.

Inzwischen hatte Tante Lotti das Haus von außen besichtigt und war nun bereit, auch das Innere in Augenschein zu nehmen. Als erstes mißfiel ihr die Treppe.

»Ich nehme an, mein Zimmer befindet sich im oberen Stock. Das ist natürlich sehr beschwerlich für mich, weil ich Treppensteigen nach Möglichkeit vermeiden soll. Aber vielleicht kann ich mein Mittagsschläfchen hier im Wohnzimmer halten. Oder bei schönem Wetter auf der Terrasse. Ihr habt doch sicher einen bequemen Liegestuhl?«

»Haben wir alles, Tante Lotti, auch Kissen, Decken, Schlaftabletten und Kamillentee! Möchtest du dich vor dem Essen noch ein bißchen frisch machen? Sven wird dir dein Zimmer zeigen.«

»Is ja gar nich ihrs! Is ja Sascha seins!« korrigierte der höfliche Knabe. Er konnte Tante Lotti nicht ausstehen, weil sie ständig seine Tischmanieren tadelte und ihm schon seit drei Jahren die ihrer Meinung nach einzig richtige Form der Begrüßung beizubringen versuchte. »Ein wohlerzogener junger Mann macht einen Diener, wenn er jemandem die Hand reicht!«

Sven zog es vor, selbige in der Hosentasche zu vergraben, sobald Tante Lotti auftauchte. Womit auch ein weiterer Angriffspunkt, nämlich die ewig schmutzigen Hände, verborgen blieb.

Wenigstens das Zimmer gefiel Tante Lotti. Es lag direkt neben dem Bad, was für ihre schwache Blase recht angenehm war, es hatte Sonne, was wiederum der Arthritis guttat, und bei geöffneter Tür gestattete es uneingeschränkte Sicht auf alles, was sich oben und zum Teil auch unten abspielte. Nur das Deckbett war ein bißchen zu dünn.

»Tante Lotti, wir haben Hochsommer! Außerdem habe ich dir eine Rheumadecke eingezogen. Du wirst ganz bestimmt nicht frieren!«

»Liebes, ich bin an Daunen gewöhnt! Du weißt ja, mein Rheuma...«

»Also gut, dann hole ich nachher das Federbett vom Boden«, versprach ich.

»Und wenn du vielleicht noch ein Kopfkissen mitbringen würdest... Ich muß doch hoch schlafen, weil ich sonst nicht genügend Luft bekomme.«

Zwei Kissen lagen bereits auf Tante Lottis Bett, aber ich opferte auch noch mein eigenes und begnügte mich mit einem kleinen Couchkissen. Es verlor sich in dem riesigen Bezug.

Endlich nahm Tante Lotti am Mittagstisch Platz. Von der Ente bitte nur ein Stückchen Brust, ohne Haut selbstverständlich, und vielleicht zwei Löffelchen von der Füllung. Nein, keinen Rotkrautsalat, da würde der Magen rebellieren. Kartoffeln? Lieber nicht, aber ein Scheibchen Weißbrot, wenn es keine Mühe macht. Und ob sie eventuell ein paar Preiselbeeren haben könnte? »Aber das muß nicht sein, Liebes, nur bin ich es von zu Hause gewöhnt, Ente mit Preiselbeeren zu essen.«

Dessert? Ja, bitte gern, es darf ruhig ein bißchen mehr sein, Weinschaumcreme verträgt auch der empfindlichste Magen.

Und zum Abschluß etwas Käse, einen milden Holländer vielleicht, wenn's recht ist. Nur in Scheiben? Nicht ganz comme il faut, aber wir sind ja schließlich entre nous.

Das Mahl war beendet, Tante Lotti zog sich zurück. »Heute werde ich in meinem Zimmer schlafen, denn ich bin doch ziemlich erschöpft. Sollte ich zum Tee noch nicht unten sein, Liebes, dann wäre ich dir dankbar, wenn du mir ein Täßchen hinaufbringen würdest.«

Ungewohnt schweigsam hatten die Kinder das Mittagessen über sich ergehen lassen, aber kaum war Tante Lotti verschwunden, da platzte Sven heraus: »Die tickt wohl nich mehr ganz richtich?«

»Sven!!!«

»Na ja, is doch wahr! Hier is doch kein Restaurant mit'n festbezahlten Ober. Wann fährt'n die wieder ab?«

»Ich will euch mal etwas sagen, Kinder«, dozierte ich mit einiger Selbstbeherrschung. »Tante Lotti ist eine arme alte Frau, die...«

»Arm isse bestimmt!« fiel Sascha ein. »Nich mal was mitgebracht hat se uns!«

»Ich meine das nicht wörtlich. Sie hat ein recht gutes Einkommen und braucht keine Not zu leiden. Aber sie ist arm, weil sie ganz allein leben muß, kaum noch Verwandte und nur wenige Freunde hat, keine Kinder, die sie besuchen, und so freut sie sich natürlich, wenn sie mal rauskommt.«

»Aber die freut sich doch gar nich, die meckert ja bloß!«

»Weißt du, Sven, ich glaube, das merkt sie überhaupt nicht. Sie stammt aus einer sehr angesehenen und wohlhabenden Familie, hat immer Personal gehabt, und auch ihre ganzen früheren Freunde hatten alle Köchinnen und Dienstmädchen. Das war damals selbstverständlich. Nun ist sie alt geworden und kann sich nicht daran gewöhnen, daß die Zeiten sich geändert haben.«

»In der Vergangenheit zu leben hat einen gewaltigen Vorteil – es ist billiger!« bemerkte Rolf anzüglich.

»Hm«, sagte Sven und dachte scharf nach, »nu müssen wir alle Dienstmädchen spielen?«

»So schlimm wird es schon nicht werden. Aber es wäre nett von euch, wenn ihr mir ein bißchen helft. Schließlich wissen wir alle, daß Tante Lotti bald wieder abfährt.«

»Aber spinnen tut sie doch!« behauptete Sascha abschließend und rutschte vom Stuhl. »Können wir nu gehen?«

»Ja, aber bitte nach draußen! Laßt Tante Lotti erst mal schlafen!«

Die Knaben schwirrten ab. Nachdenklich zündete Rolf eine Zigarette an. »Da hast du dir ja einiges vorgenommen! Mich betrifft das Ganze weniger, weil ich mich im Notfall immer verdrücken kann und es bestimmt auch tun werde, aber wie du deine karitativen Anwandlungen durchhalten willst, ist mir schleierhaft. Sogar verschrobene alte Jungfern sollten einsehen, daß man die Zeit nicht ein halbes Jahrhundert zurückdrehen kann. Tante Lotti ist ja nicht dumm!«

»Du wirst sie auch nicht mehr ändern! Soll sie die Zeit hier ruhig genießen, vielleicht ist es das letztemal. In ihrem Alter kann doch beinahe täglich etwas passieren.«

»Ach wo, die überlebt uns alle noch, kriegt an ihrem hundertsten Geburtstag vom Senat einen Blumenstrauß und wird Ehrenbürgerin von Berlin. So, und jetzt muß ich noch nach Bochum rüber. Es kann spät werden. Zum Abendessen bin ich bestimmt nicht da.«

Zum Frühstück war er es auch nicht mehr. Er hatte Sven zur Schule gebracht und war dann gleich weitergefahren. Dafür erschien gegen neun Uhr eine ausgeschlafene und strahlend gelaunte Tante Lotti in der Küche und bestellte Tee.

»Zur Feier des Tages kannst du mir ausnahmsweise schwarzen Tee aufgießen. Warum soll ich nicht auch mal sündigen?«

Sie musterte den Frühstückstisch. »Wie ich sehe, hast du schon gefrühstückt?«

»Natürlich, ich bin seit halb sieben auf den Beinen.«

»Aber du wirst mir doch sicher bei einem Täßchen Tee Gesellschaft leisten?«

»Gerne, Tante Lotti, ich muß nur vorher noch das Fleisch aufsetzen.«

»Tu das, Liebes. Was wirst du uns denn Schönes kochen?«

»Gemüseeintopf.«

»Das ist recht!« lobte sie, »Kinder sollen ja viel Gemüse essen. Nur für mich ist das nicht das Richtige. Bohnen vertrage ich nicht, Sellerie schon gar nicht« – flink prüfte sie die vitaminreiche Farbenpracht auf dem Tisch – »und Paprika verursacht mir regelrechte Koliken. Wenn du vielleicht ein kleines Kalbsschnitzelchen für mich hättest und ein wenig Kartoffelbrei – du weißt ja, ich brauche nicht viel und bin ganz anspruchslos.«

Das bekam ich in den kommenden Tagen noch oft zu hören. Das Eichen morgens mußte aber wachsweich sein – »nur knapp drei Minuten nach dem Kochen« –, der Toast nur goldbraun, und die Diätmargarine durfte nicht im Kühlschrank stehen, sondern im Keller, weil sie dann gesünder war. Frisches Brot vertrug der Magen nicht und fettes Fleisch nicht die Galle; der Blasentee – pünktlich um 18 Uhr serviert – hatte lauwarm zu sein und das Hühnersüppchen zum zweiten Frühstück kochendheiß. Manchmal knirschte ich heimlich mit den Zähnen, während ich Kalbsleberwurst auf hauchdünne Weißbrotscheiben strich, mühsam die Haut von den Tomaten entfernte und das ganze Arrangement dann auch noch mit geschälten Apfelstückchen garnierte, aber ich hielt durch. Tante Lotti revanchierte sich, indem sie immer für frische Blumen sorgte und rückhaltlos alle Beete plünderte.

Am dritten Tag drückte sie mir einen Zettel in die Hand. »Hier habe ich dir aufgeschrieben, welche Zeitungen ich immer lese und wann sie erscheinen. Es macht dir doch sicher nichts aus, mir die jeweiligen Blätter mitzubringen.«

»Natürlich nicht, Tante Lotti.« Den Zettel stopfte ich in

die Einkaufstasche und holte ihn erst in der Buchhandlung wieder heraus. Nach einem flüchtigen Blick ließ ich ihn wieder verschwinden.

Tante Lottis Lektüre umfaßte nahezu sämtliche Produkte der Regenbogenpresse, und ich hatte erst unlängst mit der Buchhändlerin über diese Zeitungen und ihren Leserkreis gelästert. Also konnte ich jetzt unmöglich ein ganzes Sortiment dieser Blättchen kaufen. Was sollte Frau Fritsche von mir denken? So nahm ich nur ein Handarbeitsheft mit, in das ich voraussichtlich nie hineinschauen würde, und erkundigte mich betont uninteressiert nach einem anderen Zeitungsladen.

»Gibt es nicht«, strahlte Frau Fritsche. »Ich hab' eine Monopolstellung. Hinten im Industrieviertel steht noch ein Kiosk, aber der ist keine Konkurrenz für mich. Der lebt von BILD und Bockwürsten.«

»Wie schön für Sie«, murmelte ich lauwarm, packte meine Strickmuster ein und verließ das Geschäft. Zum Teufel mit Tante Lottis blaublütigem Fimmel!

Als ehemalige Dame der Gesellschaft, die sogar einmal bei Hof vorgestellt worden war, interessierte sie sich für alles, was mit Fürsten, Grafen und Königen zu tun hatte, selbst wenn die inzwischen degeneriert, verarmt oder – quel malheur! – bürgerlich verheiratet waren. Ihre Informationen bezog Tante Lotti aus eben diesen Zeitschriften. Wenn mal wieder eine größere Fürstenhochzeit ins Haus stand, erstellte sie einen regelrechten Stammbaum, um dann zu verkünden, daß das Brautpaar Cousin und Cousine fünften Grades seien, weil nämlich die Urururgroßmutter des Bräutigams und der Urururgroßvater der Braut ... und so weiter. Bedauerlicherweise gab es außer der Berliner Nachbarin, also der Mutter von Hildchen, niemanden, der sich für Tante Lottis Adelskalender interessierte, aber das hielt sie nicht davon ab, ihre jeweiligen Gastgeber mit endlosen Tiraden über vergangene, gegenwärtige und bestimmt noch einmal kommende Monarchien zu langweilen. »Spanien ist ja auch zum angestammten Königshaus zurückgekehrt, und wenn unser Prinz Louis Ferdinand eines Tages wieder...«

Ich machte Tante Lotti mit Frau Vogt bekannt. Vielleicht hatte die etwas für Monarchien übrig.

Nach einem recht ausgedehnten Plauderstündchen kehrte Tante Lotti mit einem neuen Häkelmuster und dem Rezept für Karottenpüree zurück, aber »Frau Vogt wußte nicht einmal, daß Friedrich der Große verheiratet gewesen ist. Ich bitte dich, Liebes, so etwas muß man einfach wissen!«

Aber dann kam die große Wende. Auf dem Rückweg von Bauer Köbes, bei dem sie Eier geholt hatte, um »mal wieder Stalluft schnuppern« zu können, war Tante Lotti den beiden Damen Ruhland begegnet und hatte sie in ein Gespräch gezogen.

»Sie sahen so distinguiert aus, so ganz anders als die übrigen Bewohner dieser Siedlung. Und was soll ich dir sagen, Liebes, sie sehen nicht nur so aus, sie sind es auch! Wußtest du, daß sie in Estland ein großes Gut besessen haben?«

Woher hätte ich das wissen sollen? Ich hatte noch kein Wort mit den beiden ältlichen Fräulein gewechselt, und sie machten auch nicht den Eindruck, als ob sie Wert darauf legten.

»Sie leben völlig zurückgezogen, was man in dieser Umgebung ja auch verstehen kann!«

Sehr intelligent muß ich wohl nicht ausgesehen haben, denn Tante Lotti wurde sofort deutlicher: »Du mußt das verstehen, Liebes, in unseren Kreisen kamen wir ja so gut wie gar nicht mit der bürgerlichen Mittelschicht zusammen. Natürlich verkehrten bei uns auch Ärzte, Sanitätsrat Clausen zum Beispiel und der Geheimrat Wunderlich, aber ein Dr. Brauer wäre bestimmt nicht empfangen worden. Genausowenig wie ein einfacher Agent.«

»Und wen meinst du damit?«

»Na, diesen Obermeier, oder wie er sonst heißen mag. Er

hat doch etwas mit Versicherungen zu tun, oder irre ich mich da?«

»Doch, doch, das stimmt schon«, bestätigte ich, obwohl es keineswegs mehr stimmte. Obermüller hatte sich seit unserem Einzug in mindestens einem halben Dutzend Berufen versucht und war überall gescheitert. Im Augenblick tat er gar nichts, sondern ließ sich von Dorle ernähren, die halbtags für einen Monlinger Steuerberater arbeitete.

»Die Damen Ruhland haben mich für morgen nachmittag zum Tee eingeladen. Was meinst du, soll ich das hellgraue Seidenkleid anziehen? Oder lieber die cremefarbene Spitzenbluse?«

»Das Kleid macht dich viel jünger!« behauptete ich sofort, denn die Bluse hätte ich bestimmt erst noch bügeln müssen.

»Du wirst mir bitte morgen ein Biedermeiersträußchen in der Gärtnerei binden lassen«, ordnete Tante Lotti an. »Oder meinst du, ich müßte jeder Dame eins mitbringen?«

»Keinesfalls! Du kannst doch nicht mit zwei Sträußen losziehen!« Ich dachte an mein ohnehin schon übermäßig strapaziertes Haushaltsbudget.

»Da hast du recht. Aber ein Schächtelchen Pralinees scheint mir doch angebracht. Ich glaube sogar, ich habe noch eins im Koffer.«

Auch mir hatte Tante Lotti eine Packung Kognakbohnen mitgebracht, die leider schon völlig ausgetrocknet waren. Da sie selbst keine Schokolade aß, hob sie die gelegentlichen Aufmerksamkeiten, die man ihr in Form von Pralinen oder anderen Süßigkeiten überreicht hatte, sorgfältig auf, um sie bei passender Gelegenheit weiterzuverschenken. Der so Beglückte mußte dann auch noch gute Miene machen und das klebrige vertrocknete Zeug sogar essen.

Tante Lotti lebte förmlich auf. Manchmal verzichtete sie auf ihr Mittagsschläfchen, weil sie mit ihren neuen Freundinnen einen Spaziergang machen oder den Kölner Dom besuchen wollte. Das Taxi zahlten Ruhlands, den Fünfuhrtee im Dom Hotel Tante Lotti.

»Nie hätte ich geglaubt, ausgerechnet hier so reizenden und kultivierten Damen zu begegnen«, schwärmte sie. »Wenn ich meinen Besuch bei Hildchen nicht schon fest terminiert hätte, würde ich sogar noch ein Weilchen bei euch bleiben.«

Bloß nicht! Auf dem Küchenkalender hatte Rolf schon Tante Lottis Abreisetag rot umrandet und für die darauffolgende Woche alle Auswärtstermine abgesagt. Und die Kinder maulten auch jedesmal lauter, wenn sie Tante Lottis Schal aus ihrem Zimmer, die Lesebrille von der Terrasse, die warme Decke aus dem Schlafzimmer, die Fußbank aus der Küche oder die Tabletten aus dem Bad holen sollten.

»Svennilein, du bringst doch der Tante Lotti sicher gern die Zeitschrift, die sie im Garten liegengelassen hat?«

»Ich bin doch kein Baby mehr!« Aufgebracht knallte Svennilein die Illustrierte auf den Tisch. »Ich heiße Sven, und überhaupt muß ich jetzt Hausaufgaben machen!«

»Das ist recht, man kann im Leben nie genug lernen! Aber erst holst du mir noch die Zuckerdose, nicht wahr?«

Sascha wurde übrigens nicht mehr zu Vasallendiensten herangezogen, seitdem er auf der Suche nach dem Brillenetui das Zahnputzglas mit Tante Lottis Reservegebiß entdeckt hatte. Innerhalb weniger Stunden wußte es die ganze Nachbarschaft:

»Meine Tante hat sich verprügelt, und nu hat se ihre rausgefallenen Zähne im Wasserglas. Jeden Morgen probiert se, ob se wieder anwachsen!«

Endlich packte Tante Lotti ihre Koffer, das heißt, ich packte ein, und sie packte wieder aus, weil die Handschuhe zu den Blusen kamen und die Unterwäsche in den Koffer mit Nachthemden und Morgenrock gehörte. »Irgendwie finde ich es unschicklich, ein Kleid neben die Schlüpfer zu legen.«

Hierarchie im Wäscheschrank!

Schon eine ganze Weile hatte Tante Lotti herumgedruckst, bevor sie zaghaft fragte:

»Würde es dir viel ausmachen, Liebes, wenn ich die beiden Damen heute abend zu einem Glas Wein herüberbitte? Ich bin so oft Gast in ihrem Haus gewesen, und es gehört sich einfach, diese Einladungen wenigstens einmal zu erwidern. Selbstverständlich gehen Speisen und Getränke auf meine Kosten.«

Speisen? Wieso Speisen? »Denkst du an eine Einladung zum Abendessen?«

»Aber nein, das würden sie auch gar nicht annehmen. Käsegebäck, ein paar Waffeln – na ja, eben das, was man zu einem leichten Mosel reichen kann.«

»Von mir aus lade sie ruhig ein«, sagte ich bereitwillig, denn ich würde ja hoffentlich wie weiland das erste Zimmermädchen nach dem Servieren verschwinden dürfen. Ein bißchen neugierig war ich natürlich auch.

»Ich kann mir nur nicht vorstellen, daß die beiden überhaupt kommen werden!«

Sie kamen. Und sie entpuppten sich als zwei reizende Damen, die viel ins Theater gingen, sehr belesen waren und mir sofort anboten, jederzeit bei ihnen Bücher auszuleihen.

»Die ganz Modernen werden Sie bei uns allerdings nicht finden, aber wir haben eine recht gesunde Mischung von allem, was man gemeinhin als Literatur bezeichnet.«

Sogar Rolf, der sich in seinen Bau verziehen und nur herunterkommen wollte, um die Gäste zu begrüßen, redete sich fest. Er fand in Fräulein Charlotte Ruhland endlich eine gleichgestimmte Seele, die sich für Rilke begeisterte und den »Cornet« auswendig konnte. Er selbst schaffte ihn nur zur Hälfte, aber sein Pathos hätte durchaus für den ganzen gereicht.

Es war schon weit über Tante Lottis übliche Schlafenszeit hinaus, als sich die Gäste verabschiedeten. In der Haustür drehte sich Fräulein Margarete noch einmal um:

»Den ganzen Abend bedrückt es mich schon, daß wir Ihnen seinerzeit die Tür gewiesen haben, als Sie Ihren Antrittsbesuch machen wollten. Es ist sehr unhöflich von uns gewesen, und später hat es uns auch wirklich leid getan, aber wir hatten dann nicht mehr den Mut, Sie noch einmal anzusprechen. Vielleicht haben Sie uns für verschroben oder übergängstlich gehalten. Beides ist nicht richtig. Nur mußten wir, bevor wir nach Monlingen zogen, sehr viele Demütigungen einstecken – speziell von Nachbarn und einigen scheinbar hilfsbereiten Mitmenschen –, daß wir uns vorgenommen haben, nie wieder einen nachbarschaftlichen Kontakt einzugehen. Wir haben auch Freunde, nur nicht hier in der Siedlung. Bisher war uns das nur recht, aber das kann sich ja ändern. Dürfen wir Sie in den nächsten Tagen zu einer Tasse Kaffee erwarten?«

Und ob!

Weshalb Rolf sich angeboten hatte, Tante Lotti zum Bahnhof zu fahren, weiß ich nicht, wahrscheinlich wollte er ganz sicher sein, daß sie auch wirklich abreise.

Nach einem tränenreichen Abschied und dem Versprechen, im nächsten Jahr ganz bestimmt und dann sogar für länger wiederzukommen, stieg sie ins Auto. Dann stieg sie wieder aus, weil sie Dorle gesehen hatte und ihr noch auf Wiedersehen sagen wollte. Immerhin hatte die sie ja mit den von mir leider immer wieder vergessenen Zeitschriften versorgt.

Endlich fuhr der Wagen vom Garagenhof. Erleichtert winkte ich hinterher.

»Weißt du, Dorle, ich liebe Kerzenlicht, und ich liebe die Lichter der Großstadt. Aber am meisten liebe ich Schlußlichter!«

11

Seit Jahren schon kämpfen Gewerkschafter und Eigenheimbesitzer für die 35-Stunden-Woche. Die einen, weil sie dafür bezahlt werden, die anderen, weil sie am langen Wochenende endlich das aufarbeiten wollen, wozu sie während der vergangenen fünf Tage vor lauter Arbeit nicht gekommen sind. (Der Nachteil eines Hauses ist, daß man, wo man auch sitzt, immer etwas sieht, was man eigentlich jetzt tun müßte.)

Für mich ist das zweitägige Wochenende allerdings das Äußerste, was ich gerade noch ertragen kann.

Den Freitag liebe ich. Man kann mit ruhigem Gewissen später zu Bett gehen, denn das ganze Wochenende liegt ja noch vor einem. Und selbst wenn man für den Samstagvormittag ein paar kleinere Arbeiten einplant (manche muß man ja ein dutzendmal verschieben, bevor man sie endgültig vergißt), so macht das auch nichts. Man wird dann eben am Nachmittag so richtig faulenzen.

»Morgen früh werde ich als erstes den Rasen mähen!« verkündete Rolf am Freitagabend (noch vor einer Generation brauchten die Menschen nach der Arbeit Ruhe; heute brauchen sie Bewegung, um etwas für ihre Gesundheit zu tun und nicht ganz einzurosten!).

»Und ich werde endlich die Wäsche wegbügeln«, versprach ich leichthin, obwohl es sich dabei um ein tagesfüllendes Programm handelte.

»Ihr habt uns schon so lange einen Ausflug mit Picknick versprochen«, erinnerte Sven an die seit dem Frühjahr geplante und bisher immer wieder verschobene Freiluftveranstaltung. »Können wir das nicht morgen machen?«

»Das ist eine großartige Idee! Ich brauche nicht zu kochen und komme endlich auch mal raus!«

»Ich dachte, Picknick is was zum Essen?« maulte Sascha.

»Wir nehmen ja auch etwas zum Essen mit«, beruhigte ich ihn. »Morgen früh schiebe ich schnell zwei Hühnchen in den Backofen, mache ein bißchen Salat, und wenn Papi den Rasen gemäht hat und ich mit der Wäsche fertig bin, fahren wir gleich los.«

»Au prima!« jubelten die Knaben und gingen ohne Murren ins Bett.

»Sind eigentlich meine Jeans gewaschen? Ich würde sie morgen gern anziehen. Man sieht die Grasflecken nicht so.«

»Das wollte ich morgen früh machen, aber ich kann sie auch jetzt schnell in die Maschine stecken. Dann trocknen sie über Nacht und können gleich mitgebügelt werden.«

Für eine einzige Hose lohnt sich ein ganzer Waschvorgang nicht, also suchte ich noch die Anoraks der Kinder zusammen, Rolfs dunkelbraune Cordjacke und die blaue Decke, die schon längst eine Wäsche nötig hatte.

»Ich muß den Wagen noch in die Garage fahren«, rief mein Gatte und enteilte. Etwas erschöpft kam er zurück.

»Wir müssen endlich etwas von diesem Gerümpel in der Garage loswerden. Ich krieg das Auto kaum noch rein. Was ist eigentlich in diesen entsetzlich vielen Pappkisten drin?«

»Woher soll ich das wissen? Du hast sie doch dort abgestellt und behauptet, du müßtest sie erst einmal durchsortieren.«

»Dann mach ich das morgen früh, während du die Wäsche bügelst. Eine Stunde Arbeit, und der ganze Kram ist vergessen!«

Der Himmel segne Rolfs Freitagabendlaune! Seit Wochen bat ich ihn vergebens, die Garage zu entrümpeln, und nun bot er sich freiwillig dazu an. Es hat doch etwas für sich, ein Wochenende minuziös zu planen.

»Man muß nur systematisch vorgehen!« erklärte Rolf

selbstbewußt und gähnte. »Ich glaube, ich gehe jetzt auch schlafen. Kommst du mit?«

Ich konnte noch nicht. Die Waschmaschine hatte gerade den ersten Spülgang eingeschaltet. Außerdem mußte ich noch die Bügelwäsche einsprengen.

Die Katastrophe setzte ein, noch bevor der Morgen richtig angebrochen war – weil wir nämlich die Frage nicht geklärt hatten, wann wir eigentlich aufstehen wollten. Die Kinder waren der Ansicht, daß man von dem schönen freien Tag auch nicht eine Minute versäumen durfte, und tobten schon im Morgengrauen herum. Wir Eltern erklärten einander leise – und den Jungs lauter –, daß der Samstagmorgen zum Ausschlafen da sei, worauf die beiden in die Küche marschierten, um uns das Frühstück ans Bett zu bringen.

Nach einer halben Stunde emsigen Wirkens öffnete sich die Tür. Ich war gerade wieder eingedusel, als sich Sascha lautstark erkundigte: »Willste Kaffee oder Tee? Wir haben beides gekocht.«

Rolf fuhr hoch, überblickte angewidert das Stilleben von mittelschwarzem Toast, Knäckebrot sowie Marmeladespuren an Tassen, Tellern und Tablett und floh ins Bad.

Während ich meinen lauwarmen – aber schon sehr lauwarmen – Kaffee trank, tauchte der Gatte mit kurzer Unterhose und vorwurfsvollem Gesicht wieder auf. Himmel ja, die Jeans!

»Mache ich gleich als erstes«, versprach ich, wickelte mich in meinen Bademantel und eilte, leicht paniert mit Toastkrümeln, in die Küche.

Die erste Spur einer bösen Vorahnung zeichnete sich ab, als ich den Haufen Bügelwäsche sah, der über den Wäschekorb quoll. Tapfer kämpfte ich um den Erhalt meines guten Mutes und sagte mir: »Das sieht ja bloß so viel aus, dazu brauchst du höchstens zwei Stunden, und früher sind die Hühner sowieso nicht gar!«

Die Kinder kreuzten auf und forderten nun ihrerseits Frühstück. »Könnt ihr euch das nicht auch allein machen? Die Cornflakes stehen im Wandschrank, und wo die Milch ist, wißt ihr ja.«

Eine Zeitlang war nichts zu hören als das Zischen des Dampfbügeleisens und das Knistern der Corn-flakes, wie sie auf den Küchenboden fielen.

An einem ganz normalen Wochentag wäre Rolf jetzt schon in salonfähigem Aufzug auf dem Weg zu irgendeinem Kunden, Sven in der Schule und ich auf der täglichen Einkaufstour. Aber der Samstag hat ja etwas Besonderes zu sein, und so war ich, als es neun schlug, noch immer ungewaschen und trat barfuß auf die Knusperflocken am Boden.

Zwei Stunden später war ich immerhin schon angekleidet und hatte beim flüchtigen Aufräumen in der Küche entdeckt, daß sich die Corn-flakes-Spuren bis ins Wohnzimmer zogen. Ich präparierte gerade die Hühner, als Sven mit mürrischem Gesicht erschien: »Wann fahren wir denn nu endlich los?«

»Bald«, versprach ich ihm. »Die Hühner müssen erst in den Ofen, und Papi ist ja auch noch nicht fertig. Eigentlich könntet ihr ihm ein bißchen helfen.«

Draußen verfluchte Rolf fortwährend den Rasenmäher, der noch immer nicht funktionierte.

Eigentlich müßte ich erst mal die Küche aufwischen, weil ich dauernd mit den Sohlen am Fußboden klebte. Andererseits war es idiotisch, damit anzufangen, bevor die Hühner im Ofen steckten. Während ich die Corn-flakes vom Wohnzimmerteppich saugte, überlegte ich, was ich zuerst machen sollte.

Ausgerechnet in diesem Augenblick klingelte das Telefon. Tante Lotti war dran. Sie wollte sich noch einmal für die reizende Fürsorge bedanken und vor allen Dingen das Rezept durchgeben, auf das die Damen Ruhland so erpicht waren. Sie erklärte – wirklich unnötig lange –, wie man das Kaninchen spicken müsse, woraus sich die Beize zusammensetze, und daß man keinesfalls Buttermilch nehmen dürfe. Danach berichtete sie – wirklich unnötig lange –, wie interessant es im Spielkasino gewesen sei. Als sie endlich den Hörer auflegte, roch es angebrannt.

Die Hühner! Dabei hatte ich den Herd doch nur auf »volle Kraft« gestellt, damit er erst einmal richtig heiß wurde. Die schönen schwarzen Stücke würde ich natürlich selbst essen.

Der Briefträger brachte eine Ansichtskarte aus Italien. Heinzes waren in die Ferien gefahren, und seitdem herrschte himmlische Ruhe. Kein Motorroller knatterte, kein Conni kläffte, und das ferngesteuerte Modellflugzeug von Hendrik hatte vorübergehend Startverbot. Etwas neidisch betrachtete ich Meer und Palmen. Auf der Rückseite stand: »Wie bekommt Ihnen unser Urlaub?«

Die lieben Kleinen erschienen, diesmal mit Riekchen und den Brauer-Zwillingen im Gefolge, und behaupteten, halb verhungert zu sein. Ein Blick auf die Uhr sagte mir, daß Mittagszeit war. Warum sollten wir das Picknick nicht zum Abendessen umfunktionieren und jetzt schnell eine Kleinigkeit essen? Also schmierte ich ungefähr 14 Weißbrotscheiben mit Nougatcreme und rührte zwei Krüge Schokoladenmilch an. In einem Gewoge von Geräusch und Bewegung aßen die Kinder und verschwanden wieder.

Inzwischen war es eins. Der Gatte kreuzte auf. Halb gemäht war der Rasen schon, aber nun brauchte der fleißige Gärtner ein Bier und einen Imbiß.

»Was hast du bloß die ganze Zeit gemacht?« fragte er kauend. »Die Küche sieht aus wie ein Saustall!«

Bevor ich noch zu einer Rechtfertigung ansetzen konnte, bemerkte Rolf die Anzeichen einer bevorstehenden Explosion, griff nach der letzten Brotscheibe und entfernte sich schleunigst.

Ehe wir abfahren würden, müßte ich ja wenigstens noch die Betten machen und ein bißchen das Wohnzimmer aufräumen. Letzteres fiel aus. Eine flüchtige Zählung ergab sieben Kinder, die auf dem Fußboden lagen und ein Kartenspiel spielten, über dessen Regeln sie sich offenbar nicht einigen konnten. Wo Püppi Friese hockte, war der Teppich feucht. Ich forderte Achim auf, seine Schwester nach Hause zu bringen. Nun waren es noch fünf. Dann waren es wieder sieben, weil Michael und Riekchen dazukamen.

Halb drei. Der Rasenmäher stand verlassen hinten im Garten. Rolf war nirgends zu sehen. Der Gute! Er räumte sicher schon die Garage aus. Also griff ich nach Besen und Kehrschaufel, um wenigstens beim Abschluß der Entrümpelungsaktion zu helfen.

Die Garage war verschlossen. Nach längerem Suchen fand ich meinen Gatten auf Brauers Terrasse. Er löffelte Apfelkuchen. Nachdrücklich erinnerte ich ihn an die Pappkisten.

»Ich komme ja schon! Die paar Minuten spielen nun auch keine Rolle mehr!« Mit einem bedauernden Blick auf Alex und den zweiten Liegestuhl erhob er sich.

Die Garagentür klemmte. »Das liegt an der einen Schraube, die wollte ich schon längst richtig anziehen. Hol mal einen Schraubenzieher!«

Bereitwillig lief ich zurück ins Haus. Die lieben Kleinen hatten sich nunmehr ins Obergeschoß begeben und aus sämtlichen Fenstern Klopapierrollen gehängt. Es sah aus wie bei einer Flottenparade. Nachdem ich die Fensterbeflaggung weggeräumt und den Schraubenzieher gefunden hatte, eilte ich wieder zur Garage. Rolf hämmerte den Stiel von der Harke fest.

»Hat das nicht noch Zeit? Wolltest du nicht erst einmal die Kartons...?«

»Ban buß systebatisch vorbehen«, murmelte er, den Mund voller Nägel. Ich hatte den Eindruck, daß er jetzt lieber allein sein wollte; außerdem hatte die eingesprengte Bügelwäsche schon mittags ein bißchen muffig gerochen.

Um vier Uhr versuchte ich, mit einigen Kniebeugen den Kreislauf wieder in Gang zu bringen. Dann warf ich den Rest der Bügelwäsche in die Waschmaschine und verteilte nach allen Seiten Zwieback und Getränke in dem Bemühen, die vorwurfsvollen Stimmen zu beruhigen, die sich nach dem Picknick erkundigten.

»Papi ist noch nicht ganz fertig«, erklärte, ich standhaft, »aber ich werde ihm jetzt helfen.«

In der Garage schaufelte Rolf mit dem Kehrblech Rasendünger in Pappkartons. »Der verdammte Sack ist geplatzt, als ich ihn zur Seite schieben wollte. Hol mal irgend etwas, wo ich den ganzen Papierkram reinpacken kann!«

Erst jetzt entdeckte ich ein Durcheinander von Briefkopien, Aktenordnern, Fotos, Stoffresten und anderem Krimskrams, das in einer Ecke übereinandergestapelt lag.

»Ich hab' die Kartons ausgekippt. Wo sollte ich sonst mit dem Dünger hin?« Ächzend hob er den soeben gefüllten Karton an, um ihn auf einen anderen zu setzen. Da klappte der Boden auf.

»Verdammte Schei...«

Blitzartig entfernte ich mich. Nun wußte ich mit Sicherheit, daß Rolf lieber allein sein wollte!

Nach einer weiteren Stunde – Sven hatte den früheren Inhalt der Kartons in zwei leere Kartoffelsäcke gestopft – wagte ich einen erneuten Vorstoß zur Garage. Nur undeutlich konnte ich Rolf durch den Staub sehen, den er beim Fegen aufwirbelte. Aber hören konnte ich ihn. Er fluchte im Takt vor sich hin. Auf Zehenspitzen schlich ich wieder fort.

Durch die Küche hatte ein Tornado getobt. Auf der Suche nach Nahrung hatten die Kinder sich an die übliche Notverpflegung erinnert und die Corn-flakes gleichmäßig über Tisch, Herd, Spülbecken und Fußboden verteilt. Als farbliche Ergänzung zogen sich Spuren von Kakaopulver über die Kunststoffplatten.

Während ich mit dem Schrubber Ordnung schaffte – die geeigneteren Requisiten befanden sich in der Garage –, tauchte mein Gatte schweigend in der Küche auf. Kleider, Gesicht und Hände waren von der gleichen graubraunen

Farbe, mit Ausnahme zweier kleiner, unheilverkündender roter Flecke, die drohend in seinem versteinerten Gesicht brannten.

Nun fanden sich auch die Kindlein wieder ein und sagten, daß es Zeit sei, zu packen. Draußen brach langsam die Dämmerung herein.

»Wißt ihr was?« rief ich mit gewaltsam fröhlicher Stimme, »wie wär's, wenn wir das Picknick einfach bei uns im Garten abhalten? Das wird bestimmt lustig!«

Die Knaben, mehr hungrig als verständnisvoll, stimmten bereitwillig zu.

Im Handumdrehen saßen wir auf dem halbgemähten Rasen und kauten angebranntes Huhn.

»Aber die Garage ist fertig!« sagte Rolf befriedigt. »Das bißchen Durchsortieren von dem ganzen Papierkram ist nur noch eine Kleinigkeit. Das mache ich am nächsten Wochenende!«

»Die halbe Bügelwäsche habe ich auch auf die Seite gekriegt«, freute ich mich. »Die andere Hälfte war sowieso nicht so eilig.«

»So ist's richtig!« Herr Straatmann äugte über den Zaun. »Picknick im Garten. Sie verstehen es wenigstens, das Wochenende zu genießen!«

»Für den nächsten Samstag stellen wir aber wirklich ein vernünftiges Programm auf«, meinte Rolf und fischte eine Ameise aus seinem Bierglas, »kein bißchen mehr, als wir wirklich verkraften können!«

Wütend schlug er auf seinen Arm. »Warum, zum Kuckuck, hat Noah die beiden Mücken nicht umgebracht, als die Gelegenheit so günstig war? Jetzt fressen uns die Viecher auf! – Kommt, laßt uns reingehen! Am besten gleich ins Bett. Ich bin hundemüde. Zum Glück ist ja morgen auch noch Wochenende!«

Verstehen Sie jetzt, warum ich gegen die 35-Stunden-Woche bin?

»Kunst am Bau« hieß ein Schlagwort der fünfziger Jahre. In irgendeinem Ministerium mußte ein verständnisvoller Mensch auf den Gedanken gekommen sein, endlich auch die bildenden Künstler am deutschen Wirtschaftswunder teilnehmen zu lassen. Die Filmschaffenden schwammen damals munter auf der Heimatschnulzenwelle und verdienten großartig; Autoren fingen an, die Vergangenheit zu bewältigen, und verdienten auch nicht schlecht. Nur Maler und Bildhauer waren noch benachteiligt. Der deutsche Durchschnittsbürger kaufte sich erst einmal einen Fernsehapparat, einen Nierentisch und Hängeschränke für die Küche, fuhr im Sommer nach Alassio oder Rimini, und wenn er dann noch Geld übrig hatte, schaffte er sich einen Kabinenroller an oder sogar schon ein richtiges Auto. Der »Abendfriede« über dem Wohnzimmersofa konnte ruhig noch ein bißchen länger hängenbleiben, bevor er gegen ein zeitgemäßeres Ölgemälde ausgewechselt werden würde. Die Künstler hatten es also schwer und die Minister ein Einsehen. Künftig sollte ein gewisser – allerdings verschwindend geringer – Prozentsatz der jeweiligen Gesamtkosten der künstlerischen Ergänzung öffentlicher Bauprojekte dienen. In welcher Form die »Kunst am Bau« zum Ausdruck kommen sollte, bestimmten meistens die Bauherren, und die hatten so ihre eigenen Vorstellungen von Kunst im allgemeinen und der für ihr Objekt geeigneten im besonderen. Der Künstler selbst wurde nicht gefragt; er war froh, wenn er den Auftrag bekam.

Mir ist bis heute noch nicht klar, wer eigentlich festlegt, was Kunst nun überhaupt ist. Eine Bekannte von mir sammelt Elefanten und hält alles, was vier Beine und einen Rüssel hat, für Kunst – auch die sandfarbene Elfenbeinimitation mit dem Porzellansockel. Sie freut sich jedesmal, wenn sie ihre Elefantenherde abstaubt, und würde sie niemals für eine Skulptur von Henry Moore eintauschen. Obwohl die ja nun allgemein anerkannte Kunst ist.

Ich werde mich aber hüten, ein Werturteil abzugeben,

denn im Familienkreis gelte ich als absoluter Kunstbanause, der einen Chagall nicht von einem Château unterscheiden kann. Aber einmal will ich es doch loswerden: Nach meiner ganz unmaßgeblichen Meinung entsteht moderne Kunst dann, wenn ein Maler aufhört, sich hübsche Mädchen anzusehen, weil er sich einredet, er hätte einen besseren Einfall!

Vor unseren Häusern und parallel zur Zufahrtsstraße befand sich eine größere Rasenfläche, die uns allen gehörte und folglich auch von allen gepflegt werden sollte. Herr Vogt hatte einmal den Versuch gemacht, seinen Anteil – also etwa ein Achtzehntel – des Areals zu mähen in der Hoffnung, wir anderen würden seinem Beispiel folgen, aber es fand sich niemand mehr. Der Rasen wurde zur Wiese, auf der die Kinder Fußball spielten, Wildblumen pflückten und Zelte aus Bettlaken aufschlugen. Ein paar Tage lang gab es auch so etwas wie Solidarität unter den Anwohnern, als wir abwechselnd auf der Lauer lagen, um den Maulwurf zu erwischen. Aber der ist dann doch klüger gewesen und vorsichtshalber ausgewandert. Insgeheim habe ich noch immer den Verdacht, daß Sven ihn heimlich ausgebuddelt und umgesiedelt hat. Er fand ja auch Wühlmäuse ausgesprochen niedlich.

Eines Tages nun versammelte sich auf der Wiese ein Gremium würdig aussehender Herren, die eine sehr gestenreiche Debatte führten. Mittelpunkt dieses Stehkonvents war ein gar nicht würdig aussehender Mann mit Wallehaaren und ebensolchem Bart. Trotz der kühlen Witterung ging er barfuß und trug einen kurzärmeligen blaugestreiften Metzgerkittel, der ihm bis zum Knie reichte. Der Mann schritt die Wiese einmal längs ab und einmal quer, hockte sich hin, stellte sich auf die Zehenspitzen, prüfte den Sonnenstand, maß die Schatten aus, die von den Garagen auf die Wiese fielen, und gebärdete sich, als würde er seinem staunenden Auditorium verkünden, er habe soeben das Perpetuum mobile gefunden. Geraume Zeit später zogen die Herren wieder ab, und ich vergaß die ganze Sache.

Es mochten etwa zwei Monate vergangen sein, als ein Maurer erschien, einen Zementsack von seinem Wagen lud, Schaufel, Thermoskanne, Tageszeitung und Bierflaschen auf die Wiese warf und nach einem prüfenden Blick in die Runde zur Tat schritt: Er machte Mittagspause.

Bis zum Abend hatte er sogar schon ein etwa zwei Quadratmeter großes Viereck aus dem Rasen gestochen. Dann lud er sein Handwerkszeug wieder auf den Lastwagen und verschwand unter Hinterlassung des Zementsacks und der zwei geleerten Bierflaschen.

Die Siedlungsbewohner besichtigten den Schauplatz. »Vielleicht pflanzen die endlich ein paar Büsche hierhin«, hoffte Herr Heinze.

»Und wer muß det Jrünzeuch denn jießen? An uns bleibt det doch hängen, und machen tut's doch keener!«

»Seit wann braucht man dazu Zement?«

»Da haste ooch wieda recht, Hermann!« Obermüller betrachtete intensiv das kleine Häufchen aufgeworfene Erde. »Wär ja ooch'n bißchen flach für's Jebüsch. Det sieht mir eher aus, als wenn da'n Fundament oder sowat hinkommt.«

»Ich hab's!« frohlockte ich. »Das wird ein Spielplatz!«

Allen Kaufinteressenten hatte man damals versichert, daß auch »an die kleinen Bewohner« gedacht und nach Abschluß der Bauarbeiten ein Spielplatz errichtet werden würde. Bisher hatte sich zwar noch nichts getan, aber Frau Heinze hatte unlängst gemeint, wir würden ja voraussichtlich auch mal Enkel bekommen.

Zwei Tage lang diente das Erdloch als Murmelbahn. Am dritten endlich kam der Maurer wieder; ihm folgte ein zweiter Maurer, und als sie gefrühstückt hatten, schalten sie Bretter ein, rührten in einer rostigen Schubkarre eine blubbernde Masse an und kippten das fertige Zeug in die Miniatur-Baugrube. »Betreten verboten!« stand auf dem leeren Zementsack aus Papier, der – von einem Stein beschwert – nach Beendigung der Arbeit neben dem Produkt deutscher Handwerkertüchtigkeit die Wiese verschandelte.

Nun warteten wir auf das Klettergerüst. Oder die Schaukel. Oder die Wippe. Wir warteten umsonst. Das Gras überwucherte langsam wieder den Betonklotz, Conni pinkelte dreimal täglich die rechte vordere Ecke an, und Sascha holte sich ein blutiges Knie, als er quer über die Wiese rannte und über den Steinsockel stolperte.

Das feierliche Aufstellen der »Kunst am Bau« ist mir leider entgangen, weil ich ausgerechnet an diesem Tag nicht zu Hause war. Bei meiner Rückkehr war es schon dunkel gewesen, und so entdeckte ich erst am nächsten Morgen den unförmigen Holzklotz, der plötzlich das Betonfundament verunzierte.

»Wo habt ihr denn das Ding aufgetrieben?« fragte ich Sven. »Das muß doch ein ziemliches Gewicht gehabt haben.«

»War'n wir ja gar nich. Das soll'n Denkmal sein oder so was. Is gestern aufgestellt worden. Aber was es is, weiß keiner. Nich mal die Leute, die es gebracht haben. Einer hat gesagt, es sieht aus wie eine verkehrtherumene Badewanne.«

»Es ist eine Schöpfung dieses Rasputin, der vor einer halben Ewigkeit hier herumgehüpft ist«, klärte mich Frau Heinze später auf. »Das Ding heißt ›Liegende Frau‹ oder so ähnlich, aber das ist ja wurscht, weil man sowieso nichts erkennt. Beim Anatomie-Unterricht muß der Künstler gefehlt haben!«

»Sie verstehen eben nichts von moderner Kunst«, sagte ich. »Ein moderner Bildhauer ist ein Mann, der einen unbehauenen Klotz aus Stein oder Holz hernimmt und wochenlang bearbeitet, bis er aussieht wie ein unbehauener Klotz aus Stein oder Holz.«

Die Gemüter beruhigten sich bald wieder. Ab und zu hatte Kunigunde, wie Obermüller die aber schon sehr deformierte hölzerne Dame getauft hatte, einen Blumenkranz auf dem Kopf oder eine leere Whiskyflasche im Arm; nach dem ersten

Schneefall hatte ihr eine mitleidige Seele einen alten Schal um den Hals gewickelt, aber im Laufe der Zeit gewöhnten wir uns an das Kunstwerk. Sascha behauptete sogar, es sei besser als jedes Klettergerüst, weil es keine harten Kanten gebe, an denen man hängenbleiben könnte.

Nur Conni brachte das zum Ausdruck, was wir insgeheim alle bei dem täglichen Anblick von Kunigunde dachten: Er pinkelt jetzt alle vier Ecken an!

»Was is'n die Schnittmenge, wenn das hier die Restmenge ist?« Sven kaute auf seinem Bleistift und sah mich hilfesuchend an.

»Verstehe ich nicht!«

»Ich auch nicht, deshalb frage ich ja!«

Erwachsenenbildung wird es geben, solange Kinder Hausaufgaben machen. Natürlich hatte ich mir bei Svens Einschulung vorgenommen, täglich mit ihm Lesen zu üben, seine kümmerlichen Schreibversuche zu kontrollieren und das kleine Einmaleins abzuhören. Ich hatte Rechenhefte gekauft und Schreibhefte mit Doppellinien, hatte eine Rechenmaschine mit bunten Holzkugeln besorgt, zum Geburtstag hatte er ein Rechenlotto bekommen und ein Lernspiel für Erstkläßler – er war also bestens gerüstet.

Schon nach dem zweiten Schultag hatte er zwei Kästchen aus dem Ranzen geholt, die gefüllt waren mit bunten Klötzen und rechteckigen Stäben verschiedener Länge.

»Du sollst doch keine Spielsachen mit in die Schule nehmen!« sagte ich ärgerlich.

»Die haben wir doch in der Schule gekriegt!« verteidigte sich Sven.

»Wozu denn bloß?«

»Damit sollen wir rechnen lernen!«

Die Katastrophe nahm ihren Lauf. Obwohl Sven mir ein dutzendmal Sinn und Zweck dieser logischen Blöcke erklärte, begriff ich sie nicht und kam zu dem Schluß, daß nur Kinder über die nötige Intelligenz verfügen, damit fertigzuwerden. Wenn er aber doch mal Schwierigkeiten hatte, schickte ich ihn zu seinem Vater, der seit jeher auf dem Standpunkt steht, Frauen könnten nicht logisch denken. Das sei ja auch kein Wunder, denn schließlich sei das männliche Gehirn 180 Gramm schwerer als das weibliche.

»Und in diesen 180 Gramm stecken ausgerechnet sämtliche Fähigkeiten zum logischen Denken? Das ist doch unlogisch!«

An diesem Punkt der Debatte pflegte Rolf meistens das Thema zu wechseln. Aber die Sache mit den Klötzchen begriff er auch nicht.

»Mit diesem Kleinkinderkram wirst du doch wohl selbst fertigwerden!« donnerte er seinen Sohn an. »Zu mir kannst du kommen, wenn du Mathematik lernst!«

»Aber das ist doch Mathematik!«

»Das ist Spielerei!« sagte Rolf.

Zu diesem Schluß mußte wohl auch Sascha gekommen sein. Eines Tages räumte er Svens Ranzen aus, schleppte die hübschen bunten Steinchen in eine Sandgrube und brachte nur die Hälfte wieder mit nach Hause. Ich schenkte ihm den Rest und kaufte einen neuen Kasten. Da fehlten dann aber auch bald ein paar Stäbe, die kleinen geometrischen Plättchen landeten teilweise im Staubsauger, hin und wieder auch im Mülleimer – jedenfalls wurden es immer weniger, und daran wird es wohl gelegen haben, daß Sven während der gesamten Schulzeit ein gestörtes Verhältnis zur Mathematik gehabt hat.

Seine pädagogischen Talente erprobte Rolf bei Michael. Der Knabe war zwar intelligent, aber faul, außerdem war er in seiner Freizeit noch immer damit beschäftigt, Neuigkeiten zu sammeln und weiterzugeben, so daß er seine Hausaufgaben in die Abendstunden verlegte. Seinen Vater ging er erst gar nicht um Hilfe an, weil der um diese Tageszeit selten in der Lage war, auch nur zwei und zwei zusammenzuzählen, und Dorle hatte erklärt, sie habe sowieso kein Verhältnis zu Zahlen.

Obwohl es Rolf oft genug gar nicht in den Kram paßte, fühlte er sich doch geschmeichelt, wenn Michael bei uns auftauchte – Mathebuch unterm Arm und flehenden Hundeblick im Gesicht: »Haben Sie einen Augenblick Zeit?«

Erst das ist wahre Konzentration, wenn der Erwachsene die Schularbeiten machen kann, während der Schüler neben ihm vorm Fernsehapparat sitzt.

»Paß mal auf, Michael, das ist doch ganz einfach: Wenn A hundertzehn Mark verdient und B hundertfünfzig ausgibt... du, geh lieber zu meiner Frau, die versteht das besser!«

Ich warf einen vernichtenden Blick auf Rolf und dann ins Mathebuch: »Das ist eine Dreisatzaufgabe!«

»Natürlich, das weiß ich auch«, sagte Rolf unwirsch, »aber weißt du noch, wie der Dreisatz geht?«

»Nein. Lerne ihn lieber, solange du noch Gelegenheit dazu hast, Sven kommt auch mal in die fünfte Klasse!«

Unsere gemeinsamen Bemühungen nützten aber doch nicht viel. Michael blieb kleben. Sven beinahe auch. Sein erstes Zeugnis überreichte er mir mit den Worten: »Hier hast du den Wisch – und fernsehen mag ich sowieso nicht mehr!«

Als sein Vater das Dokument in die Hand bekam, schüttelte er bloß den Kopf. »Schade, daß es keine Zensur für Mut gibt. Du hättest eine Eins dafür verdient, mit so etwas nach Hause zu kommen!«

Dann sah er mich fragend an: »Von wem könnte er dieses geistige Manko haben?«

»Ich weiß, von dir nicht! Du würdest nur an Vererbung glauben, wenn er lauter Zweier mitgebracht hätte.«

Es gehört zweifellos zu den merkwürdigsten Gesetzmäßigkeiten der Vererbung, daß unerwünschte Eigenschaften immer vom anderen Elternteil stammen.

Die Zweien hatte Karsten Vogt. Tagelang trug seine Mutter das Zeugnis ständig mit sich herum, um es allen Nachbarn zeigen zu können.

»Klassenbester ist er, hat mir die Lehrerin gesagt«, verkündete sie stolz.

»Ein Muttersöhnchen ist er!« knurrte Sven. »Hab' ich dir eigentlich schon erzählt, daß er sein Pausenbrot immer auf eine Serviette legt, bevor er es auswickelt? Seine Mutter will das so. Er hat auch immer ein Stück Seife und ein eigenes Handtuch mit. Sogar Klopapier! Die ganze Klasse lacht über ihn, dabei kann er ja gar nichts dafür. Abschreiben läßt er auch keinen, weil das seine Mutter verboten hat. Die ist richtig hohl! Ein Glück, daß du ganz anders bist.«

Mein Hochgefühl hielt nicht lange an. Quasi als I-Tüpfelchen fügte Sven hinzu: »Bloß in Mathe bist du eine richtige Niete!«

12

»Was hältst du von einer richtig zünftigen Gartenparty?«

Alex polierte sorgfältig jedes einzelne Messer und prüfte seinen Glanz, bevor er es auf den Tisch legte. Beim Abtrocknen stellte er sich recht geschickt an.

Seit kurzem hatte er seine Morgenvisiten bei mir wieder aufgenommen – nunmehr von allen toleriert, denn wir kannten ihn inzwischen zur Genüge. Die obligatorische Whiskyflasche brachte er jetzt aber nicht mehr mit, vielmehr stellte er sie schon morgens in den Himbeerstrauch oben am Zaun und holte sie erst später nach einem verstohlenen Rundblick wieder heraus. Manchmal war sie nur halbvoll, aber er hatte sich daran gewöhnen müssen, allein zu trinken, und dieses Quantum genügte ihm bis zum Mittagessen. Wenn ich Kartoffeln schälte oder Fenster putzte, setzte er sich einfach irgendwo hin, notfalls auf den Kühlschrank oder auf die Treppenstufen und redete... redete... redete...

Über die politische Lage, über Dattelpalmen, über Segeljachten, über Frauen, über Kindererziehung, über Kalbsgulasch mit Rahmsoße – es dürfte wohl kaum ein Thema geben, über das ich mir nicht Alex' Meinung habe anhören müssen. Mitunter wechselte er sie auch von einem Tag zum anderen, hauptsächlich dann, wenn der Whisky alle und nur noch Gin im Haus war. Anfangs hatte ich seiner Frau angeboten, ihn rauszuwerfen, sobald er vor der Tür stand, aber sie schien ganz froh zu sein, daß sie ihn eine Weile los war.

»Wenn er dir natürlich auf den Wecker fällt, dann ist das etwas anderes«, meinte sie nur.

»Ich finde ihn eigentlich ganz amüsant.«

»Das ist er ja auch! Jedenfalls bei anderen!«

»Dann verrate mir doch mal, weshalb du ihn überhaupt geheiratet hast?«

»Damals bin ich neunzehn gewesen und er vierunddreißig. Genügt das?«

Doch, das genügte. Den Rest konnte ich mir selbst zusammenreimen. Welcher Neunzehnjährigen imponiert es nicht, von einem so viel älteren Mann umworben zu werden? Irgend etwas schien hier aber schiefgegangen zu sein, obwohl ich einfach nicht begreifen konnte, weshalb Alex seine bildhübsche, charmante Frau behandelte, als sei sie überhaupt nicht vorhanden. An ihrer Stelle hätte ich ihn längst vor die Tür gesetzt.

»Sehr begeistert bist du offenbar nicht von meiner Idee?« bohrte er nach.

»Ich hab' nicht richtig zugehört, entschuldige bitte! Welche Idee?«

Er stärkte sich mit einem Schluck aus der Flasche. »Von einer Gartenparty habe ich gesprochen. So richtig schön nostalgisch mit Lampions, flotter Musik und hübschen Mädchen.«

»Wo willst du die denn hernehmen? Außer deiner Frau und Patricia gibt es hier weit und breit nur Mittelalter bis Spätherbst.«

Er grinste.

»Frauen sind am bezauberndsten zwischen fünfunddreißig und vierzig, wenn sie schon ein bißchen Lebenserfahrung gesammelt haben und ihre Möglichkeiten kennen. Und da nur wenige Frauen älter als vierzig werden, kann diese Zeit der größten Reizentfaltung manchmal sehr lange dauern! – Aber mal im Ernst: Langsam versauert man hier. Die anderen sind ja doch zu träge oder zu dämlich, um etwas auf die Beine zu stellen, also müssen wir eben den Anfang machen. Der Rest zieht dann schon mit!«

»Wo soll denn die ganze Sache stattfinden?« Im allgemeinen blieb so etwas meistens an mir hängen, und ich sah mich schon wieder zu endlosem Küchendienst verdonnert, um Gläser zu spülen und Brötchen zu schmieren, während die zahlreichen Gäste sich amüsierten und dabei den Rasen zertrampelten.

Alex zuckte die Achseln. »Na, überall! Wir können doch die ganzen Gärten einbeziehen. Jeder inszeniert etwas anderes, und zum Schluß haben wir eine einzige große Festwiese.«

Der Gedanke war gar nicht schlecht. Die winzigen Zäune boten kein nennenswertes Hindernis, und wenn jede Familie ihren eigenen Garten ein bißchen dekorierte, könnte das recht hübsch aussehen.

»Glaubst du, es machen alle mit?«

»Na klar«, sagte Alex. »Die saufen doch viel zu gern, als daß sie so eine Gelegenheit vorübergehen lassen würden.«

Genau das befürchtete ich auch. »Zum Schluß artet die ganze Sache doch bloß wieder in ein Riesenbesäufnis mit weinseliger Verbrüderung aus. Lassen wir's lieber bleiben!«

Aber Alex war nicht mehr zu bremsen. »Blödsinn! Wer die Nase voll hat, der macht seinen Laden dicht und verschwindet. Das soll doch eine ganz zwanglose Party werden.«

»Und wann soll der Rummel steigen?«

»Spätestens am Samstag. Bis dahin hält sich das atlantische Hoch, haben die Wetterfrösche im Fernsehen behauptet. Und wenn nicht, dann findet die Feier im Saale statt! Wir haben ja genug Partykeller.«

Richtig erwärmen konnte ich mich für diese Festlichkeit noch immer nicht, aber Dorle zerstreute meine Bedenken. Sie entwarf bereits kalte Platten, plante eine mitternächtliche Gulaschsuppe und wollte von mir wissen, ob ich schon mal Artischocken gegessen hätte.

»Geschmeckt haben sie mir nicht, aber auf einem kalten Büfett sehen sie sehr dekorativ aus!«

»Die sind viel zu teuer«, winkte ich ab. »Wenn ich Alex richtig verstanden habe, dann soll jeder ein bißchen was zum Essen und Trinken bereitstellen. Wir müßten uns nur vorher absprechen, sonst haben wir nachher acht Schüsseln Kartoffelsalat, haufenweise gekochte Eier und keinen Krümel Käse.«

»Soll denn ooch jeschwooft werden? Weil det uff den Rasen nämlich nich jeht. Ick kann ja mal mit die Maurer reden, vielleicht hab'n die'n paar Bretter übrig. Die könn' wa denn bei uns in'n Jarten lejen, da wird wenigstens det Unkraut mal plattjewalzt!«

Obermüllers Garten war mein heimliches Entzücken und Herrn Vogts ständiges Ärgernis. Niemals habe ich Obermüller mit dem Rasenmäher gesehen, denn er vertrat die Ansicht, »det man allet nach de Natur wachsen lassen soll«. Das tat er dann auch, und Dorle kämpfte einen beinahe aussichtslosen Kampf, um wenigstens ihre beiden Erdbeerbeete von Löwenzahn freizuhalten. Am meisten regte sich aber Herr Vogt auf.

»Als Grundstücksbesitzer hat man auch Rücksicht auf seine Nachbarn zu nehmen! Beim geringsten Windhauch wird der ganze Unkrautsamen in meinen Vorgarten geweht. Ich kann den Rasen kaum noch sauberhalten!« hatte er sich einmal beschwert.

»Zweemal die Woche feucht wischen und zwischendurch tüchtig saugen!« hatte Obermüller empfohlen.

Ironie war an Herrn Vogt verschwendet; er nahm grundsätzlich alles für bare Münze. Deshalb konnten wir uns das Lachen auch nicht verbeißen, als er am nächsten Tag tatsächlich den Staubsauger in den Garten schleppte und Jagd machte auf die versprengten Fallschirmtruppen von Obermüllers Pusteblumen. Später lernte er seine Frau an, die von da ab freitags nicht nur das ganze Haus, sondern auch noch den Garten saugen mußte.

Mit der Party sei sie, wie sie sagte, grundsätzlich einverstanden, was in der Praxis bedeutete, daß sie auf keinen Fall etwas tun würde, um Terrasse und Garten möglichen Besuchern zu öffnen. Ein paar Torten werde sie aber gern backen, auch Papierservietten stiften, und vielleicht würde ihr Mann eine Bowle machen. Er verstehe das ganz ausgezeichnet.

»Unlängst hatten wir eine Pfirsichbowle, und obwohl wir alle tüchtig zugegriffen haben, haben wir kaum eine Wirkung gespürt. Dabei ist die Bowle wirklich köstlich und außerordentlich erfrischend gewesen.«

»Wat kannste ooch von Konservenobst mit Selters erwarten?« Obermüller schüttelte sich. »Die kenn' Wein doch bloß in Form von Trauben. Müssen die eijentlich det Fest mitmachen?«

»Keiner muß müssen, aber wir können sie ja nicht übergehen. Wieviel werden denn überhaupt zusammenkommen?« Alex sah uns fragend an.

Wir hatten uns in Heinzes Bauernstube versammelt, um die Einzelheiten der Party zu besprechen. Wir – das waren neben Heinzes noch Obermüllers, Herr Wittinger, Hermann und Roswitha Friese, Alex und ich.

»Also bei die Jetränke klammern wa den Vogt aus! Soll seine Frau ruhig Kuchen backen, denn hab'n wa wenigstens Sonntag wat für'n Kaffee!«

»Wenn alle mitmachen, dann wären wir ungefähr zwanzig Personen«, sagte ich. »Straatmanns sind verreist, die Damen Ruhland kommen sowieso nicht, Babydoll scheint auch nicht dazusein, und ob Otterbach jemanden mitbringt, weiß ich nicht. Vorher sollten wir aber noch klären, wie wir es mit den Neuen halten wollen.«

Die »Neuen« waren Herr und Frau Tröger nebst Sohn Rupert und Tochter Angelika, beide im gehobenen Teenageralter, beide sehr schüchtern und alle vier ziemlich unauffällig. Sie waren während der Sommerferien in das Haus Nr. 6 gezogen, nachdem die McBarrens es Hals über Kopf verlassen hatten, weil Mr. McBarren versetzt worden war. Er schickte uns sogar eine Ansichtskarte aus Edinburgh mit Grüßen an Frau Kiepke, die er trotz Gehaltsverdoppelung und Zusicherung eines sechswöchigen Heimaturlaubs mit bezahlter Flugkarte nicht hatte bewegen können, nach Schottland mitzukommen.

»Ha, was denkt sich der Kerle denn? Ich hab' ja schon do nix mit em schwätze könne. Des hätt mir grad noch gfehlt, in e Land zu gehe, wo mi reinwegs koin Mensch verschteht. Arg nette Leit sind's jo un a gar net geizig, wie allweil gschwätzt wird, awer ich bleib do! Die neie Mieter wellet mi jo bhalte. Se zahle a net schlecht.«

Von Emma Kiepke stammten auch die spärlichen Informationen, die über unsere neuen Nachbarn durchgesickert waren. Demnach besaßen sie einen kleineren Textilgroßhandel in der Nähe von Köln, der aber doch so viel abwarf, daß die Kinder aufs Internat gehen konnten. Sie kamen nur in den Ferien nach Hause. Ihre Eltern lebten ziemlich zurückgezogen, und Frau Kiepke wußte auch nichts Außergewöhnliches zu berichten.

»Arg fleißig sind se – und recht ordentliche Leit!« Also so ganz nach ihrem schwäbischen Herzen.

Sie bedankten sich sehr höflich für die Einladung, bedauerten aber, absagen zu müssen, weil sie für das Wochenende schon anderweitige Verpflichtungen hätten.

»Irjendwie sind wa zu wenich«, stellte Obermüller fest, als wir uns am Donnerstag zu einer letzten Lagebesprechung trafen. »Da jehn wa uns nach zwee Stunden jejenseitig uffn Keks! Wir sollten alle noch wen einladen, der in den Verein hier rinpaßt, sonst wird det Janze 'ne Art Familjenfeier!«

»Also planen wir vorsichtshalber noch zehn bis zwölf Gäste zusätzlich!« Alex hatte wieder die Buchführung übernommen. »Wie steht's nun mit den leiblichen Genüssen?«

»Von uns kommen die kalten Platten!« verkündete Wittingen. »Das ist alles schon in die Wege geleitet!«

»Übernimm dir nich, Rudi! Dreißig Mäuler zu stopfen, det wird 'ne teure Schmiere.«

»Ach was, das kann ich mir noch leisten! Den Sekt auch! Ich habe zwanzig Flaschen bestellt!«

Angeber! Niemand mißgönnte ihm seinen Lottogewinn,

hätte er nur nicht seinen Wohlstand so offensichtlich zur Schau gestellt. Selbst wenn sie nur zum Eierholen ging, trug Frau Wittinger elegante Nachmittagskleider, während ihr Mann mit Vorliebe im Tennisdreß herumlief und wie zufällig seine vier Schläger im Garten liegenließ. Karin Brauers Einladung, doch mal ein paar Sätze mit ihr zu spielen, hatte er allerdings immer abgelehnt.

»Meine Rückhand läßt noch zu wünschen übrig. Der Trainer meint aber, in drei bis vier Wochen ist sie grandios!« Rolf hatte sich bisher aus den ganzen Diskussionen herausgehalten. Nun wollte er uns aber auch etwas Gutes tun: »Vielleicht mache ich ein paar Bleche Pizza.«

»Untersteh dich! Oder friß dieses Höllenfutter alleine!« Alex gab eine sehr anschauliche Schilderung der Silvesternacht, die Heinzes ja nicht miterlebt hatten.

»Wenn du deine kulinarischen Fähigkeiten unbedingt beweisen willst, dann mach eine kalte Ente! Die Damen werden dir dankbar sein.«

»Was ist eine kalte Ente?« wollte Wittinger wissen.

»Wat zum Trinken! Aba ohne Sekt, und deshalb kennste det wahrscheinlich nicht!«

Gegen Mitternacht trennten wir uns. Ich hatte die Order bekommen, ein paar Salate zu machen, Dorle bestand nach wie vor auf ihrer Gulaschsuppe, Karin Brauer wollte für Würstchen sorgen, und Frau Heinze plante »etwas Deftiges«. Sie wußte nur noch nicht genau, was.

Hermann Friese war zuständig für Bier. »Aber vom Faß!« versprach er, »das ist doch wenigstens ein Männergetränk. Mir ist von eurem labbrigen Zeug schon jetzt ganz flau!«

»Wenn das nur gutgeht!« zweifelte Rolf, als er sich lauthals gähnend ins Bett legte. »Am besten wäre es, wenn es übermorgen regnen würde.«

Es regnete nicht. Vielmehr schien es ein strahlend schöner und für September auch außergewöhnlich warmer Tag zu werden. Man hätte zum Baden fahren können oder ins Sauerland, man hätte in der Sonne liegen und endlich mal das Buch lesen können, über das alle Welt sprach – statt dessen stand ich in der Küche und schnippelte Zwiebeln für den Salat, während Rolf auf die Leiter hinauf und hinunter turnte und die Weihnachtsbaumbeleuchtung an die Terrassenwände nagelte. Die nicht ganz zeitgemäßen Kerzen sollten später von Lampions verdeckt werden. Ab und zu schielte er über die Trennwand, wo Babydoll in einem winzigen Bikini herumhüpfte und Unmengen von Kreppapier stapelte.

»Sie helfen mir doch nachher beim Dekorieren, nicht wahr?«

Dem schmachtenden Augenaufschlag konnte Rolf natürlich nicht widerstehen. Dem Schlag ans Schienbein aber auch nicht!

»Natürlich, gerne... wenn ich dann noch Zeit habe«, knirschte er mit zusammengebissenen Zähnen. Isabell bekam ein sonniges Lächeln, ich nur einen finsteren Blick. Stumm nagelte er weiter.

»Ich hab' Sie ja so lange nicht gesehen. Waren Sie verreist? Haben Sie Ihre Neffen besucht?« Das war gemein von mir, aber ich konnte Isabell nun mal nicht ausstehen.

»Habe ich Ihnen das denn nicht erzählt? In Ägypten bin ich gewesen, drei Wochen lang, und alles inklusive. Sehr exotisch das Ganze, aber gefallen hat es mir trotzdem nicht. Nur die Filme auf dem Hin- und Rückflug waren gut.«

Die Leiter fing an zu wackeln, weil Rolf einen Hustenanfall bekam. »Und deshalb sind Sie nach Afrika gefahren?« keuchte er.

Isabell staunte. »Wieso Afrika? In Ägypten bin ich gewesen. Übrigens habe ich in Kairo einen zauberhaften Mann kennengelernt, einen Franzosen. Also so etwas von Charme und Eleganz – das gibt es hier bei uns gar nicht. Bei Gelegenheit muß ich Ihnen mal ganz ausführlich davon erzählen.«

Nur zu oft erweitert Reisen nicht den Horizont, sondern nur die Gespräche. Ich verzog mich lieber wieder in meine Küche.

Es klingelte. Alex brauchte Klebstoff. Und einen Drink. Den brauchte Rolf natürlich auch. Um zwölf kam Karin, um ihren Mann abzuholen.

Das dauerte bis eins. Danach war Rolf leicht beschwipst und ich total erschöpft. Dabei hatte die Party noch nicht mal angefangen!

Mittagessen gab es aus Dosen. Die vielen kochfertigen Gerichte sind für uns Hausfrauen ganz bestimmt ein Segen, aber wir brauchen trotzdem noch eine halbe Stunde, bis die Familie am Tisch sitzt.

»Können wir nicht ein bißchen was von den Salaten kriegen?« maulte Sven.

»Doch, aber erst heute abend.«

Um zwei Uhr kam Felix. Allein. Auf meine erstaunte Frage, wo er denn seine derzeitige Freundin gelassen habe, antwortete er lakonisch: »Wieso Freundin? Nimmst du denn Bier mit, wenn du nach München fährst?«

Offenbar hatte er sich einiges vorgenommen. Er trug einen eleganten hellen Anzug, den ich noch gar nicht kannte, und zum erstenmal harmonierte auch das modische Zubehör.

»Wenn Taschentuch, Socken und Krawatte zusammenpassen, trägt der Mann meistens ein Geschenk.«

»Quatsch!« sagte Felix, während er sich geschmeichelt im Spiegel betrachtete. »Bisher hatte ich nur noch nicht das Geld, um meinen individuellen Geschmack bezahlen zu können. Wie gefallen dir übrigens meine Schuhe? Neuestes Modell!«

Beifallheischend hielt er mir seine glänzenden Slipper entgegen. »Sehr schön! Aber eitel bist du gar nicht, nicht wahr?«

»Ach wo«, lachte Rolf, »aber er nimmt keine heiße Dusche mehr, weil da der Spiegel beschlägt!«

Beleidigt verzog sich Felix auf die Terrasse. Wenig später

hörten wir ihn fluchen und hämmern. Isabell hatte ihre rotlackierten Krallen nach ihm ausgestreckt.

»Da ist er wenigstens gut aufgehoben«, sagte Rolf, bevor er sich zu einem kleinen Nickerchen zurückzog, um sich für die Strapazen des Abends zu stärken.

Bei Obermüllers wurde der Tanzboden aufgeschlagen. Unter Anleitung des Hausherrn nagelten Friese und Wittinger robuste kalkbespritzte Bretter zusammen, die sie vorher von einem Baugerüst demontiert hatten.

»Also Tango und Walzer is nich drin, da kriejen wa alle Splitter in die Beene, aber für det moderne Jehopse wird's schon jehn!« Prüfend trampelte er auf den Brettern herum. »Wackeln tut's ooch. Ob wa nich doch lieber'n paar Türen aushängen und aneinanderlejen? Die Klinken müssen wa natürlich erst abschrauben.«

Bei Wittingers fuhr ein Lieferwagen vor, der das Firmenschild eines bekannten Düsseldorfer Delikatessengeschäfts trug.

»Da kommen ja endlich die kalten Platten«, rief Wittinger laut, damit wir es auch alle hören konnten, und eilte davon.

»Der schmeißt det Jeld aba wirklich zum Fenster raus! Möchte wissen, wie lange det jutjeht. Seit Monaten arbeetet er doch janich mehr.«

»Aber er geht doch jeden Morgen pünktlich aus dem Haus«, wunderte ich mich.

»Aba nich zur Arbeet. Der hat doch in Düsseldorf 'ne Freundin, und der hat er sojar 'ne kleene Wohnung einjerichtet. Weeßte denn det nich?«

Offenbar war ich mit dem Siedlungsklatsch mal wieder nicht auf dem laufenden. »Was sagt denn seine Frau dazu?«

»Gloobste denn, die weeß det? Die hat doch von nischt 'ne Ahnung. Wir haben's ja ooch bloß rausjekriegt, weil Hermann 'ne Kundin hat, die janz zufällig in detselbe Apartmenthaus wohnt. Irjendwie tut mir die Jerlinde ja leid, aba ick misch mir jrundsätzlich nich in andre Leute ihre Anjelejenheiten.«

Gegen sechs Uhr waren alle Vorbereitungen beendet, und ich konnte mich einem nicht minder wichtigen Problem widmen: Was sollte ich anziehen? Zu festlich durfte es nicht sein, schließlich handelte es sich nur um eine interne Gartenparty, und wenn ich dann auch noch an unseren Tanzboden dachte... Wittingers Hifi-Anlage dröhnte bereits durch die ganze Siedlung. Ich fürchtete für Karsten Vogts ungestörte Nachtruhe. Erwartungsgemäß hatte seine Mutter das eigene Grundstück zur Bannmeile erklärt, »weil der Junge doch seinen Schlaf braucht!«

»Aber alle Kinder dürfen doch bis zehn Uhr mitmachen«, hatte ich ihr entgegengehalten. »Vorher können sie bei dem Radau ja doch nicht einschlafen. Und dann werden sie hoffentlich müde genug sein!«

»Karsten darf noch vom Balkon aus ein Weilchen zusehen, aber spätestens um halb neun muß er ins Bett. Das weiß er auch!«

Armer Kerl. Anscheinend war Frau Vogt niemals Kind gewesen. Sie mußte schon als Erwachsene und mit moralisch erhobenem Zeigefinger zur Welt gekommen sein.

Lange überlegte ich, ob ich nun das geblümte Sommerkleid mit dem tiefen Ausschnitt anziehen sollte oder lieber das hochgeschlossene aus Chiffon, das so unanständig durchsichtig war. Ich wollte ja nicht nur den Männern gefallen, sondern auch ein bißchen meine Nachbarinnen ärgern. Wozu sonst zieht man sich an?

Es klopfte an der Schlafzimmertür. »Darf ich reinkommen?«

Frau Heinze war in mitternachtsblauen Frottee gehüllt. Bodenlang. Beim näheren Hinsehen entpuppte sich das Gewand als Bademantel.

»Wissen Sie auch nicht, was Sie anziehen sollen? An Ihrer Stelle würde ich das Schwarze nehmen, dann haben die anderen wenigstens was zum Klatschen!« Sie zeigte auf das Chiffonkleid. »Tolle Kreation! Sieht so richtig schön verworfen aus!«

Suchend sah sie sich um und ließ sich aufs Bett fallen. »Ich muß mich erst mal setzen! Seit einer halben Stunde probiere ich, was mir am besten steht. Gefunden habe ich noch nichts. Die Mädchen werden heutzutage einfach zu schnell groß. Du machst deinen Schrank auf, und dein schönstes Kleid ist fort.«

»Das kann mir nicht passieren, ich hab' nur Jungs!« lachte ich.

»Wer weiß, was die in zehn Jahren tragen! Patricia zieht ja sogar Oberhemden und Pullover von ihrem Vater an. Lediglich seine Hosen sind momentan vor ihr noch sicher.«

Inzwischen hatte ich meine Toilette beendet. Frau Heinze musterte mich kritisch. »Einfach großartig! Die Männer werden begeistert sein, die Frauen werden Sie hinter Ihrem Rücken zerreißen. Morgen erzähle ich Ihnen, was sie gesagt haben!«

Seufzend stand sie auf. »Langsam werde ich mich wohl auch fertigmachen müssen. Am besten ziehe ich mein graues Jerseykleid an. Das ist schon acht Jahre alt und wird allmählich wieder modern.«

Rolf steckte seinen Kopf durch die Tür. »Beeil dich ein bißchen, die Prozession formiert sich schon! Als erstes ist ein Rundgang...« Da sah er Frau Heinze. »Entschuldigung, ich wußte nicht, daß ihr beide schon fertig seid. Sie sehen übrigens entzückend aus!«

Weg war er.

»War das jetzt ein Kompliment oder eine Frechheit?«

Die Klärung dieser Frage verschoben wir auf später. Frau Heinze eilte die Treppe hinunter. »In zehn Minuten bin ich fertig!«

Es dauerte dann aber doch noch eine halbe Stunde, bevor sie, ganz in Weiß, zu uns stieß, die wir gerade Obermüllers Garten bewunderten. Überall zwischen den Unkräutern standen kleine Windlichter, vom Balkon hingen Luftballons und Papierschlangen – es sah eigentlich mehr nach Fasching aus als nach Sommerfest. Am eindrucksvollsten aber war die Tanzfläche. Die Bretter waren mit blauer Plastikfolie überzogen – »wejen die Splitterjefahr!« wie uns Obermüller erklärte – und unter Verwendung von vier kleineren Gerüstleitern und drei aneinandergehefteten hellgrünen Bettlaken sogar überdacht.

»Sieht aus wie'n jroßet Himmelbett, nich wahr?« freute er sich. »Is bloß nich janz so bequem. Ihr braucht det also ja nich erst ausprobieren!«

Bei Frieses ging es bayrisch zu. Ein großes Bierfaß stand auf der Terrasse, daneben ein Holzhammer, drumherum stapelten sich die von uns allen zusammengepumpten Gläser – angefangen bei Bleikristall und endend bei Keramikhumpen mit silbernen Gamsbartdeckeln (die stammten garantiert von Vogts!). Blauweiße Papiergirlanden hingen überall da, wo Friese etwas zum Befestigen gefunden hatte, und das war nur bei seinen Stachelbeersträuchern der Fall gewesen. Die bekränzten Büsche sahen aus wie ein Ehrenspalier zum Empfang des bayrischen Ministerpräsidenten.

»Jetzt kannst du die Beleuchtung einschalten, Gerlinde!« rief Wittinger ungeduldig über den Zaun. »Wir kommen!«

Im selben Augenblick wurde der ganze Garten in gleißendbuntes Neonlicht getaucht. Zwischen den Blumen mußten überall Lampen verborgen sein, die in unregelmäßigen Abständen aufflammten und wieder verloschen. Die Terrasse, ohnehin schon mit Infrarotheizung ausgestattet, hatte noch zusätzliche Neonstrahler bekommen, und in dem gespenstisch grellgrünen Licht sahen wir alle aus wie Wasserleichen.

»Wie haste det bloß fertigjekriegt, Rudi? Sonst kannste doch nich mal'n Stecker zusammenschrauben.«

»Ich habe heute früh einen Elektriker kommen lassen«, sagte Wittinger.

»Ach so. Den hab' ick rumkriechen jesehn. Ick hab' aba jejlobt, du hast wieder'n Järtner anjeheuert, damit der die

Blattläuse von deine Rosen sammelt.« Obermüller warf einen anerkennenden Blick auf das kalte Büfett. »Sieht zwar allet 'n bißchen wie Seetang und Sülze aus, aba wenn de nachher die Tanzschuppenbeleuchtung ausmachst, wer'n wa ja sehn, wat de Schönet uffjefahrn hast.«

Übrigens trug Wittinger als einziger einen Smoking und Gerlinde – auch als einzige – ein großes Abendkleid.

Als nächstes war unser Garten dran. Die Christbaumkette mit den bunten Lampions machte sich wirklich gut. Hinten am Zaun hatten wir auch noch welche aufgestellt, und ganz zum Schluß hatte Rolf einen lachenden Vollmond in Isabells Birke gehängt.

Plötzlich fiel mir ein, daß ich Babydoll noch gar nicht gesehen hatte. Und Felix auch nicht mehr. Nur das entnervende Gehämmer hatte bis zum Einbruch der Dämmerung angedauert.

Wie auf Kommando äugten die beiden um die Trennwand. »Ihr hättet keine Minute früher kommen dürfen, wir sind gerade erst fertig geworden. Darf ich euch einladen in die Welt von Tausendundeiner Nacht?«

Zuvorkommend reichte mir Felix die Hand. Neugierig stieg ich über den Zaun.

»Ach du liebe Zeit!« war alles, was ich sagen konnte.

Die ganze Terrasse war mit bonbonrosa Kreppapier verkleidet, rosa Papierampeln hingen von der Decke, auf dem Boden lagen Berge von Kissen, und mittendrin saß Isabell, eingehüllt in einen sackartigen Kaftan mit viel Silber dran. Auf der schwarzen Perücke prangte ein glitzerndes Diadem, die grüngeschminkten Augen waren mit Goldstaub beklebt, und in der Hand hielt sie einen riesigen Fächer aus rosa Federn. Ich war einfach überwältigt! Die anderen auch, denn es herrschte allgemeines Schweigen. Dann platzte Obermüller heraus:

»Doll! Wie im Puff!«

Mit hoheitsvoller Geste faltete Isabell ihren Fächer zusammen.

»Du hast wohl noch nie etwas von Kleopatra gehört?« – »Doch. Aber wo is Cäsar? Noch mit die Elefanten über die Alpen unterwegs?«

»Das war Hannibal, du Trottel! Mein Cäsar kommt erst nachher.« Sie erhob sich, was ihr etwas schwerfiel und nur mit Felix' Hilfe gelang, und verschwand im Haus.

»Jetzt habt ihr sie beleidigt«, sagte Felix vorwurfsvoll. »Dabei ist sie so stolz auf ihre rosa Kemenate.«

»Die gehört nun wiederum in die Ritterzeit«, bemerkte Rolf. »Aber Geschichte ist ja noch nie deine Stärke gewesen.«

»Wozu auch? Geschichte ist nichts anderes als die Umwandlung mächtiger Eroberer in kleine Fußnoten.«

Nach diesem orientalischen Volltreffer fanden die übrigen Gärten nur noch sparsamen Beifall. Brauers hatten sich für Bambusmatten und chinesische Lampions entschieden, und Heinzes hatten die Bauernmöbel aus dem Keller geholt und auf die Terrasse gestellt. Auf Wärmeplatten dampften Rippchen und Sauerkraut, daneben standen Körbe mit Bauernbrot. Erst jetzt merkte ich, daß ich riesengroßen Hunger hatte.

»Ob ich die Freßorgie einfach eröffne?« fragte ich Rolf leise.

»Untersteh dich! Das ist Sache der Hausfrau!«

Die dachte aber gar nicht daran. Während des Ankleidens hatte sie noch die Nachrichten gehört und erörterte gerade mit Alex die weltpolitische Lage. »Was bringen denn diese ewigen diplomatischen Konferenzen? Überhaupt nichts! Die finden doch nur statt, damit man sich gemeinsam auf das Datum der nächsten diplomatischen Konferenz einigt.«

»In der Politik gibt es doch sowieso immer nur einen Weg: den anderen!« pflichtete Alex bei.

Mein Magen hatte mit Politik nichts im Sinn. Er knurrte. Möglichst unauffällig angelte ich nach einer Scheibe Brot und kaute verstohlen darauf herum. Heinze hatte es trotzdem bemerkt.

»Worauf warten wir eigentlich noch? Greift zu, bevor es ganz kalt wird!«

Wittinger protestierte: »Wollen wir nicht erst mit den kalten Platten anfangen? Es ist wirklich genug da!«

»Nee, erst brauchen wa'ne solide Jrundlage. Wat du hast, is wie'n Weihnachtsteller. Dreimal abbeißen, und denn kannste von dem Zeuch nischt mehr sehn!«

Während ich mit bestem Appetit auf meinem Rippchen kaute, konnte ich endlich in Ruhe die auswärtigen Gäste betrachten. Dorles Schwester und ihren Mann hatte ich schon am Nachmittag kennengelernt. Beide sahen sehr solide aus, waren sympathisch und schienen sich bereits wie zu Hause zu fühlen.

Frieses hatten drei Kegelbrüder eingeladen, die sich sehr jovial gaben und im Laufe des Abends nie weiter als fünf Meter vom Bierfaß entfernt angetroffen wurden.

Wittingers wußten noch nicht, ob ihre Gäste überhaupt kommen würden, weil sie zwei Kinder besaßen und um fünf noch immer keinen Babysitter gefunden hatten, und Brauers Studienfreund wurde jeden Moment erwartet.

Frau Heinze hatte ihre Nichte nebst Verlobtem eingeladen und natürlich einen möglichen Heiratskandidaten für Patricia. Er wohnte in Leverkusen, sah ziemlich nichtssagend aus und wurde von der potentiellen Braut kaum eines Blickes gewürdigt.

Auch Herr Otterbach hatte sich noch nicht sehen lassen. Als möglicher Schwiegersohn war er von Frau Heinzes Liste längst gestrichen worden, nachdem sie festgestellt hatte, daß er in seinem Haus häufig Herren, niemals jedoch Damen empfing.

»Hätten Sie das von dem geglaubt?« hatte sie mich eines Tages gefragt, als Otterbach seinem Begleiter fürsorglich die Wagentür geöffnet und erst dann hinter dem Steuer Platz genommen hatte. »Er sieht doch nun wirklich sehr männlich aus und hat einen ganz normalen Beruf. Soviel ich weiß, ist er Volkswirt.«

»Na und? Ein Volkswirt ist bloß ein Mann, der mehr vom Geld versteht als der, der es hat. Rückschlüsse auf das Privatleben kann man daraus bestimmt nicht ziehen.«

Jedenfalls kam Otterbach als Bewerber nun nicht mehr in Betracht, was ihm anscheinend nur recht war. Er wurde zusehends gesprächiger und ein angenehmer, hilfsbereiter Nachbar. Ohne ihn hätte ich niemals die verstopfte Regenrinne saubergekriegt. Und das mitten im schönsten Wolkenbruch.

»Sag mal, gibt's hier nirgends was zu trinken?« Felix würgte an seinem Sauerkraut und sah sich suchend um.

»Was willst du denn haben? In Nummer zwei gibt's Bier, in Nummer drei Sekt, bei uns kalte Ente, bei Alex Whisky, ob Babydoll Kamelmilch ausschenkt, weiß ich nicht.«

»Die hat bloß Cocktails. Passend zur Dekoration. Ich fang lieber mit Bier an.« Er verschwand Richtung Bayern.

Fast alle Männer hatten schon das Weite gesucht; dann begannen auch die Frauen mit dem Rückzug. Lediglich Conni und Mausi blieben sitzen, zum erstenmal einträchtig nebeneinander, ohne sich gleich an die Kehlen zu gehen. Sie hatten wohl eingesehen, daß die Knochen für beide reichen würden.

Als ich mit einem Tablett leerer Teller das Wohnzimmer kreuzte, hörte ich Patricia schimpfen:

»Findest du nicht, daß Muttis Kleid viel zu jugendlich ist?«

»Mach dir nichts draus«, antwortete ihre Kusine, »ich wette, meine Mutter tut noch jünger als deine!«

Dumme Gören! Dabei stehen sie selbst zwei Stunden vor dem Spiegel, um sich zurechtzumachen wie Fünfundzwanzigjährige, und wenn sie dann fünfundzwanzig sind, brauchen sie wieder zwei Stunden, damit sie wie neunzehn aussehen!

Auf der Suche nach Rolf lief ich Alex über den Weg. Bereits etwas schwankend umarmte er mich. »Du kommst wie gerufen! Darf ich dich mit meinem Freund bekanntmachen? Er heißt Przibulszewski, sag also lieber gleich Wolfgang zu ihm. Er wohnt am Ende der Welt irgendwo oben in Nordfriesland, ist 42 Jahre alt, Junggeselle, Mediziner, Sartre-Fan, Liebhaber von Kreuzfahrten und Pfeifenraucher. Nun such dir ein Gesprächsthema aus. Du wirst sicher gut mit ihm auskommen, er regt sich über dieselben Dinge auf wie du. Mich müßt ihr entschuldigen, ich muß noch 'ne Kiste Whisky aufmachen.«

Soweit ich es bei der diffusen Beleuchtung sehen konnte, war der pfeiferauchende Wolfgang ein großer, gut aussehender Mann, der mir durchaus hätte gefallen können, wenn Rolf nicht auch ein großer, gut aussehender Mann gewesen wäre. Einen Angriff auf meine Tugend fürchtete ich ohnehin nicht, denn Pfeifenraucher sind fast durchweg solide, zuverlässige Mitbürger. Sie haben an ihren Pfeifen so viel zu säubern, zu stopfen und herumzuhantieren, daß ihnen gar keine Zeit bleibt, auf Abwege zu geraten.

»Sind Sie wenigstens ein guter Schwimmer?« Eine dämliche Frage, aber etwas Besseres fiel mir im Moment nicht ein.

»Nein, überhaupt nicht. Meine Mutter hatte schon Angst, ich würde ertrinken, wenn ich nur vor einem Glas Wasser saß. Weshalb fragen Sie?«

»Weil Wasser keine Balken hat.«

Er lachte. »Schiffsreisen sind längst nicht mehr so gefährlich wie früher. Die Kapitäne sind nämlich nicht mehr berechtigt, an Bord Trauungen vorzunehmen.«

»Sind Sie deshalb noch nicht verheiratet?«

»Nein, deshalb nicht. Junggeselle bin ich aus Berufung. Die Ehe ist doch nur eine Institution, bei der der Mann seine Freiheit aufgibt und die Frau die Hoffnung, noch einen Besseren zu finden.«

Ich schwieg beeindruckt. So viel Schlagfertigkeit war ich nicht mehr gewöhnt. In Monlingen bewegten wir uns eigentlich mehr in einem geistigen Niemandsland. Außerdem wäre ein unverfänglicheres Thema sicherlich besser.

»Hat Alex Sie schon mit den anderen Gästen bekannt gemacht, oder soll ich das übernehmen?«

Wir waren bei den Garagen angelangt. Ich wollte gerade zu Obermüllers Garten abbiegen, aber Wolfgang hielt mich zurück.

»Muß das denn unbedingt sein? Eigentlich bin ich nur Karin zuliebe gekommen. Ich hasse nämlich diese programmierte Fröhlichkeit. Die Partys von heute sind die Salons des achtzehnten Jahrhunderts – nur: die Rolle des Esprit übernehmen die Getränke. Haben Sie übrigens...«

Ohrenbetäubender Lärm setzte ein. Gleichzeitig hörte man rhythmisches Stampfen, was mich vermuten ließ, daß nunmehr Obermüllers geniale Bretterkonstruktion ihrer Bestimmung zugeführt wurde.

Vorsichtig spähten wir um die Ecke. Das Ehepaar Friese versuchte sich an einem Boogie-Woogie, Obermüller und Gerlinde tanzten Foxtrott.

»Das ist doch ein Cha-Cha-Cha!« rief Babydoll ungeduldig, griff sich den erstbesten Herrn und entdeckte beim nächsten Windlicht, daß sie ausgerechnet Rolf erwischt hatte. »Sie können doch überhaupt nicht tanzen!« (Woher wußte sie das??) Unwillig schob sie ihn zur Seite. »Alex, komm du mal her!«

»Ich kann das auch nicht!« schrie der entsetzt und flüchtete.

»Dann mußt du dich opfern!« Ehe Felix protestieren konnte, sah er sich auf den Bretterboden gezerrt. Es war ein umwerfender Anblick! Mit der linken Hand hielt Isabell ihr ägyptisches Gewand gerafft, mit der rechten hatte sie Felix' Schulter umklammert, ständig bemüht, ihn am Weglaufen zu hindern. Er hüpfte wie ein Känguruh mit Gleichgewichtsstörungen.

»Der Unterschied zwischen Ringkampf und Tanzen besteht darin, daß einige Griffe beim Ringkampf verboten sind«, kommentierte Wolfgang.

»Daraus muß ich folgerichtig schließen, daß Sie auch fürs Tanzen nichts übrig haben?«

»Viel jedenfalls nicht. Aber wenn Sie unbedingt etwas Gutes tun wollen, dann verraten Sie mir, wo es etwas zu trinken gibt.«

Ich leierte noch einmal die Getränkekarte herunter und wunderte mich gar nicht, daß er sich für die kalte Ente entschied. Langsam spazierten wir zum Haus zurück.

Das Bowlengefäß war nur noch halbvoll, aber nirgends gab es Anzeichen, daß sich jemand bei uns häuslich niedergelassen hatte. Soweit ich sehen konnte, tummelte sich momentan alles in den beiden vorderen Gärten.

Ich hatte Wolfgang gerade unsere farbenprächtigen Dahlien gezeigt, weil er sich angeblich auch für Blumen interessierte, und stand noch mit ihm oben am Zaun, als ich im Halbdunkel ein paar Gestalten zur Terrasse schleichen sah.

»Ist noch keiner da«, flüsterte die erste.

»So schnell kommen die auch noch nicht«, antwortete die zweite, und das war Sven. In Sekundenschnelle hatte sich auch das übrige Jungvolk eingefunden, bewaffnet mit Pappbechern, die Michael jetzt eilig füllte.

»Das Zeug schmeckt wirklich prima!« stellte er sachkundig fest.

»Aber Cola is noch besser!« erklärte Sascha.

»Viel besser!« pflichtete ein Brauer-Zwilling bei und schluckte tapfer die kalte Ente.

Erstaunt hatte Wolfgang die Prozession beobachtet. »Wo kommen denn die ganzen Kinder her?« Er fühlte sich gestört. Ich mich auch. Wann wird man schon mal mit der majestätischen Grazie einer Dahlie verglichen?

»Zwei davon gehören mir, die anderen sind nur Gefolgschaft.«

»*Sie* haben schon Kinder? Ich dachte, Sie seien ein etwas reifer Backfisch.«

»Kerzenlicht wirkt sich immer sehr schmeichelhaft auf

Frauen aus! Es tut mir ja selber leid, ausgerechnet jetzt die schöne Illusion zu zerstören, aber ich muß unsere potentiellen Alkoholiker zur Räson bringen!«

Vorsichtig schlich ich mich außen herum zur Haustür, schloß auf und schaltete das Wohnzimmerlicht ein. Strahlende Helle überflutete die Terrasse und fiel auf entsetzte Gesichter.

»W-wo kommst du denn plötzlich her?« Sven sah mich völlig entgeistert an.

»W-wir wollten bloß mal probieren!« beteuerte Hendrik sofort, »und wir haben auch gar nicht viel genommen.«

»Natürlich nicht. Ihr habt bloß die halbe Bowle ausgetrunken. Und das auf nüchternen Magen!«

»Nee, das stimmt nicht!« protestierte Michael. »Erst haben wir bei Wittingers gegessen. Aber das merkt keiner, weil wir alles ein bißchen auseinandergeschoben haben.«

»Und dann waren wir noch bei uns, da steht nämlich lauter Kuchen«, piepste ein Zwilling.

»Ihr müßt Mägen wie Mülleimer haben!« Unbemerkt war Wolfgang auf die Terrasse gekommen und wurde stürmisch von den Zwillingen begrüßt. »Onkel Wolfi, Onkel Wolfi!«

Sascha gähnte.

»Ab ins Bett!« kommandierte ich, »und du auch, Sven!«

Er maulte zwar, aber als er sah, daß seine Trinkkumpane heimlich, still und leise das Feld geräumt hatten, meuterte er nur noch der Form halber.

»Hoffentlich wird dir heute nacht gründlich schlecht! Das wäre die verdiente Strafe!«

»Ich hab' wirklich nur einen Becher voll getrunken und Sascha noch weniger. Uns hat das Zeug nämlich gar nicht richtig geschmeckt. Haste noch irgendwo 'ne Cola?«

»Sie werden es überleben«, lachte Wolfgang. »Geben Sie ihnen prophylaktisch eine Aspirintablette und ein Glas Selterswasser. Ich werde mich inzwischen um die Mädchen kümmern. Die gehören auch ins Bett. Haben Sie Karin irgendwo gesehen?«

Wie sollte ich? Seit einer geschlagenen Stunde zog ich doch schon mit diesem Partymuffel herum.

»Ich werde sie schon finden. Darf ich dann hier auf Sie warten?«

Na, aber sicher! Rolf vermißte mich sowieso nicht, und ich hatte gar keine Lust, ihn zu suchen. Wahrscheinlich flirtete er wieder mit Babydoll und war froh, daß ich es nicht sah. Sollte er doch! Schließlich war ich auch emanzipiert, laut Gesetz gleichberechtigt – nur leider hoffnungslos altmodisch. Dazu war Wolfgang ja auch noch Pfeifenraucher.

Ich brachte die Kinder ins Bett, frischte sorgfältig mein Make-up auf und begab mich wieder nach unten.

Er hockte auf der Treppenstufe und stierte melancholisch in die kalte Ente.

»Sie sitzen ja auf dem trocknen! Warum haben Sie denn noch nichts getrunken?«

»Es ist kein Glas da!«

Ein gelernter Junggeselle hätte die Kelle genommen! Demnach war er wohl immer wieder nur vorübergehend ein Single, ständig enttäuscht und weiter auf der Suche nach einer Frau, die genausogut über Sartre diskutieren wie Strümpfe stopfen konnte? Deshalb also die Vorliebe für Kreuzfahrten und die Abneigung gegen Cocktailpartys. Wer dahin geht, *läßt* Strümpfe stopfen!

Ich holte Gläser, schenkte sie voll, und als ich mich gerade neben Wolfgang auf die Stufe setzen wollte, schwankte Alex um die Ecke.

»Also hierher habt ihr euch verkrümelt? Dann will ich nicht weiter stören! Und wenn ich noch was zu trinken kriege, erzähle ich auch keinem, was ihr hier macht!«

»Alex, du bist betrunken!« sagte Wolfgang ruhig.

»Quatsch, ich bin überhaupt nicht betrunken. Aber ich

hatte niemals von meinem besten Freund erwartet, daß er mich mit meiner besten Freundin betrügt.«

»Der braucht einen Psychiater!« murmelte ich, aber Alex hatte es doch verstanden.

»Das könnte dir so passen! Wo die Psychiatrie das einzige Gewerbe ist, in dem der Kunde auf jeden Fall unrecht hat.« Umständlich ließ er sich in einen Stuhl fallen. »Was trinkt ihr denn da? Ist das genießbar?«

Er nahm mir das Glas aus der Hand und probierte.

»Schmeckt wie Limonade. Habt ihr nichts Besseres?«

»Mir schmeckt's!« sagte ich. »Wenn du weiterhin pro Tag eine Flasche Whisky konsumierst, wirst du dir sowieso bald die Radieschen von unten ansehen!«

»Das möchtest du wohl gern, was? Irrtum, meine Dame! Ich werde mindestens hundert. Wenn du nämlich einen Hundertjährigen fragst, dann hat er entweder sein Leben lang Alkohol getrunken oder nie einen Tropfen angerührt. Ich gehöre zur ersten Kategorie.«

Auf Isabells Terrasse raschelte es. Sekunden später schielte Babydoll über den Zaun. »Da sitzt ja wer!« schrie sie überrascht. »Komm, André, dann kann ich dich gleich vorstellen.«

Zum Übersteigen von Zäunen war ihr bodenlanges Gewand ausgesprochen hinderlich. Kurzentschlossen raffte sie es bis zum Knie, übersprang das Hindernis und landete in den Buschrosen. Laut jaulte sie auf.

»Hast du dir wehgetan, Liebling?« Ein höhensonnengebräunter junger Mann im weißen Dinnerjackett setzte mit einem eleganten Sprung über den Zaun und beugte sich besorgt über Babydoll.

»Wer ist denn *das*?« staunte Alex.

»Das ist mein Cäsar!« Isabell hatte sich wieder hochgerappelt und zog ihren Begleiter auf die Terrasse. »Eigentlich heißt er Andreas Schimanski, aber heute abend ist er für mich nur mein Cäsar!«

Cäsar war Mitte Zwanzig, hatte dunkle Haare, dunkle

Augen und sicher auch einen dunklen Charakter. Er war viel zu schön, um auch noch positive Eigenschaften zu haben. Formvollendet verbeugte er sich vor Alex und Wolfgang, die ihn nur anstarrten, und formvollendet begrüßte er mich mit einem Handkuß. »Enchanté, Madame.«

»Lackaffe!« knurrte Alex vernehmlich.

Der Lackaffe zog es vor, nichts gehört zu haben.

»Warum macht ihr denn so trübsinnige Gesichter?« Isabell gab sich betont fröhlich.

»Weil du störst!«

Sie warf Alex einen vernichtenden Blick zu. »Dann können wir ja wieder gehen! Komm, André, hier sind wir überflüssig.«

»Wir kommen mit!« Kurz entschlossen stand ich auf. »Ich habe überhaupt noch nicht getanzt.«

»Na, wenn Sie auch den ganzen Abend nur hier herum sitzen...« stichelte Isabell.

»Darf ich um den ersten Tanz bitten?« fragte Cäsar André höflich.

Eigentlich hatte ich gehofft, daß Wolfgang mich auffordern würde, aber der unterhielt sich angeregt mit Babydoll. Also doch! Fliegt auf ein angemaltes Puppengesicht genauso schnell herein wie alle anderen. Dabei hatte die bestimmt keine Ahnung, wer Sartre war, und Strümpfe stopfen konnte sie auch nicht!

André übte sich in Konversation. Nach einem Kompliment über mein Aussehen und mein »elegant-raffiniertes« Kleid schwärmte er von der letzten Theaterpremiere, die er besucht, und dem Skiurlaub, den er in St. Moritz (er sagte »Moriss«) verbracht hatte. Er schilderte seine Taten auf dem Tanzparkett, auf dem Sportplatz und als begehrter Gast auf zahlreichen Gesellschaften. »Ich bin das, was man als Allroundman bezeichnet«, schloß er in edler Selbstbescheidenheit. Da wurde es mir zu bunt. »Haben Sie denn schon mal ein Gruppenfoto von sich machen lassen?«

Der Hieb hatte gesessen! André erinnerte sich an seine vergessenen Zigaretten und ließ mich stehen. Ausgerechnet in Reichweite der Kegelbrüder, die mit mir Brüderschaft trinken und einen Waldspaziergang machen wollten. Bevor sie sich über die Reihenfolge einigen konnten, war ich schon geflüchtet.

Dorle verteilte Gulaschsuppe, die keiner haben wollte.

»Jetzt iß du wenigstens eine!« sagte sie und drückte mir eine Plastikschüssel in die Hand. »Vielleicht kriegen die anderen dann auch Appetit.«

»Weißt du, wo Rolf ist?« Die Suppe war kochendheiß und schmeckte hervorragend. »Ich hab' ihn seit Stunden nicht gesehen.«

»Keine Ahnung. Vorhin ist er mit Babydoll herumgezogen. Die ist aber schon vor einer Weile verschwunden, und seitdem habe ich ihn auch nicht mehr gesehen.«

Merkwürdig. Cäsar war inzwischen wieder aufgetaucht und tanzte mit Patricia. Wolfgang unterhielt sich mit Tante Leiher, Alex umbalzte Frau Heinze – nur um mich kümmerte sich niemand. Ein blödes Fest!

Von Anfang an war ich ja gegen diese Party gewesen. Was konnte schon dabei herauskommen, wenn...

»Tanzen wir?« Wolfgang stellte meinen Suppennapf auf die Wiese und zog mich hoch. »Aber ich muß Sie warnen, viel Übung habe ich nicht.«

Er tanzte himmlisch! Nur war inzwischen die Plastikfolie zerrissen, und wenn man nicht höllisch aufpaßte, blieb man in den einzelnen Fetzen hängen. Ich paßte natürlich nicht auf, verhedderte mich mit den hohen Absätzen rettungslos in der Plane, und bevor Wolfgang mich festhalten konnte, knallte ich mit dem Kopf an eine der Gerüstleitern.

Erst sah ich Sterne, dann sah ich gar nichts mehr, und dann sah ich riesige Sonnenblumen. Sie hingen über Obermüllers Sofa. Dorle drückte mir eine Serviette mit Eiswürfeln an die Stirn, Wolfgang fühlte meinen Puls, und die übrigen Tänzer umrahmten mein Schmerzenslager in respektvoller Entfernung.

»Ganz genau mit dem Kopf«, hörte ich Frau Friese sagen. »Ob was zurückbleiben kann? Schizophrenie oder so was?«

»Wär ooch nich so schlimm! Det is der einzije Zustand, wo zwee jenauso billig leben können wie eener!«

»Sie kommt schon wieder zu sich«, sagte Wolfgang. »Am besten gehen Sie alle wieder hinaus. Sie braucht nur ein paar Minuten Ruhe.«

Dorle sah endlich eine Chance, ihre Gulaschsuppe loszuwerden, und überließ Wolfgang die Krankenpflege, ohne zu ahnen, welch geschulten Händen sie mich überantwortete.

»Eigentlich bin ich Internist«, lächelte er, »aber Erste Hilfe habe ich auch mal gelernt. Sie werden es überleben!«

»Glauben Sie an eine Wiederkehr der Toten?« Ich weiß nicht, warum, aber ich fühlte mich schon im Jenseits.

»Wenn ich es täte, würde ich schleunigst den Beruf wechseln!« Zweifelnd sah er mich an. »Ich glaube, ich werde Sie jetzt besser nach Hause bringen. Sie brauchen eine Weile Ruhe, und die haben Sie hier nicht.«

»Aber ich fühle mich schon wieder großartig!« protestierte ich lauwarm.

»Das weiß ich besser! Gibt es hier noch einen anderen Ausgang?«

Unnötig schwer stützte ich mich auf seinen Arm, während wir via Haustür das Weite suchten. Bis zu unserer Terrasse waren es ja nur wenige Schritte. Einladend schimmerte die Christbaumbeleuchtung durch die Büsche.

»Ich hab' mir schon gedacht, daß du irgendwann einmal auftauchen wirst! Daß du noch Kinder hast, scheinst du völlig vergessen zu haben!« Rolf blitzte mich zornig an.

»Wenn ich nicht gewesen wäre, lägen deine Kinder jetzt irgendwo betrunken herum!« blaffte ich zurück.

»Blödsinn! Die schlafen. Ich bin eben oben gewesen.«

»Und wie, glaubst du, sind sie da hingekommen?«

Eine Antwort blieb er schuldig. Er hatte Wolfgang entdeckt.

»Vielleicht hast du die Freundlichkeit, mich mit dem Herrn dort bekannt zu machen.«

»Das ist Herr Pri... ich kann den Namen nicht behalten. Sag einfach Wolfgang zu ihm, ich sag's ja auch.«

Mir wurde schon wieder schwindlig.

»Przibulszewski«, sagte Wolfgang hilfreich.

»Und darf ich fragen, Herr Pschibu... also darf ich wissen, weshalb Sie hier mit meiner Frau in trauter Zweisamkeit herumziehen?«

Isabells Cocktails zeigten Wirkung. So gestelzt redete Rolf sonst nie.

Mit knappen Worten schilderte Wolfgang meinen Unfall. »Eine leichte Gehirnerschütterung ist nicht auszuschließen, deshalb muß ich als Arzt dazu raten, daß sich Ihre Frau jetzt ins Bett legt. Als Partygast bedaure ich das außerordentlich. Ich fahre allerdings erst morgen im Laufe des Tages wieder nach Hause. Darf ich mich vorher noch nach Ihrem Befinden erkundigen?«

Er reichte mir die Hand und schenkte mir ein besonders charmantes Lächeln.

Ich lächelte zurück. »Ich bitte sogar darum!« (So etwas sagt man doch in solchen Fällen, nicht wahr?)

Rolf kochte! Immerhin besaß er noch genügend Beherrschung, den Besucher zur Haustür zu bringen. Wütend kam er zurück.

»Wer war dieser Kerl?«

»Ein Studienfreund von Alex. Wenn du mehr wissen willst, dann frag ihn selber. Ich geh ins Bett. Mir ist hundeelend.«

»Vor fünf Minuten hatte ich aber gar nicht diesen Eindruck. Wo bist du eigentlich den ganzen Abend gewesen?«

»Dasselbe könnte ich dich fragen. Aber ich tu es nicht, damit du nicht zu schwindeln brauchst.«

»Mich kannst du ruhig fragen. Ich war nebenan und habe Cha-Cha-Cha gelernt.«

»Was hast du?« Ich hörte wohl nicht recht.

»Jahrelang hast du dich beklagt, daß ich nicht tanzen kann. Jetzt hat Isabell es mir beigebracht. Hier, sieh mal!« Er hüpfte auf der Terrasse herum. »Eins, zwei, Cha-Cha-Cha – eins, zwei, Cha-Cha-Cha. Wollen wir mal probieren?«

»Mir ist schlecht. Außerdem kann ich doch gar keinen ChaCha-Cha.«

»Ist egal, dann lernst du ihn jetzt!«

Also lernte ich Cha-Cha-Cha. Dabei hätte ich viel lieber langsamen Walzer getanzt. Mit Wolfgang. Aber der hatte Karin Brauer im Arm. Ich konnte die beiden ganz deutlich erkennen. Die Plastikfolie hatte man, endlich entfernt. Zu spät für mich. Scheiß-Party!

Eine Gehirnerschütterung, und dann auch nur eine eventuelle, ist keine Krankheit. Folglich stand ich am nächsten Morgen wieder einsatzbereit am Kochtopf, während der Gemahl noch der wohlverdienten Ruhe pflegte. Am Abend vorher hatte er mich nach oben gebracht, mir eine Schlaftablette in die Hand gedrückt, damit ich meine Ruhe hätte, und sich erneut ins Vergnügen gestürzt. Es war schon hell gewesen, als er sich fröhlich singend ins Bett begeben hatte. Woher die Lippenstiftspuren auf dem Hemd stammten, würde er mir auch noch erklären müssen.

Die lieben Kleinen waren schon auf Beutejagd. Sie tobten durch die noch stillen Gärten und fraßen auf, was sie fanden. Es mußte eine ganze Menge gewesen sein. Aufs Mittagessen verzichteten sie freiwillig, auf Kuchen hatten sie später auch keinen Appetit, und zum Abendessen verlangten sie Pfefferminztee. Noch zwei weitere Fastentage, und ich hätte die Kosten für meine Salate wieder drin! – Wo waren die überhaupt abgeblieben?

Die erste Besucherin war Frau Heinze. Kaum hatte sie

mich auf der Terrasse erspäht, als sie auch schon mit einer Thermoskanne über den Zaun stieg und sich erleichtert in den Schaukelstuhl fallen ließ.

»Hier ist Kaffee. Frisch aufgebrüht. Bloß Tassen habe ich nicht mehr. Die Küche sieht noch aus wie ein Schlachtfeld, aber ich habe meinem Mann erklärt, daß ich nicht eher nach Hause komme, bis sie wieder in Ordnung ist. Er kämpft doch ständig um seine Gleichberechtigung – jetzt hat er sie!«

»Verraten Sie mir doch mal, wie Sie Ihren Mann aus dem Bett gekriegt haben! Meiner schläft tief und fest, und das voraussichtlich noch die nächsten fünf Stunden.«

Sie lachte schallend. »Ich habe drei Stück Hundekuchen unter seinem Kopfkissen versteckt und Conni ins Zimmer gelassen.«

Ich holte Kaffeetassen und die Kognakflasche, weil Frau Heinze meinte, ich könnte jetzt einen gebrauchen und sie auch, und dann legte sie los:

»Die halbe Siedlung ist miteinander verfeindet. Wittinger und Obermüller wollten sich sogar gegenseitig an die Kehle, und wenn dieser Freund von Alex nicht dazwischengegangen wäre, hätte es noch einen Mord gegeben. Babydoll hat bei Frieses in der Kellerbar einen Striptease aufs Parkett gelegt, in der Zwischenzeit hat ihr zwielichtiger Freund bei Brauers den kleinen Jade-Buddha geklaut und später wieder aus der Jackentasche verloren. Und als dann noch der Freund vom Otterbach mit meiner Nichte zu flirten anfing, gab es eine bühnenreife Eifersuchtsszene. Mein Mann hat den Otterbach rausgeschmissen, darauf hat der seinen Freund rausgeschmissen, und weil Babydoll ihren kriminellen Freund inzwischen auch an die Luft gesetzt hatte, hatte der Freund vom Otterbach freie Bahn und einen neuen Unterschlupf. Jetzt spricht Otterbach nicht mehr mit Babydoll, Roswitha Friese hat ihr das Haus verboten, Obermüller und Wittinger wollen vor's Gericht ziehen – warum eigentlich, weiß ich nicht mal –, Vogts haben beschlossen, sich umgehend nach einem anderen Haus in einer anderen Gegend umzusehen, und ganz zum Schluß hat Alex sich noch mit seinem Freund geprügelt.«

Das konnte ich mir nun überhaupt nicht vorstellen. »Großer Gott, weshalb denn?«

»Alex war völlig betrunken und fing wieder an, seine Frau bloßzustellen. Wolfgang wollte ihn beschwichtigen, aber in diesem Zustand ist Alex ja unberechenbar. Er schlug einfach zu. Allerdings nur einmal. Dann saß er mitten in den Hagebutten. Wolfgang hat ihm noch einen Eimer Wasser ins Gesicht gekippt, und darauf zog Alex es vor, schleunigst zu verschwinden. Es wurde sowieso schon langsam hell. Zum Glück hat kaum jemand diesen effektvollen Ausklang mitgekriegt, weil die meisten schon schlafen gegangen waren. Um drei Uhr morgens hat Friese zusammen mit seinen Kegelbrüdern die hölzerne Kunigunde getauft – so richtig feierlich mit Sekt und Ansprache –, und danach haben sich alle nach und nach verkrümelt. Wir haben dann mit Brauers noch auf der Terrasse gesessen, aber es wäre wohl besser gewesen, wenn wir auch gegangen wären. Sie haben jedenfalls zum richtigen Zeitpunkt Schluß gemacht.«

»Nicht unbedingt freiwillig.«

»Ach, stimmt ja. Frau Obermüller erwähnte einen Sturz oder dergleichen. Man sieht ja auch etwas! Was war denn eigentlich passiert?«

Ich gab einen detaillierten Bericht meines Unfalls, verschwieg aber die medizinische Betreuung vor und nach dem Ereignis.

»Deshalb war Ihr Mann also sauer!« Frau Heinze nickte verständnisvoll. »Er lief nämlich die ganze Zeit mit einem Bullenbeißergesicht herum und hat jeden angeblafft, der ihm in die Quere kam. Sicher hat er sich vereinsamt gefühlt.«

Das wäre zwar zum erstenmal der Fall gewesen, aber ich ließ Frau Heinze in dem Glauben, Rolf hätte sich vor Sehnsucht nach mir verzehrt. Vielleicht hatte sie sogar recht, denn die größten Schwierigkeiten erlebt ein Mann erst dann, wenn er tun und lassen kann, was er will.

Herr Heinze kletterte über den Zaun und meldete »Klar Schiff«. Ich forderte ihn auf, Rolf aus dem Bett zu scheuchen und mit ihm zusammen seine hauswirtschaftliche Tätigkeit bei uns fortzusetzen, aber er winkte ab.

»Ich komme mir in der Küche eines anderen Menschen immer so verloren vor.« Dann wandte er sich an seine Frau: »Nächste Woche kaufe ich einen Geschirrspülautomaten, sonst werde ich noch selbst zu einem!«

Nunmehr entsann sich Frau Heinze ihrer mütterlichen Pflichten. Patricia hatte zwar in dem Besucher aus Leverkusen nicht den Mann fürs Leben gefunden, aber immerhin nächtigten die beiden unter demselben Dach, und es könnte ja sein, daß der künftige Herr Studienrat bei Tageslicht an Profil gewann. Bei einem angehenden Beamten in dann zwangsläufig gesicherter Position mit Aufstiegschancen und Pensionsberechtigung brauchte man doch nicht übermäßigen Wert aufs Äußere zu legen. Außerdem sahen Studenten meistens ein bißchen verhungert aus. Wenn sie keine Studenten mehr waren, änderte sich das ziemlich schnell.

Mir war inzwischen eingefallen, daß wir ja auch einen Logiergast hatten – es sei denn, Felix hätte noch in der Nacht die Rückfahrt angetreten. Hatte er aber nicht. Gleichmäßiges Schnarchen aus dem Arbeitszimmer bewies das Gegenteil.

Es klingelte. Dorle wollte wissen, ob ich ein bißchen Gulaschsuppe gebrauchen könne, es sei so viel übriggeblieben. Sie sei auch als Katerfrühstück zu empfehlen.

»Sind deine Männer schon auf?«

»Warum sollten sie? Die Kranke im Haus bin doch ich.«

Während ich sie an der Haustür davon zu überzeugen versuchte, daß ich physisch völlig in Ordnung und psychisch auch nicht angeknackster war als vor meinem Zusammenstoß mit der Leiter, hatte sich auf der Terrasse ein weiterer

Besucher eingefunden. Wolfgang saß im Schaukelstuhl, trank meinen Kognak und rauchte Pfeife.

»Sollte ich je wieder an meiner medizinischen Qualifikation zweifeln, dann werde ich mich an diesen Augenblick erinnern«, sagte er fröhlich. »Sie sehen aufreizend gesund aus.«

»Bis auf die Beule unterm Auge.«

»Ich habe schon seit jeher für asiatische Gesichtszüge geschwärmt«, lachte er, »obwohl die asymmetrische Variante ein bißchen ungewöhnlich ist.«

Das war milde ausgedrückt. Der morgendliche Blick in den Spiegel hatte mir gereicht. Ich sah aus wie der Sparringspartner von Muhammed Ali.

Wolfgang schien meine Gedanken erraten zu haben. »Das ist doch bloß äußerlich und vergeht in ein paar Tagen. Mich hat's innerlich erwischt, und das ist viel schlimmer.«

Hoppla, jetzt wurde es kritisch. Ein Themawechsel war dringend nötig. »Wieso sind Sie noch nicht abgereist? Haben Sie keine Angst, daß Alex Sie heute zum Duell fordert?«

Er nahm die Pfeife aus dem Mund, um Platz für seine Verwunderung zu schaffen. »Wegen der kleinen Ohrfeige? Das ist nicht die erste gewesen und wird voraussichtlich auch nicht die letzte gewesen sein. Alex ist ein netter Kerl, aber er trinkt zuviel!«

»Hätten Sie das nicht wenigstens gestern verhindern können?«

»Wie denn? Sein Glas ist von Natur aus leer. Außerdem hat ein erwachsener Mensch das Recht, sich auf jede ihm genehme Weise umzubringen. Nur hätte er das zweckmäßigerweise schon in Bengasi tun sollen, dann bekämen Karin und die Kinder jetzt wenigstens eine anständige Rente.«

»Ihr Zynismus gefällt mir nicht.«

»Mir auch nicht. Reden wir also von etwas anderem. Was machen Sie heute Abend?«

»Kalte Umschläge!«

»Die sind bestimmt nicht nötig. Solch eine kleine Schwellung klingt auch von allein ab.«

»Ich rede nicht von mir, sondern von meinem verkaterten Mann und seinem nicht minder verkaterten Freund.«

Mit einem resignierenden Lächeln klopfte Wolfgang die Pfeife aus. »Also treusorgende Ehefrau ohne Fehl und Tadel? Schade, aber ich hätte mir denken können, daß Sie einen sehr gefestigten Charakter haben.«

(Die meisten Frauen sagen, wie kleine Kinder, gern nein. Und die meisten Männer nehmen das, wie Schwachsinnige, ernst.)

Also sagte ich in edler Selbsterkenntnis: »So charakterfest bin ich gar nicht, ich bin nur ziemlich schmerzempfindlich. Und die schmerzhaftesten Wunden sind Gewissensbisse.«

Er hatte verstanden. Zögernd stand er auf und gab mir die Hand.

»Vielleicht sehen wir uns doch irgendwo einmal wieder?«

»Möglich ist alles. In Zukunft werde ich mich an jedem Preisausschreiben beteiligen, das als Hauptgewinn eine Kreuzfahrt zu bieten hat.«

»Gewinnen Sie oft?«

»Nein, nie!«

Er ging. Und mit ihm gingen ein paar beunruhigende Gedanken.

Dann rief ich mich energisch zur Ordnung: Dumme Gans! Du bist kein sentimentaler Backfisch mehr, sondern zweiunddreißig Jahre alt, verheiratet, zweifache Mutter und überhaupt nicht unzufrieden. Und jetzt wirf endlich deinen Mann aus dem Bett!

Was mir in Stunden nicht gelungen war, schaffte Alex in wenigen Minuten. Auf der Suche nach einem ebenbürtigen Gesprächspartner, mit dem er die gestrigen Ereignisse aus rein männlicher Sicht durchhecheln konnte, war er zuerst bei uns gelandet.

»Rolf schläft noch?« hatte er ungläubig gefragt. »Das hat er aber die längste Zeit getan!«

Unternehmungslustig stürmte er das Schlafzimmer (ich hinterher), sah sich suchend um, entfernte den Asternstrauß aus der Vase und kippte ihren Inhalt kurzerhand über Rolfs Kopf. Dann ging er schleunigst in Deckung. Folglich landete das klatschnasse Kissen in meinem Gesicht, wo es nach Rolfs Ansicht auch hingehörte. »Hier hört der Spaß eben auf!« donnerte er wütend.

»Wasserscheu ist er auch noch!« feixte Alex.

Mein Gatte wälzte sich fluchend von seiner feuchten Lagerstätte, angelte nach seinen Hausschuhen, fand sie nicht, suchte den Bademantel, fand ihn auch nicht, warf einen Blick in den Spiegel und schreckte zurück. »Ogottogott! Ich bezweifle, daß wir vom Affen abstammen, ich glaube eher, wir entwickeln uns dahin! – Wann bin ich eigentlich ins Bett gekommen?«

Mit mürrischer Miene wandte er sich an Alex. »Wieso bist du um diese Zeit schon so unverschämt munter?«

»Es ist halb zwei Uhr mittags, die Sonne scheint, die Vöglein singen, ich hab' zwei Flaschen Bier gefrühstückt, Gulaschsuppe und eine Portion Krabbensalat. Mir geht's großartig!«

»Mir nicht«, sagte Rolf und schlurfte ins Bad. »Ist Felix schon auf?«

»Nein.«

»Hast du noch irgendwo eine Vase?« Alex war ausgesprochen tatendurstig.

Die kalte Dusche blieb Felix erspart. Völlig verknautscht und verkatert, die weinrote Seidenkrawatte wie einen Henkerstrick um den Hals gewürgt, kam er durch die Tür geschlichen.

»Seid ihr denn wahnsinnig? Wie könnt ihr zu so unchristlich früher Stunde solch einen Höllenspektakel machen?« Er schüttelte den Kopf und drehte sich wieder um.

»Ich geh noch mal schlafen. Zum Essen könnt ihr mich ja wecken.«

»Zu welchem?« fragte ich hinterhältig. »Nachmittagskaffee oder Abendbrot?«

»Wieso?« Felix kratzte sich ratlos hinterm Ohr. »Wie spät ist es denn?«

»Gleich zwei.«

»Auch das noch!« stöhnte er entsetzt. »Um eins war ich mit Hannelore im Alten Turm verabredet. Was mache ich denn jetzt?«

»Anrufen«, schlug ich vor. »Wenn du Glück hast, ist sie schon da. Für eine Frau ist es ja nie zu spät, eine Verabredung einzuhalten.«

Wenig überzeugt stolperte Felix die Treppe hinunter. »Wo ist das Telefonbuch?«

»Neben dem Apparat!«

»Da ist es eben nicht«, klagte er.

Mit einem maliziösen Lächeln bemerkte Alex: »Es wird wohl noch auf der Terrasse liegen.«

»Und wie ist es dahin gekommen?« fragte ich verständnislos.

»Weil dein Mann gestern im ›Watussi‹ anrufen und ein halbes Dutzend Barfrauen herbestellen wollte! Sie sollten unserer Party neuen Schwung geben!«

»Was wollte ich?« Mit surrendem Rasierapparat stand Rolf hinter uns. »Sag das noch mal!«

»Weißt du das wirklich nicht mehr?« Alex amüsierte sich köstlich.

»Wenn dieser Schuppen nicht schon zugewesen wäre, hättest du die Weibsbilder tatsächlich kommen lassen. Du hattest ja schon Geld fürs Taxi gesammelt. Zum Glück war wohl nur ein etwas vertrottelter Kellner am Apparat, der gar nicht richtig mitgekriegt hat, was du eigentlich von ihm wolltest.«

»Davon habe ich keine Ahnung!« beteuerte Rolf. »Das

mußt du mir glauben!« Er sah mich ganz zerknirscht an. »Irgendwo fehlen mir ein paar Meter Film. Ist ja auch kein Wunder. Erst das widerlich süße himbeerrote Gesöff von Isabell, und dann der Whisky. Diese Mischung haut den stärksten Eskimo vom Schlitten!«

»Ist alles bloß Übungssache!« Alex zeigte nicht das geringste Verständnis. »Dann weißt du wohl auch nicht mehr, wie du Babydoll zu einem Spaziergang überredet hast, weil du ihr hinter Köbes' Scheune die karierten Maiglöckchen zeigen wolltest?«

»Ist sie mitgegangen?« fragte Rolf entsetzt.

»Nee. Du bist über den Liegestuhl gestolpert und vorsichtshalber gleich drin sitzen geblieben.«

»Tu mir den Gefallen und hör auf!« jammerte Rolf. »Erzähl mir das nachher, wenn ich wieder aufnahmefähig bin. Oder noch besser, behalt es ganz für dich!«

»Kommt gar nicht in Frage«, protestierte ich. »Mich interessiert das nämlich brennend.«

»Widerwärtiges Klatschweib!« schimpfte Rolf, bevor er die Badezimmertür hinter sich zuschlug.

»Damit hat er doch wohl nicht mich gemeint?« fragte Alex verwundert. Unten wurde der Hörer auf die Gabel geknallt. »Anscheinend ist sie schon weg«, klagte Felix. »Aber zu Hause ist sie auch nicht.«

»Entschuldige dich mit ein paar Zeilen und schick ihr einen Rosenstrauß!« riet ich.

»Glaubst du, das hilft? Aber ich werde lieber Nelken nehmen. Um diese Jahreszeit sind sie billiger.«

Eine halbe Stunde später saßen die drei Partylöwen einträchtig auf der Terrasse, löffelten Gulaschsuppe und renommierten mit ihren Heldentaten.

»Wo bist du eigentlich abgeblieben, Felix?« examinierte Rolf. »Ich hab' dich überhaupt nicht mehr gesehen. Ungefähr zum gleichen Zeitpunkt ist Dorle auch verschwunden.«

»Aber nicht mit mir!« wehrte der empört ab. »Ich habe

bloß ein bißchen mit der niedlichen Krabbe von gegenüber geflirtet. Patricia heißt sie, oder so ähnlich. Mitten beim Tanzen fragte sie plötzlich, wie alt ich bin, und ich Idiot habe prompt die Wahrheit gesagt. Darauf sie: ›Für Ihr Alter haben Sie sich aber ganz passabel gehalten!‹ Was denkt dieses Gör sich eigentlich?«

Rolf grinste. »Im Leben eines Mannes gibt es drei Abschnitte: Jugend, Mannesalter und die Zeit, wo die Leute sagen: ›Sie sehen aber gut aus!‹«

Felix streckte ihm die Zunge raus. »Ekel!«

»Alles in allem war es aber doch eine gelungene Sache«, behauptete Alex. »Ich hab's ja immer gesagt: Man soll die Feste feiern, wie sie fallen.«

Davon war ich nun gar nicht überzeugt. Mir fiel Frau Heinzes Morgenvisite ein und ihre blumenreiche Schilderung der vergangenen Nacht. Vielleicht sollte man das Sprichwort ein bißchen abwandeln, etwa so: Man soll die Feiern fallenlassen, bevor sie feste ausarten!

13

Die Gemüter beruhigten sich wieder. Eine Zeitlang waren sich die jeweiligen Kontrahenten aus dem Weg gegangen oder hatten sich geflissentlich übersehen, aber so nach und nach einigten sie sich auf die nicht zu widerlegende Version, daß man wohl allgemein ein bißchen zuviel getrunken habe und folglich Anspruch auf den Paragraphen einundfünfzig Komma zwo erheben könne. Schließlich lud Babydoll die verfeindeten Parteien zu einem Versöhnungsabend ein, an dem dann die letzten Streitigkeiten beseitigt und zu später Stunde neue angefangen wurden. Aber auch die lösten sich in bierseliger Verbrüderung wieder auf, und im Morgengrauen verkündeten alle Teilnehmer dieser Party mehr laut als melodisch, daß so ein Tag, so wunderschön wie heute, nie vergehen dürfe und alle, alle in den Himmel kämen. Ich war allerdings vom Gegenteil überzeugt. Wegen des Radaus hatte ich die ganze Nacht kaum ein Auge zugemacht und die Sangesbrüder allesamt zum Teufel gewünscht.

Die Siedlung hatte ein neues Gesprächsthema. Frau Heinze hatte beschlossen, den Führerschein zu machen und zwar heimlich. Schätzchen durfte nichts davon wissen, hatte er doch seiner Frau die Zustimmung mit dem Hinweis verweigert: »In deiner Hand wäre das keine Fahrerlaubnis, sondern ein Waffenschein! Kommt nicht in Frage!«

»Nun erst recht!« sagte Frau Heinze und begab sich auf die Suche nach einer Fahrschule, die kleine Autos und abgeklärte Lehrer zu bieten hätte. Ich empfahl ihr Herrn Mundlos, der ja sogar mir das Fahren beigebracht hatte.

»Aber was erzähle ich Schätzchen, wenn ich abends zum theoretischen Unterricht muß? Ich kann ja nicht zweimal pro Woche ins Kino gehen!«

»Sagen Sie doch ganz einfach, Sie machen einen Nähkurs oder lernen Bauernmalerei. Sie können ja auch plötzlich Ihre Liebe zur Töpferei entdeckt haben.«

»Das glaubt er mir nie! Ich kann ja nicht mal einen Fensterrahmen streichen.«

Nach längeren Beratungen einigten wir uns auf die Behauptung, daß jeder pflichtbewußte Bürger einen Erste-Hilfe-Kurs absolviert haben sollte, um gegebenenfalls zu Schaden gekommenen Mitmenschen mit guten Ratschlägen und/oder den entsprechenden Handgriffen helfen zu können. Herr Heinze fand das dann auch sehr nützlich, wenn ihn auch die humanitären Anwandlungen seiner Frau etwas irritierten. »Schaden kann es auf keinen Fall«, meinte er, »und sei es auch nur, damit du endlich mal weißt, wozu die fünfundneunzig Tablettenschachteln in unserer Hausapotheke eigentlich gut sind.«

»Ich beabsichtige kein Medizinstudium«, erklärte Frau Heinze pikiert, »und außerdem steht alles auf den Packungen drauf. Die meisten hat mir Alex geschenkt.«

»Dann wirf sie sofort weg! Ich laß mich doch nicht mit Vitaminpillen für Schnecken umbringen!«

Frau Heinze hatte also ein Alibi für den Theorieunterricht, einen Fahrlehrer, der mit gottergebenem Blick die zweite Schülerin aus der Millionärssiedlung akzeptieren mußte, und das Geld für die Anzahlung. Wo sie den weitaus größeren Rest hernehmen sollte, wußte sie nicht.

»Ich kann meiner rheumakranken Tante ja nicht schon wieder eine Garnitur Angorawäsche schenken«, jammerte sie. »Schätzchen hat schon beim letztenmal gesagt, daß meine verwandtschaftlichen Gefühle seine finanziellen Möglichkeiten übersteigen. Aber die Bluse, die ich mir für das Geld gekauft habe, hat ihm gefallen. Zum Glück hat er überhaupt keine Ahnung, was Spitzen kosten. Er hat mir doch tatsächlich geglaubt, daß ich die Kreation beim Sommerschlußverkauf auf dem Wühltisch gefunden habe!«

»Haben Sie denn keine stillen Reserven?« fragte ich, eingedenk der Tatsache, daß versierte Hausfrauen angeblich immer einen Sparstrumpf unter der Matratze aufbewahren. Meine Großmutter hatte auch einen besessen, allerdings in Form einer Zuckerdose ohne Henkel, die im Bücherschrank hinter Band 5 von Meyers Konversations-Lexikon stand. Von einem Sparbuch hatte sie nicht viel gehalten. »Geld auf der Bank ist wie Zahnpasta«, pflegte sie zu sagen, »leicht herauszubekommen, aber kaum wieder zurückzubringen.« Außerdem waren ihr Zahlen zu abstrakt. In der Zuckerdose vermehrte sich das Geld wenigstens sichtbar, und im Notfall war es auch immer zur Hand.

Mir ist es nie gelungen, einen Sparstrumpf oder ein anderes Geldreservoir anzulegen. Etwaige Reserven gingen immer für Unvorhergesehenes drauf, also für einen schicken Badeanzug oder für zwei neue Oberhemden, weil ich einen roten Socken von Sascha mit in die Maschine geworfen und die gesamte Wäsche rosa changierend wieder herausgezogen hatte. Wenn das Haushaltsgeld mal wieder überhaupt nicht reichte und ich am Monatsende der meuternden Familie tagelang Variationen in Hackfleisch servierte, blockte ich alle Proteste mit dem Hinweis ab, daß wir ja bekanntlich eine schleichende Inflation hätten.

»Was is'n das?« wollte Sven wissen.

»Zuviel Geld bei anderen Leuten!« sagte Rolf und zerteilte lustlos seinen falschen Hasen. »Den hatten wir doch gestern auch schon?! Kannst du einem nicht wenigstens Zeit lassen ein paar Abwehrstoffe dagegen zu bilden?«

Jedenfalls hatte Frau Heinze schon die dritte Fahrstunde hinter sich gebracht und noch immer keine Ahnung, wovon sie diese bezahlen sollte. Ich riet ihr, es doch mal mit Lottospielen zu versuchen. Immerhin gab es ja in unmittelbarer Nachbarschaft Leute, die das erfolgreich probiert hatten. In letzter Zeit hatten wir allerdings schon mehrmals eine sehr amtlich aussehende Person gesichtet, die jedesmal zielstrebig das Haus von Wittingers ansteuerte und erst nach mehrmaligem Läuten eingelassen wurde.

»Steuerfahnder oder Jerichtsvollzieher«, mutmaßte Obermüller, der ja immerhin auf ein abwechslungsreiches Berufsleben zurückblicken konnte und behauptete, jeden Beamten schon auf fünfzig Meter Entfernung erkennen zu können. Da wir alle noch nie die persönliche Bekanntschaft eines Steuerfahnders oder gar eines Gerichtsvollziehers gemacht hatten und sich der Lebensstil von Wittingers auch in keiner Weise änderte, vermuteten wir in dem Besucher mit Aktenköfferchen lediglich einen Versicherungsvertreter oder einen Reisenden in Tafelsilber.

Frau Heinze beschloß, daß ihr selbst und natürlich auch sämtlichen Familienmitgliedern eine Diätkur guttun würde, setzte ihren Lieben hartgekochte Eier und Salatplatten vor – beides lieferte Bauer Köbes frisch, reichlich und preiswert und stellte nach vierzehn Tagen fest, daß die Ausgaben für Fleisch und Wurst rapide gesunken, die für Kuchen und Gebäck aber auf das Doppelte gestiegen waren. Gespart hatte sie keinen Pfennig.

»Von irgendwas muß man ja schließlich satt werden!« begründete sie den enormen Verbrauch von Sahnetorte und Butterkeksen. »Abgenommen habe ich zwar nicht ein Gramm, seitdem ich die Kalorien zähle, aber ich kann jetzt wesentlich besser rechnen. Unklar ist mir nur noch, weshalb man von *einem* Pfund Konfekt zwei Pfund zunimmt.«

Als sie schon drauf und dran war, ihrem Mann die heimlichen Fahrstunden zu beichten, kam ihr der Zufall zu Hilfe. Ihre Putzfrau, die pünktlich jeden Morgen um neun gekommen und um zwölf Uhr wieder gegangen war, kündigte. Ihr Schwiegersohn hatte endlich die Mansarde in seinem Häuschen ausgebaut und somit Platz geschaffen für Oma und Opa, die dringend als Babysitter, zum Kochen und fürs Grobe gebraucht wurden, »weil ja die Tochter nun wieder arbeiten gehen muß, sonst können sie den Kredit nicht zurückzahlen. Am Freitag komme ich zum letztenmal!«

Erst klagte Frau Heinze in jammervollen Tönen, daß sie den Haushalt niemals alleine schaffen würde und Patricia bis auf weiteres ihr Studium der Kunstgeschichte abbrechen müßte, damit sie ihr zur Hand gehen könnte, denn Putzfrauen seien mittlerweile ja noch seltener geworden als ein Lottogewinn... dann aber jubelte sie plötzlich los: »Das ist ja die Lösung! Ich werde Schätzchen von meiner desertierten Putze gar nichts sagen, sondern weiterhin das Geld für sie kassieren und davon die Fahrstunden bezahlen. Bis ich den Führerschein habe, werde ich schon eine neue finden. Sie können sich ja auch mal umhören!«

Zuständigkeitshalber gab ich diesen Auftrag an Frau Koslowski weiter, die aber nicht bereit war, Frau Heinze die notwendigen Empfehlungen auszustellen. »Die is viel zu pingelig!«

Das stimmte allerdings. Als erstes kaufte sie einen langen Kokosläufer, der die spiegelblanken Steinplatten im Flur schützen sollte. Besucher wurden angewiesen, ja nicht vom rechten Pfad abzuweichen, und wer trotzdem mal versehentlich auf die Platten trat, erntete finstere Blicke und ein vorwurfsvolles »Ich habe vorhin erst alles gebohnert!«

Hendrik nutzte jede Gelegenheit, sich bei mir oder bei Obermüllers die Hände zu waschen, weil er zu Hause nach jeder Benutzung das Waschbecken wieder scheuern und polieren sollte. Da ihm auch nach dem Duschen eine derartige Prozedur zugemutet wurde, verzichtete er nach Möglichkeit (und gar nicht so ungern) auf die häusliche Hygiene und beschränkte sich auf Vollbäder im nahegelegenen Baggersee.

»Mutti rennt neuerdings hinter jedem Staubkrümel her!« beschwerte er sich bei mir. »Früher hat es ihr doch nie etwas ausgemacht, wenn ich mal mit dreckigen Schuhen die Treppe raufgelaufen bin.«

»Da hat sie ja auch nicht alles allein machen müs...«

Erschrocken verbesserte ich mich: »Alles noch mal saubermachen zu müssen, wenn die Putzfrau gerade aus dem Haus ist, macht ja nun wirklich keinen Spaß!«

Ein paar Wochen lang ging alles gut. Zwar hatte Herr Heinze seine Perle noch niemals gesehen, aber er verließ ja auch immer schon um halb acht das Haus und kam selten vor sechs Uhr abends zurück. Außerdem interessierten ihn häusliche Belange herzlich wenig. Ihm reichte es völlig, wenn er jeden Freitag den Wochenlohn für die Putzfrau hinblättern mußte – auf eine persönliche Bekanntschaft legte er gar keinen Wert. Frau Heinze bezahlte pünktlich ihre Fahrstunden, und als sie in der normalerweise etwas hausbackenen Schaufensterauslage des Monlinger Modesalons ein »ganz entzückendes Trachtenkostüm« entdeckte, zahlte sie an, erhöhte kurz entschlossen den Stundenlohn ihrer Putzfrau (»Es wird eben alles teurer, Schätzchen!«) und redete ihrem Mann ein, das Kostüm sei ein schwer verkäufliches und daher herabgesetztes Einzelstück gewesen.

Eines Tages rief Herr Heinze am frühen Vormittag an und bat seine Frau, ihm einen Handkoffer zu packen, weil er kurzfristig für zwei Tage verreisen müsse. Seine Maschine gehe um elf Uhr, und vorher werde er den Koffer noch abholen.

Natürlich hatte ausgerechnet an diesem Tag die Putzfrau telefonisch abgesagt, weil sie dringend zum Zahnarzt mußte. Herr Heinze bedauerte sein armes Liebchen, das nun ganz ohne Hilfe zurechtkommen mußte, und ließ der Putzfrau gute Besserung wünschen.

»Das wäre beinahe schiefgegangen!« japste Frau Heinze, als Schätzchen samt Koffer im Auto und sie bei mir am Küchentisch saß. »Hoffentlich kommt so etwas nicht noch mal vor!«

Es kam aber! Diesmal waren es Besprechungsunterlagen, die er liegengelassen hatte und unbedingt noch am Vormittag brauchte.

»Kommen Sie bloß schnell rüber! Wir müssen meinen

Mann irgendwie ablenken! Er darf auf keinen Fall nach oben gehen!«

»Und warum nicht?«

»Ich kann doch meine Putze nicht schon wieder krank sein lassen! Dann kriegt er es fertig und schmeißt sie raus!«

Etwas verstört bezog ich Posten am Badezimmerfenster, um Frau Heinze rechtzeitig Bescheid sagen zu können, wenn der Wagen ihres Mannes auf den Garagenhof fuhr. In der Zwischenzeit schleppte sie alles ins Wohnzimmer, was sie auf dem Schreibtisch an Papieren fand, und breitete die Aktenstöße auf dem Eßtisch aus.

»Ist das nicht ein bißchen zu auffällig?« fragte ich zweifelnd.

»Ich mach das schon!« sagte Frau Heinze und schaltete die Kaffeemaschine ein.

Ein dunkelgrüner Wagen bremste vor den Garagen. »Ich glaube, er kommt!«

»Dann gehen Sie jetzt in die Küche und schreiben irgendein Rezept ab! Wir müssen einen Vorwand für Ihr Hiersein haben. Kochbuch und Papier habe ich schon zurechtgelegt. Ich mache jetzt hier oben weiter!«

Gehorsam trabte ich in die Küche und begann, die recht langatmige Zubereitung von Cordon bleu abzuschreiben, während Frau Heinze den Wasserhahn der Badewanne aufdrehte und anschließend den Staubsauger im Arbeitszimmer einschaltete. Bei dem Radau hätte ich beinahe das Klingeln überhört, aber sie kam schon die Treppe heruntergefegt und öffnete.

»Nanu, Schätzchen«, rief sie überrascht, »du bist ja schon da! So schnell habe ich gar nicht mit dir gerechnet!«

»Ich hab' dir doch gesagt, daß ich es eilig habe!« Er warf einen fragenden Blick auf die obere Etage. »Was ist denn das für ein infernalischer Krach?«

»Die Putzfrau, was denn sonst?« Frau Heinze schrie nach oben: »Machen Sie doch mal die Tür zu!«

Begreiflicherweise tat sich nichts, und so lief sie eilig die Treppe hinauf und schloß mit einem »Entschuldigen Sie, aber man versteht unten sein eigenes Wort nicht mehr!« nachdrücklich die Tür.

Inzwischen hatte Heinze auch mich entdeckt. »Wie ich sehe, bin ich in so eine Art Hausfrauen-Tornado geraten. Lassen Sie sich nicht stören, ich hole nur schnell meine Unterlagen von oben und verschwinde wieder.«

»Die habe ich dir schon heruntergebracht, Schätzchen«, beteuerte seine Gattin. »Du trinkst jetzt eine schöne Tasse Kaffee, suchst dir in aller Ruhe zusammen, was du brauchst, und dann fährst du hübsch langsam und vorsichtig wieder ins Büro.«

Entgeistert prallte Schätzchen zurück, als er die Papierstapel sah. »Was soll denn das?«

»Frau Oelmann putzt gerade dein Zimmer, und sie wird immer sehr ungemütlich, wenn man sie mittendrin stört«, versicherte Frau Heinze eilig. »Blödsinn! Wie soll ich jetzt bei diesem Durcheinander den richtigen Schnellhefter finden? Er hat links auf dem Schreibtisch gelegen, gleich neben der Wanderkarte und dem Garantieschein für die Trockenhaube.« Knurrend machte er sich an die Suche. Zwischendurch trank er seinen Kaffee, den ich vorsichtshalber auf Babyflaschentemperatur abgekühlt hatte, und meuterte: »Wie lange will die da oben eigentlich noch saugen?«

»Wir machen doch heute gründlich!« erklärte seine Frau entschuldigend.

»Man kann doch aber nicht gleichzeitig saugen und baden!«

»Kein Mensch badet!«

»Und warum läuft dann das Wasser?«

»Himmel, meine Gardinen!« Frau Heinze enteilte treppauf. Kurz danach verstummte das Plätschern.

»Ich denke, heutzutage kann man auch Gardinen in der Maschine waschen?«

Segnungen der Fernsehwerbung! Angestrengt suchte ich nach einer Ausrede. »Gewaschen werden sie maschinell, aber die Nikotinrückstände bekommt man auf diese Weise nicht heraus. Es gibt da so ein spezielles Bleichmittel, mit dem man die Gardinen nach dem Waschen noch extra behandelt.«

Heinze schluckte auch das! Außerdem hatte er das Gesuchte endlich gefunden. »Wenn ich schon hier bin, dann könnte ich auch gleich...« Er setzte bereits seinen Fuß auf die unterste Treppenstufe.

»Nicht raufkommen!« schrie seine Frau entsetzt. »Mir ist die Badewanne übergelaufen, hier schwimmt alles!«

»Ich geh ja schon!«

»Frau Oelmann!« trompetete Frau Heinze oben über den Flur, »wischen Sie doch erst mal das Bad auf!« Mit einem entschuldigenden Achselzucken winkte sie ihrem Mann zu. »Sie hört nicht! Kann sie ja auch nicht bei dem Krach! Also auf Wiedersehen, Schätzchen, und laß es heute abend nicht so spät werden!«

»Bis sechs werdet ihr doch hoffentlich fertig sein!« Heinze öffnete die Haustür. »Auf Wiedersehen, Frau Oelmann!« schrie er in Richtung Obergeschoß.

»Ich werde es ihr sagen«, versprach seine Frau und schloß aufatmend die Tür. Dann raste sie wieder die Treppe hinauf. Gleich darauf verstummte der Staubsauger.

»Gott sei Dank, ich bin bald wahnsinnig geworden! Jetzt brauche ich erst mal einen Schluck!«

»Wollen wir nicht vorher die Überschwemmung im Bad beseitigen?« schlug ich vor.

»Da ist ja überhaupt nichts passiert. Aber ich konnte doch nicht zulassen, daß Schätzchen nach oben geht!« Aufatmend sank sie in einen Sessel. »Hoffentlich lassen die mich bald in die Prüfung. Lange halten meine Nerven das nicht mehr durch!«

Immerhin hatte die so unermüdlich und vor allem so geräuschvoll tätige Putzfrau Herrn Heinze von ihren Qualitäten überzeugt, und so war er selbstverständlich auch bereit, ein angemessenes Geburtstagsgeschenk für sie zu bezahlen und natürlich auch ein Kistchen Zigarren für den Ehemann der Putzfrau, der zwei Wochen danach seinen Sechzigsten feierte. Später mußte dann noch ein Weihnachtsgeschenk besorgt werden, im Januar beging die Putzfrau ihren dreißigsten Hochzeitstag, und im Februar brach sie sich endlich den Knöchel und gab ihre lukrative Tätigkeit auf. Frau Heinze hatte eine neue, diesmal wirklich existierende Hilfe gefunden. Schätzchen bezahlte noch ein Abschiedsgeschenk für Frau Oelmann, das sich flugs in ein Paar blaßblaue Cordhosen verwandelte, und wenn Frau Oelmann nicht gestorben ist, wird sie wohl heute noch von Frau Heinze gelegentliche Liebesgaben empfangen.

»Ist ja eigentlich gar kein Wunder, daß unsere Perle so plötzlich gekündigt hat«, erklärte mir später Patricia, die von dem ganzen Schwindel auch nichts mitgekriegt hatte. »Mutti hat sie anscheinend behandelt, als gehöre sie zur Familie.«

Jedenfalls konnte Frau Heinze mühelos ihren Unterricht bezahlen, und da sie offensichtlich viel intelligenter war als ich, wurde sie nach erheblich weniger Fahrstunden zur Prüfung geschickt. Zweifellos würde sie die auch auf Anhieb bestehen, und was dann kommen würde, kannte ich ja aus eigener Erfahrung. Hüte dich vor Sonntagsfahrern, die schon am Samstag unterwegs sind! Es erschien mir also ratsam, Sascha wieder einmal mit den allgemeinen Verkehrsvorschriften bekannt zu machen. Er hatte zu seinem fünften Geburtstag neben einer Schildkröte namens Lady Curzon ein Fahrrad bekommen, mit dem er ohne Rücksicht auf Verkehrsregeln durch die Gegend gurkte.

»Du mußt immer auf der rechten Seite fahren!« predigte ich ihm zum hundertsiebenundzwanzigsten Mal.

»Ja, Mami!« sagte Sascha und fuhr zum hundertachtundzwanzigsten Mal auf der linken Seite.

»Du sollst rechts bleiben!« brüllte Sven und rettete sich mit einem Sprung in den Straßengraben.

»Ich bleibe ja rechts!« versicherte Sascha und bewegte sich links von der Mitte.

»Rechts halten!« schrie Rolf, stellte sich schützend vor sein Auto und wies gestikulierend auf die gegenüberliegende Fahrbahnseite. »Ja, Papi!« sagte Sascha, fuhr gegen den Bordstein und ließ sich vorsichtshalber fallen.

»Himmel noch eins! Wenn du zu blöd bist, um rechts und links auseinanderzuhalten, dann nehme ich dir das Rad wieder weg!«

»Ich w-will ja r-rechts fahren«, schluchzte Sascha, »aber wo is'n r-rechts eigentlich?«

»Mit welcher Hand ißt du deine Corn-flakes?«

Gehorsam streckte Sascha seinen rechten Arm aus.

»Na also«, sagte Rolf besänftigend, »das ist rechts! Und wo die Hand ist, mit der du ißt, da ist auch die richtige Straßenseite.«

»Aber die Gabel nehme ich doch in die andere Hand!«

»Nein!! Oder vielmehr ja!! Aber du sollst dort fahren, wo du mit dem Löffel ißt!!!«

Sven fand endlich eine Eselsbrücke. »Auf der rechten Seite vom Fahrrad hast du doch die Handbremse, Sascha. Und auf dieser Seite muß auch immer der Straßenrand sein. Kapierst du das?«

Sascha behauptete, das kapiert zu haben. Fortan hielt er sich wenigstens annähernd rechts und veranlaßte nur noch jeden dritten Passanten zu abrupten Seitensprüngen. Auf die verkehrsreiche Durchgangsstraße durfte er nicht.

Als er bei einem vergeblichen Ausweichmanöver gegen einen Laternenpfahl gesaust und Dorle Obermüller vor die Füße geschlittert war, stopfte sie ihm schnell ein Bonbon in den Mund und versuchte ihn abzulenken, bevor das ohrenbetäubende Wehgeschrei losgehen würde. »Du hast ja ein wunderschönes Fahrrad! Das ist doch bestimmt ganz neu?«

»Ist es auch«, schniefte Sascha. »Aber dem Sven seins is noch schöner.« »Stimmt doch gar nicht. Deins glänzt ja viel mehr!«

»Aber Svens hat rechts 'ne Bremse und links 'ne Bremse. Der kann überall fahren!«

Morgens um zehn begossen wir Frau Heinzes Führerschein. Freudestrahlend war sie mit dem grauen Ausweis und einer Flasche Sekt unterm Arm via Terrasse in unser Haus gestürmt und schnurstracks zum Telefon gelaufen. »Frau Obermüller muß mitfeiern! Wen können wir denn noch einladen? Vielleicht Babydoll?«

Sie ließ sich überzeugen, daß Isabell um diese Zeit erstens noch schlafen und zweitens mühelos ganz allein eine Flasche Sekt austrinken würde. Frau Heinze sah das ein. »Außerdem tratscht sie viel zuviel!«

Das stimmte nun ganz und gar nicht; vielmehr bot sie für uns andere ein unerschöpfliches Gesprächsthema. Der Zulauf gutaussehender »Neffen« hatte zwar aufgehört, dafür tauchte jetzt häufig ein kleiner, dicker Mann mit Glatze auf, der Isabell Blumen und Geschenke mitbrachte und meistens gegen zehn Uhr abends wieder verschwand.

»Keen Wunda, det der Babydoll so verwöhnt. Sie ist sexy, und er is sechzig!« hatte Obermüller sachkundig festgestellt. Während wir an unseren Sektgläsern nippten, beratschlagten wir, wie Frau Heinze ihrem Mann am schonendsten die bestandene Fahrprüfung beibringen könnte.

»Mir wird schon irgend etwas einfallen. Nur die Geschichte mit der Putzfrau darf Schätzchen nicht erfahren. Ich werde ihm einfach sagen, daß ich mir jahrelang etwas vom Haushaltsgeld zurückgelegt habe.«

»Ob er das glaubt?«

»Das muß er einfach glauben! Er wird mich sogar wegen meiner Sparsamkeit bewundern, und dann werde ich ihm erklären, daß er jetzt auch mal ein bißchen sparen und mir einen kleinen Gebrauchtwagen kaufen soll. Was nützt mir denn ein Führerschein, wenn ich kein Auto habe?«

Sie bekam ein Auto. Es war ein zitronengelber Mini, der zwar wenig Raum, aber immerhin vier Räder hatte und bei nicht allzu großen Ansprüchen an die Bequemlichkeit sogar Platz für einen Mitfahrer bot. »Alle suchen einen Wagen, der nicht qualmt. Ich hab' einen gesucht, der nicht säuft!« hatte sie erklärt. »Das Benzin muß ich nämlich von meinem Taschengeld bezahlen.«

Bald war das gelbe Autochen stadtbekannt. Es keuchte hinter dem Schulbus her, wenn Hendrik mal wieder zu spät aufgestanden war; es parkte vor dem Supermarkt, wenn Frau Heinze unsere schweren Einkaufstaschen abholte, die wir nur zu gern an der Kasse hatten stehenlassen; es tuckerte zum Bäckerladen, wenn wir nachmittags plötzlich Appetit auf Sahnetorte bekamen, und was Frau Heinze bisher telefonisch erledigt hatte, machte sie jetzt persönlich. Einmal wurde ich Zeuge, wie sie ins Elektrogeschäft stürmte und wortgewaltig einen kleinen Defekt an ihrem neuen Kühlschrank reklamierte.

Beschwichtigend unterbrach sie der Verkäufer: »Aber Sie hätten doch nur anzurufen brauchen, wenn es etwas zu beanstanden gibt.«

»Was heißt beanstanden?« wetterte sie, »das hätte ich wirklich am Telefon machen können! Ich bin ja gekommen, um Krach zu schlagen!«

Wenn sie nicht im Wagen saß, stand sie davor und pflegte ihn. Jeden dritten Tag wurde er gewaschen und poliert. Als sie wieder einmal mit einer gewöhnlichen Gießkanne das Autodach begoß, rief Obermüller grinsend: »Det hat ja doch keenen Zweck, det Ding wächst bestimmt nich mehr!«

Unbeeindruckt erwiderte sie: »Dafür läßt es sich viel leichter parken, braucht wenig Benzin und ist im Handumdrehen gewaschen. Die Raten sind viel niedriger, und Schätzchen mußte nur ganz wenig anzahlen. Das sind alles unübersehbare Vorteile!« Nach kurzem Überlegen setzte sie hinzu: »Der einzige Nachteil ist nur, daß er so klein ist.«

An einem verkaufsoffenen Samstag lud sie mich ein, mit ihr nach Düsseldorf zu fahren. »Schätzchen läßt mich nicht alleine weg, aber wenn ich einen Beifahrer mit Führerschein habe, wird er mir wohl seinen Segen geben.«

Rolf hatte auch nichts gegen meinen Abstecher in die große weite Welt einzuwenden, wünschte uns viel Vergnügen sowie gute Fahrt und fragte hinterhältig, ob wir auch genügend Telefongroschen bei uns hätten, um notfalls Abschleppdienst und Reparaturwerkstatt alarmieren zu können. Frau Heinze schenkte ihm einen vernichtenden Blick und tuckerte los.

»Am besten nehmen wir die Autobahn, da weiß ich wenigstens, wie wir vom Zubringer ins Zentrum kommen.«

Beruhigt stellte ich fest, daß sie zwar langsam, aber verhältnismäßig sicher fuhr. Erst als wir uns auf der Autobahn befanden, wurde sie unruhig. Obwohl wenig Verkehr herrschte, sah sie dauernd in den Spiegel und wendete sogar mehrmals den Kopf, um aus dem Rückfenster zu sehen.

»Was ist denn los?«

»Eine leere Autobahn macht mich nervös«, sagte sie. »Ich kriege da immer Angst, die anderen könnten etwas wissen, was ich nicht weiß.« Nach einer guten Stunde hatten wir endlich das Stadtzentrum von Düsseldorf erreicht und den Wagen in einem Parkhaus abgestellt. Parklücken, die sich parallel zur Fahrbahn fanden, hatte Frau Heinze angeblich immer erst zu spät entdeckt, was mich vermuten ließ, daß sie auch nicht rückwärts einparken konnte. Es scheint sich hierbei um eine ausschließlich weibliche Erbkrankheit zu handeln.

»Was machen wir jetzt?« fragte ich, nachdem ich mich aus dem Wagen geschält und mein zerknittertes Äußeres wieder etwas restauriert hatte.

»Erst Schaufensterbummel, dann Einkäufe und zum Schluß Essen gehen!« bestimmte Frau Heinze.

»Wollen Sie etwas Bestimmtes kaufen?«

»Conni braucht einen neuen Trinknapf!«

Nun hatten wir wenigstens ein Ziel, auch wenn wir es nur auf Umwegen ansteuerten. Es gab einfach zu viele Schaufenster.

»Ein Gutes haben die hohen Preise ja«, sagte Frau Heinze beim Anblick eines teuren Modellkleides. »Wenn man nichts kauft, spart man eine Menge Geld.«

Trotzdem betrat sie energisch ein sehr luxuriös ausgestattetes Modehaus und ließ sich Pullover vorlegen. Mit einem verschwand sie in der Kabine, äugte aber gleich wieder durch den Vorhang und fragte kleinlaut: »Haben Sie nicht etwas Breiteres in derselben Größe?« Eine Verkäuferin mit Plisseelächeln bedauerte.

»Dann eben nicht!« sagte Frau Heinze. »So gut, daß er mich zum Abspecken bewegen könnte, gefällt mir der Pulli nun auch wieder nicht.«

»Wozu wollen Sie überhaupt abnehmen?« fragte ich, als wir wieder draußen waren, »Sie haben doch eine erstklassige Figur.«

»Früher war ich 1,69 groß und trug Größe 36. Jetzt bin ich 1,66 und brauche Größe 40. Mathematik ist zwar nie meine Stärke gewesen, aber irgendwo stimmt da etwas nicht mit der Proportionalrechnung.« Wir bummelten weiter und blieben vor einem Pelzgeschäft stehen. »Ich könnte auch einen neuen gebrauchen«, seufzte sie. »Wie alt meiner schon ist, habe ich neulich gemerkt, als ich ihn ausbessern lassen wollte und nirgends ein Ersatzfell kriegen konnte. Wahrscheinlich ist das Tier längst ausgestorben.«

»Heutzutage trägt man doch gar keine Mäntel mehr aus den Fellen einer bedrohten Gattung!« Dann fügte ich hinzu: »Und die bedrohte Gattung, die die Mäntel bezahlen muß, wird wohl auch erleichtert sein.«

Nach einem zweistündigen Fußmarsch durch die City streikte ich. »Wenn ich geahnt hätte, daß ich Leistungssport betreiben soll, hätte ich mir keine Schuhe mit hohen Absätzen angezogen.«

Frau Heinze warf einen Blick auf meine Füße. »So was zieht man nur ins Theater an«, bemerkte sie fachmännisch. »Da kann man wenigstens sitzen.«

»Können wir jetzt nicht auch mal ein paar Minuten...«

»Sofort! Ich muß nur noch den Futternapf kaufen. Gleich um die Ecke ist eine Zoohandlung.«

Der Verkäufer zeigte uns eine Auswahl von Schüsselchen und Näpfchen, und als sich Frau Heinze für einen hellgrünen Trinknapf entschieden hatte, erkundigte er sich, ob sie darauf eine Inschrift »Für den Hund« wünsche.

»Nicht nötig«, erwiderte sie trocken. »Mein Mann trinkt kein Wasser, und der Hund kann nicht lesen.«

Mühsam verbiß ich mir das Lachen und prustete erst los, als wir wieder vor der Tür standen. »Müssen Sie immer so entsetzlich direkt sein?«

»Was hätten Sie denn auf eine so dämliche Frage geantwortet?« Suchend sah sie sich um. »Irgendwo hier in der Nähe ist ein China-Restaurant. Mögen Sie chinesische Küche?«

»Sogar leidenschaftlich gern.«

»Ich auch. Man kann beim besten Willen nicht feststellen, ob das, was man bestellt, dick macht oder nicht. Gehen wir also ins Hongkong Inn!«

Von Haifischflossensuppe bis zu Lichi-Früchten aßen wir uns durch sehr farbenfreudige Gerichte, ließen uns anschließend wieder durch kundenrührende Kaufhausdrehtüren schleusen, verzichteten in edler Selbstbescheidenheit auf den Kauf verführerischer Negligés oder atemberaubender Cocktailkleider und erstanden Praktisches für die Familie. »Der Pullover hier ist genau das richtige für Schätzchen!« Prüfend hielt Frau Heinze etwas Grobgestricktes in dunkler Wolle hoch. »Den kann er anziehen, wenn die Gartenarbeit wieder losgeht. Im vorigen Jahr hat er anderthalb Wochen lang wie ein Wilder geackert, und für den Rest des Jahres hatte er es dann im Kreuz!«

Für Sven und Sascha fand ich auch zwei hübsche Pullover,

und nachdem wir für Hendrik noch ein weißes Oberhemd gekauft hatten (»Anziehen wird er es ja doch nicht!« hatte Frau Heinze beim Bezahlen orakelt), trotteten wir langsam ins Parkhaus.

»Zurück fahren wir aber über die Dörfer. Jetzt ist die Autobahn zu voll«, bestimmte meine Chauffeuse, fädelte sich in den Verkehr ein, bog plötzlich ab und landete verkehrtherum in einer Einbahnstraße. Sofort tauchte ein Polizist auf, zückte seinen Kugelschreiber und füllte den Strafzettel aus – im Rheinland übrigens »Knöllchen« genannt. Er ließ sich weder durch Frau Heinzes wortreiche Entschuldigungen erweichen noch durch meinen Hinweis, daß wir Ortsfremde seien. »Einbahnstraßen gibt es überall, und die Schilder gelten auch für Analphabeten. Ich habe aber das Datum vom Montag geschrieben, damit ich Ihnen nicht das Wochenende verderbe.« Freundlich lächelnd reichte er das Knöllchen in den Wagen, tippte an seine Mütze und bezog wieder Posten hinter der Litfaßsäule.

»Wer behauptet eigentlich, daß es Raubritter nur im Mittelalter gegeben hat?« Frau Heinze stopfte die Zahlkarte ins Handschuhfach, steuerte in die nächste Seitenstraße und schlich im Schneckentempo vorwärts.

»Treten Sie doch mal ein bißchen aufs Gas!« empfahl ich.

»Wenn Sie nicht schneller fahren, kriegen wir noch ein Strafmandat – diesmal aber für falsches Parken.«

Endlich hatten wir die Ausfallstraße erreicht und quälten uns mühsam voran. Der Wochenendverkehr hatte eingesetzt.

»Der Unterschied ist der«, stellte ich mit einem Blick auf die Blechlawine fest: »Wenn Lemminge runter zum Meer drängen, kommen sie nicht zurück!«

»Gibt es denn hier keine Abkürzung?«

»Doch, aber die kürzeste Verbindung zwischen zwei Punkten ist gewöhnlich wegen Bauarbeiten gesperrt.« Das war sie dann auch. Sogar die Umleitung war umgeleitet worden, und so kamen wir erst bei Einbruch der Dämmerung wieder nach

Hause, wo wir unsere Ehemänner in heller Verzweiflung antrafen. Triumphierend flüsterte Frau Heinze: »Eine Stunde früher, und wir hätten nichts als Vorwürfe bekommen. Jetzt sind sie aus dem Wo-um-alles-hast-du-denn-gesteckt? – Stadium heraus und mitten drin im Gott-sei-Dank-daß-du-da-bist-Zustand. Das müssen wir öfter mal machen!«

Rolf verbot mir zwar nicht direkt den weiteren Umgang mit Frau Heinze, beschwor mich aber, künftige Ausflüge in die Zivilisation nur noch mit ihm zusammen oder allenfalls allein zu unternehmen. So viel Angst wie heute hatte er angeblich nicht mal an seinem Hochzeitstag ausgestanden, als er mit erheblicher Verspätung auf dem Standesamt erschienen war und die ganze Zeit über befürchten mußte, ich könnte mir die Sache inzwischen überlegt und die Flucht ergriffen haben.

14

Beinahe über Nacht war wieder der Augenblick gekommen, der einem noch gestern lange Zeit gelassen hatte, Gefrierschutzmittel in den Kühler zu tun. Die ersten Flocken fielen, und ich stellte erneut fest, daß der Grad der Freude, die einem der Anblick frisch gefallenen Schnees bereitet, sich umgekehrt proportional zum Lebensalter verhält. Die Kinder waren selig und tobten in jeder freien Minute draußen herum. Auf den Heizkörpern zischten nasse Handschuhe und durchgeweichte Skihosen. Lediglich im Garten gefiel mir der Schnee. Unser Rasen sah endlich genauso schön aus wie der von Vogts.

Statt auf der Terrasse trafen wir uns nun alle wieder beim Schippen vor der Haustür (die frischgefallene weiße Pracht weiß nur der richtig zu würdigen, der keine lange Garagenzufahrt hat!). Aus den sommerlichen improvisierten Kaffeestündchen am geöffneten Küchenfenster wurden offizielle (und meistens gräßlich langweilige) Einladungen zu Punsch und Partygebäck, und Abwechslungen gab es überhaupt nicht mehr. Das Leben der Siedlungsbewohner spielte sich zwangsläufig hinter verschlossenen Türen ab und bot deshalb kaum noch Gesprächsstoff. Nicht mal Babydoll hatte Mitleid mit uns. Anfang Dezember fuhr sie mit ihrem kahlköpfigen Begleiter in die Karibik. »Da sind zwei Eiswürfel im Glas das einzige Stück Winter, das ich zu sehen bekomme«, hatte sie gesagt und jedem von uns eine Ansichtskarte versprochen. Kurz nach Weihnachten trudelten sie ein. Nachdem ich ausgiebig Palmen, Meer und Sonnenuntergang betrachtet hatte, reichte ich das prächtige Farbfoto an Rolf weiter. Der warf nur einen kurzen Blick darauf. »Der billigste und in vielem auch der beste Winterkurort ist der eigene Kamin!«

Wir hatten aber keinen! Statt knisternder Buchenscheite schaufelte ich wieder Koks in Ofens gefräßiges Maul, schleppte zentnerweise Asche zu den Mülltonnen und wartete auf den Frühling.

Anfang Januar zog Herr Otterbach aus. Er flüchtete in die Anonymität der Großstadt, wo man seinem nicht so ganz normalen Privatleben etwas weniger Aufmerksamkeit schenken würde. Auch gut! Vielleicht bekämen wir zur Abwechslung mal richtig solide Mieter. Aber die hatten wir ja auch in der Familie Tröger vermutet, jenen Textilgroßhändlern, die nach den Schotten in das ehemalige Musterhaus gezogen waren. Eines Tages hatten sie Emma Kiepke eröffnet, daß sie nicht mehr gebraucht werde, weil man nunmehr ein Dienstmädchen eingestellt habe, und so verschwand mit Emma auch unsere Nachrichtenquelle. Das neue Mädchen war jung, hübsch und verschwiegen. Nicht mal Dorle, die fast jeden zum Reden bringen konnte, brachte mehr heraus als die Tatsache, daß der dienstbare Geist Heidi hieß, von seiner Herrschaft jedoch Jeannette gerufen wurde, weil das vornehmer klang. Und vornehm war man nun wirklich geworden! Nicht nur, daß dem Textilgroßhandel ein exklusives Modegeschäft angegliedert worden war, in dem angeblich die High-Society von Köln und Bonn ihren Bedarf deckte – nein, man stellte seinen neuerworbenen Reichtum auch sichtbar zur Schau. Der Sohn bekam ein Auto, die Tochter eine Vespa, die Gattin einen Nerz. (Kommentar von Rolf: »Ich hab's ja schon immer gesagt! Hinter jedem erfolgreichen Mann steht eine Frau, die noch keinen Pelzmantel hat!«) Der Herr des Hauses stieg vom Mittelklassewagen auf einen Renommierschlitten jener Sorte um, die in der Regel nur Ölscheichs und Staatsoberhäuptern vorbehalten ist. In erster Linie schien es sich hierbei allerdings um eine räumliche Notwendigkeit zu handeln. Erfolg steigt den Menschen vielfach zu Kopf, am schlimmsten wirkt er sich aber gewöhnlich auf die Bauchpartie aus. Wir konnten direkt zusehen, wie Herr Tröger in die Breite ging, und mindestens drei Kinne rauften sich ständig um einen Platz auf seinem Kragen. Deshalb band er auch immer eine große Serviette um den Hals, sobald er sich hinter das Lenkrad gequetscht hatte. Zweifellos hätte es seiner Reputation geschadet, wenn er vor der erlauchten Kundschaft mit durchgeweichtem Hemd erschienen wäre. Von Bauer Köbes pachtete er eine Wiese, auf der sich wenig später zwei Reitpferde tummelten, und die Kinder wurden in ein näher gelegenes Internat umgeschult, damit sie nun zum Wochenende nach Hause kommen und ihre Pferde bewegen konnten.

Da die übrigen Bewohner der Millionärssiedlung keine Millionäre waren und auch nicht den Eindruck machten, als ob sie jemals welche werden würden, verzichtete die Familie Tröger auf den Umgang mit uns Unterprivilegierten und ließ sich höchstens zu einem gemessenen Kopfnicken herab.

Als aus den zwei Pferden sechs geworden waren und Köbes' altersschwacher Stall den gestiegenen Ansprüchen nicht mehr genügte, ließ Herr Tröger einen neuen bauen. Und weil er schon mal dabei war, wurde auch gleich ein komfortabler Bungalow am Ufer des Baggersees errichtet. Den Einzug hat der Bauherr allerdings nicht mehr erlebt. Bevor die gigantische Seifenblase platzte und Haus, Reitstall und Fuhrpark unter den Hammer kamen, erlitt Herr Tröger einen Herzinfarkt, starb ganz einfach und überließ es seiner Familie, sich wieder in das Heer der gewöhnlichen Arbeitnehmer einzureihen. Vorher räumte sie aber noch ihr Quartier und zog nach Süddeutschland, wofür ich volles Verständnis hatte.

Leider verschwand damit aber auch unser letztes Gesprächsthema.

»Papi, wie geht eine Uhr?«

Zum Geburtstag hatte Sven seine erste Armbanduhr bekommen. Anderthalb Tage lang wurde ich viertelstündlich unterrichtet, wie spät es gerade war, aber dann versiegten seine Zeitangaben ganz plötzlich. Anscheinend interessierte ihn jetzt das Innenleben des Chronometers.

Normalerweise hätte Rolf seinem Filius geantwortet, er solle seine Mutter fragen, aber er hatte gerade mal wieder ein neuerschienenes und angeblich sehr nützliches Werk über Kinderpsychologie gelesen (nützlich für wen?), in dem dringend empfohlen wurde, die Wißbegier des Kindes zu ermutigen. Also holte er Papier und Bleistift und malte eine Skizze vom Hemmungsmechanismus, zeichnete sorgfältig Uhrfeder, Rädchen und Unruhe ein, erklärte langatmig ihre verschiedenen Funktionen, und zwischendurch versuchte er immer wieder, seinen gelangweilten Sohn an der Flucht zu hindern. Das Dumme an der Kinderpsychologie ist ja, daß Kinder nichts davon verstehen.

Endlich war Rolf fertig. »Siehst du, Sven, das ist es, weshalb deine Uhr geht!«

»Wie kommt es dann aber, daß sie nicht geht?«

Ich deckte gerade den Abendbrottisch und sagte beiläufig: »Vielleicht mußt du sie mal aufziehen!«

Sven zog die Uhr auf und hielt sie erwartungsvoll ans Ohr. Dann verkündete er seinem Vater strahlend: »Mami hat viel mehr Ahnung als du!«

»Setz dich hin und iß, bevor ich dich verhaue!« sagte zähneknirschend der Psychologe.

Nun ist es ja mit der Technik überhaupt so eine Sache für sich. Wenn die Sicherheitsnadel erst heute erfunden worden wäre, hätte sie vermutlich sechs bewegliche Teile und zwei Transistoren und müßte zweimal im Jahr nachgesehen werden. Genaugenommen lassen sich leblose Gegenstände in drei Hauptkategorien einteilen: Solche, die kaputtgehen, solche, die verlorengehen, und solche, die überhaupt nicht gehen. Als einfache Faustregel für die erste Kategorie gilt, daß ein Gegenstand immer dann kaputtgeht, wenn er am dringendsten gebraucht wird. Ein typisches Beispiel dafür ist das Auto, und als wahre Glückseligkeit empfinde ich die Entdeckung, daß das entnervende Klappergeräusch dann doch bloß aus dem Handschuhfach kommt. Autos geben niemals ihren Geist auf, wenn man gerade an einer Tankstelle hält; sie warten damit, bis man eine belebte Kreuzung erreicht hat oder sich zu nächtlicher Stunde auf einer gottverlassenen Landstraße befindet. Auf diese Weise verursachen sie ein Höchstmaß an Unbequemlichkeit und Ärger und verkürzen so die Lebenszeit ihrer Besitzer.

Wir waren endlich mal wieder im Theater gewesen. Schon tagelang hatte ich Rolf gequält, Karten für das neue Stück von Tennessee Williams zu besorgen, von dem alle Leute (oder um es präziser auszudrücken: Frau Heinze und die Damen Ruhland) sprachen. Gefallen hatte es mir dann aber doch nicht. Beim Hinausgehen sagte ich enttäuscht zu Rolf: »Wenn ich deprimiert sein wollte, hätte ich auch zu Hause bleiben und Wäsche bügeln können!«

»Aber *du* warst es doch, die unbedingt hingehen wollte!«

»Na ja, *einen* Nutzen habe ich ja auch daraus gezogen. In der Pause habe ich nämlich festgestellt, daß mein Kleid inzwischen völlig unmodern geworden ist. Für festliche Gelegenheiten brauche ich unbedingt ein neues!«

»Aber du hast doch schon einen ganzen Schrank voll nichts anzuziehen!«

»Das stimmt ja auch! Die meisten Sachen sind ganz aus der Mode.«

»Quatsch!« sagte mein Gatte und deutete auf seine silbergraue Krawatte, die für den derzeitigen Modetrend viel zu schmal war. »Soll ich die vielleicht wegwerfen? Ich hab' sie mir extra zu unserer Hochzeit gekauft und höchstens ein halbes dutzendmal getragen. Die ist ja noch wie neu!« Er schob mich ins Auto. »Mode ist nichts weiter als jener seltsame Vorgang, bei dem allen plötzlich etwas gefällt, was ihnen gestern noch nicht gefallen hat und was ihnen morgen schon wieder nicht mehr gefallen wird. Und wenn dieses ewige Auf und Ab von Rocksäumen und Dekolletés so weitergeht, werden Saum und Ausschnitt über kurz oder lang zusammenstoßen!«

Bevor ich protestieren konnte, meinte er versöhnlich: »Im übrigen siehst du großartig aus, und deshalb werden wir jetzt noch irgendwo eine Kleinigkeit essen gehen und uns anschließend in das Düsseldorfer Nachtleben stürzen.«

Der Form halber schmollte ich noch ein bißchen, aber meine Lebensgeister hoben sich sofort wieder, als wir das kleine exklusive Feinschmeckerlokal betraten. Ein blasiert aussehender Ober nahm uns die Mäntel ab.

»Ich komme mir vor wie Aschenbrödel«, flüsterte ich Rolf zu, nachdem ich einen flüchtigen Blick auf die kostbar gewandeten Damen geworfen hatte, die bei Kerzenschein ihre Speisen löffelten und alle sehr elegant aussahen.

»Fängst du schon wieder neuen Streit an?« zischte Rolf.

»Ich bin noch immer beim alten!« zischte ich zurück.

Er verschwand hinter der Speisekarte. Sie war sehr groß, sehr dick und erforderte die Kenntnisse eines diplomierten Dolmetschers.

»Was hältst du von dem dritten Gericht auf Seite sechs? Bouchée à la reine avec sauce hollandaise au fourn... wie heißt das?«

»Was du nicht aussprechen kannst, kannst du dir auch nicht leisten!« giftete ich. »Nimm doch etwas Einfacheres!«

Er blätterte weiter. »Weißt du noch, wie dieses italienische Zeug heißt, auf das ich so wild bin?«

»Claudia Cardinale«, sagte ich eisig.

Geduld ist die Kunst, nur langsam wütend zu werden. Mein Gatte übte sich in derselben, bestellte etwas, das sich später als Eierkuchen entpuppte, im Hinblick auf den Preis aber mindestens von Hühnern mit adeligem Stammbaum stammen mußte, und verlangte die Weinkarte. Sie war noch dicker als das ledergebundene Speisenjournal.

Wer kein Weinkenner ist, lasse sich vom Kellner die Sorte aufschwatzen, die er gerade loswerden will. Auf diese Weise ist wenigstens einer zufriedengestellt. Der Wein war aber trotzdem gut; mühelos ließen sich die »Crêpes« damit hinunterspülen.

»Trink nicht so viel!« mahnte Rolf, »du weißt ja: Kein Alkohol am Steuer!«

»Wenn man scharf bremsen muß, schwappt alles über«, kicherte ich albern. »Was geht mich überhaupt die Fahrerei an? Du hast doch die Schlüssel!«

»Nein, die habe ich extra aus meiner Tasche genommen und dir gegeben, als uns der Ober die Mäntel abnehmen wollte.«

»Dann müssen sie in der Handtasche sein!« Kurzerhand kippte ich ihren Inhalt auf den Tisch, fand auch zwischen Lippenstift, Taschentuch, Büroklammern (in Notfällen vielseitig verwendbar) und Puderdose die längst verlorengeglaubte Adresse einer Schulfreundin – nur die Autoschlüssel fand ich nicht.

Rolf winkte dem Kellner. Er näherte sich gemessenen Schrittes und zog verstohlen die zusammengefaltete Rechnung aus der Jacke. »Der Herr möchte zahlen?« Anscheinend hielt er uns für Zechpreller, die gerade die Präliminarien zur leider vergessenen Brieftasche abspulten.

»Der Herr hat seine Autoschlüssel verloren«, korrigierte ich. »Sind vielleicht welche gefunden worden?«

Der Ober bedauerte. Ihm sei nichts bekannt, aber selbstverständlich werde er nachfragen.

»Lassen Sie die Rechnung ruhig hier, mir ist der Appetit ohnehin vergangen«, sagte Rolf. Kein Wunder, es war ja auch nichts mehr da. »Und was jetzt?« fragte er wütend.

»Taxi«, murmelte ich verschlafen, denn ich war plötzlich sehr müde geworden. »Du lädst mich zu Hause ab, holst die Reserveschlüssel und läßt dich wieder zurückfahren.«

»Weißt du, was das kostet?«

»Nicht so viel wie Bouchée a la reine und die Flasche Chablis.«

»Die Herrschaften hatten Crêpe Suzette«, bemerkte der Ober konsterniert, half mir aber trotzdem in den Mantel. In der linken Tasche klapperte es. Was immer da von Liebe, Lust und Leidenschaft gefaselt wird – das höchste der Gefühle bleibt die Entdeckung, daß die Autoschlüssel doch nicht weg sind.

Die Heimfahrt verlief schweigsam. Zumindest bis zu dem Augenblick, da der Motor Keuchhusten bekam. Es handelte sich um einen akuten Anfall, der zwar vorüberging, dann aber chronisch zu werden begann. Der Motor japste nach Luft, bekam Atemnot und verröchelte. Rolf ließ den Wagen ausrollen, stieg fluchend aus, öffnete die Motorhaube und vertiefte sich in das Kabelgewirr, von dem er ohnehin nichts verstand. »Komm doch auch mal her!« verlangte er schließlich, »du hast doch erst vor ein paar Monaten den Führerschein gemacht, also mußt du doch auch noch mehr Ahnung haben als ich.«

»Ich hab' nie welche gehabt«, sagte ich und kuschelte mich auf dem Sitz zusammen. Es würde sich wohl um einen etwas längeren Aufenthalt handeln.

»Ohne Werkzeug ist da nichts zu machen«, behauptete Rolf fachmännisch, nachdem er hier ein bißchen gedreht und dort ein bißchen geschraubt und zu guter Letzt noch Benzin und Öl überprüft hatte.

»Was machen wir denn jetzt?«

»Warten, bis jemand vorbeikommt«, sagte ich schläfrig.

»Es ist kurz vor Mitternacht, und wir befinden uns auf einer Landstraße dritter Ordnung, die überwiegend von Trekkern und Kühen benutzt wird.«

»Dann warten wir eben auf eine Kuh, die kann uns nach Hause ziehen!« Mühsam rappelte ich mich hoch. »In einschlägigen Romanen kämpft sich in solchen Situationen der Held durch Eis und Schnee oder dichte Nebelbänke, um irgendwo Hilfe zu holen. Du brauchst ja gar nicht zu kämpfen. Der Mond scheint, und weniger als fünf Grad unter Null haben wir bestimmt nicht.«

»Willst du denn nicht mitkommen?«

Das wollte ich nun überhaupt nicht. In lebhaften Farben malte Rolf meinen vermutlichen Kältetod aus und vergaß auch nicht, die anderen Möglichkeiten zu erwähnen. »Immerhin könnte es ja sein, daß doch jemand vorbeikommt, und wenn du hier so mutterseelenallein...«

Gerade, als ich mich entschlossen hatte, meinen Gatten auf seiner Nachtwanderung zu begleiten, hörten wir Motorengeräusch, und dann kam auch schon ein Sportflitzer herangeschossen. In letzter Sekunde konnte Rolf zur Seite springen, sonst hätte er sein Leben als Kühlerfigur ausgehaucht.

Bremsen quietschten, der Wagen schleuderte, fing sich aber wieder und kam zum Stehen. Ihm entstieg eine atemberaubende Schönheit in hellgrauem Nappaleder. »Sind Sie lebensmüde oder nur betrunken? Beinahe hätte ich Sie überfahren!«

»Ist das aber eine gut aussehende Kuh!« staunte ich. »Ich möchte zu gern wissen, ob sie den Hosenanzug passend zum Wagen gekauft hat oder umgekehrt.«

»Was haben Sie gesagt?«

Rolf beeilte sich, das Mißverständnis mit dem Rindvieh aufzuklären. Das dauerte unnötig lange. »Natürlich werde ich mich in jeder Weise erkenntlich zeigen, wenn Sie uns irgendwie weiterhelfen«, versprach er schließlich und versprühte eine ungebremste Ladung Charme.

Die Schönheit zögerte. »Ich könnte Sie bis zum nächsten Ort mitnehmen.«

Rolf war sofort einverstanden.

»Und was wird mit mir?« protestierte ich.

»In spätestens einer halben Stunde bin ich zurück!« sicherte mein Gatte zu und machte Anstalten, in das dunkelgrüne Kabrio zu steigen. Keine Rede mehr von Frostbeulen und eventuellem Sittlichkeitsdelikt. »Ich bleibe auf keinen Fall allein!« sagte ich. »Lieber laufe ich nach Hause!«

»Aber das sind ungefähr noch zwölf Kilometer.«

»Mir egal! Bis Sven zur Schule muß, werde ich wohl da sein!«

Zögernd kam Rolf zurück. »Du weißt nie, was du willst!« schimpfte er ärgerlich.

Doch, das wußte ich genau! Ihn auf keinen Fall mit dieser attraktiven Frau allein lassen! »Könnten Sie uns nicht abschleppen?«

»Ich habe kein Seil!« beteuerte sie sofort.

»Irgendwo habe ich mal gelesen, daß Strumpfhosen denselben Zweck erfüllen«, sagte ich, obwohl ich diese Behauptung immer angezweifelt hatte. Ich zog mir gerade den zweiten Schuh aus, als sich Rolf daran erinnerte, daß er ja selbst ein Abschleppseil im Kofferraum liegen hatte. Mit ausgesprochener Freude registrierte ich, daß er sich selten dämlich anstellte und auch gar nicht mehr so weltmännisch-überlegen aussah, nachdem er das Seil endlich befestigt hatte. Schöner war er durch den beschmutzten Anzug und die Ölspuren an Gesicht und Händen auch nicht geworden.

Die Dame hatte das wohl ebenfalls bemerkt. Ungnädig trieb sie ihn zur Eile an, und sehr ungnädig klemmte sich Rolf hinter das Lenkrad. Seinen Vorschlag, ich könnte doch das Steuer übernehmen, während er unserer Samariterin lieber hilfreich zur Seite stehen würde, lehnte ich glatt ab. »Im Schlepptau fahren kann ich nicht! Da brumme ich euch höchstens hinten rein.«

Endlich siegte der sparsame Ehemann über den Don Juan. Der Abend war auch so schon teuer genug gewesen. Vor einer Gastwirtschaft im fünf Kilometer entfernten Bornfeld stoppte unser Vordermann. Drinnen brannte noch Licht. Vor lauter Eifer, möglichst schnell aus dem Wagen zu springen, fuhr Rolf zu dicht auf und prallte an die Stoßstange.

»Das ist allein meine Schuld!« beteuerte er sofort. »Ich übernehme alle Kosten! Wenn Sie mir vielleicht Ihre Adresse geben...«

»Nicht nötig«, sagte die Dame mit einem beziehungsreichen Lächeln. »Mein Mann hat eine Reparaturwerkstätte, und das hier ist ein Vorführwagen. Aber wenn Sie in Kürze vielleicht ein neues Auto brauchen« – dabei musterte sie unseren schon leicht angerosteten Veteranen –, »dann kommen Sie ruhig mal bei uns vorbei. Wir handeln auch mit preisgünstigen Gebrauchtwagen...«

Sie drückte Rolf eine Visitenkarte in die Hand, nickte uns freundlich zu, stieg in ihren Flitzer und brauste davon. Mit langem Gesicht sah Rolf hinterher. »So ein Auto müßte man haben«, seufzte er sehnsüchtig. »Das Ärgerliche an Sportwagen ist nur, daß man meistens nicht mehr hineinpaßt, wenn man endlich das Geld dafür hat.«

Der Zufall wollte es, daß in der Gastwirtschaft ein Monlinger Mitbürger saß, der uns später mitnahm. Als wir endlich zu Hause waren und Rolf die letzten Ölspuren vom Gesicht geschrubbt hatte, sagte er grimmig: »Du hättest wirklich besser zu Hause bleiben und bügeln sollen!«

Dorle Obermüller amüsierte sich königlich, als ich ihr am nächsten Tag unser nächtliches Abenteuer schilderte. »Ich verstehe gar nicht, weshalb du dir solche Sorgen gemacht hast. Männer in Rolfs Alter laufen den Mädchen doch bloß noch dann hinterher, wenn es bergab geht!«

Der Sohn des Hauses kreuzte die Küche. Sofort schoß er auf mich zu. »Frau Sanders, haben Sie in der Schule auch Sexualkundeunterricht gehabt?«

»Leider nicht. Das einzige, worauf wir uns damals freuen konnten, waren die Pausen.«

Achselzuckend meinte er: »Schade. Dann hat es ja auch keinen Zweck, daß ich Sie frage.« Er verschwand wieder.

Dorle lachte. »Seitdem er sich nicht mehr mit Bienen und

Schmetterlingen abgeben muß, hat sich sein Interesse an den Biologiestunden enorm gesteigert.«

»Kommst du nicht manchmal in Verlegenheit, wenn er irgendwelche heiklen Fragen stellt?«

»Überhaupt nicht. Davon verstehe ich schließlich mehr als vom Bruchrechnen oder der Geographie Hinterindiens. Wenn man's genau nimmt, ist Sex nichts anderes als die Vorstufe zur Hausarbeit. Das habe ich ihm auch deutlich klargemacht.«

»Wo ist dein Mann?« fragte ich und kam damit zum eigentlichen Grund meines Vormittagsbesuchs. »Seit Tagen tropft unser Wasserhahn. Wahrscheinlich ist nur ein Dichtungsring defekt, aber ich habe keine Ahnung, wie man da rankommt.«

»Hans auch nicht! Vorgestern hat ihn Frau Leiher gerufen, weil das Klo übergelaufen war. Das Wasser plätscherte schon die Treppe runter. Nachdem Hans ein Weilchen herumexperimentiert hatte, kam es sogar aus dem Badewannenabfluß. Weiß der Kuckuck, wie er das geschafft hat. Wir konnten gar nicht so schnell aufwischen, wie es nachströmte. Ich hab' ihm gesagt, er soll es wenigstens wieder so hinkriegen, wie es war, bevor er mit dem Reparieren angefangen hat. Und dann hab' ich den Notdienst angerufen. Also wenn ich dir einen guten Rat geben soll, dann laß Hans nicht ins Haus und hol einen Klempner.«

»Das versuche ich ja schon seit einer Woche. Selbst wenn ich alle Handwerker Deutschlands der Länge nach aneinanderlegen würde, bis zu unserem Haus würden sie doch nicht reichen.«

»Dann laß es weitertropfen! Das ist immer noch billiger als die Do-it-yourself-Methode.«

Es tropfte bis zum Frühjahr. Da endlich brauchte der Momlinger Installateur einen Prospekt über Sanitärartikel, erinnerte sich des hierorts ansässigen Werbeberaters und kam sogar freiwillig ins Haus.

15

Das Hübsche am Frühling ist, daß er kommt, wenn er am dringendsten gebraucht wird. Den Winter hatte ich so satt und war selig, als ich kleine Gänseblümchen entdeckte, die sich die Schneereste aus den Augen zwinkerten. Krokusse waren auch schon da und Preislisten für Blumenzwiebeln, aber Rolf warf sie kurz entschlossen alle in den Papierkorb. »In diesem Jahr will ich meinen Garten genießen!« sprach er, ebnete die Gemüsegräber ein und säte Rasen. Für Büsche und Bäume orderte er säckeweise Kunstdünger, der dann auch annähernd so viel kostete wie unsere Lebensmittel für einen halben Monat. Als ich wenig später zwei kleine Mandelbäumchen mitbrachte, um damit eine häßliche Lücke am Zaun zu füllen, jammerte er: »Noch zwei Mäuler zu stopfen!«

Mit dem Frühling kamen auch wieder neue Nachbarn. In Otterbachs ehemalige Bleibe zog ein älteres Ehepaar, das Körngen hieß, aber »Körnchen« ausgesprochen wurde und sofort regen Kontakt zu Vogts aufnahm. Nun ja, schließlich wohnte man nebeneinander, Frau Vogt hatte schon immer eine Außenseiterrolle gespielt und war sicher froh, endlich eine nette und vor allem solide Nachbarin gefunden zu haben. Die schien sich aber nicht einseitig orientieren zu wollen; nacheinander besuchte sie uns alle, brachte kleine Aufmerksamkeiten mit in Form von Selbstgebackenem oder auch Gekauftem, und jedem erzählte sie, daß sie bald Silberhochzeit habe und natürlich alle Nachbarn einladen werde.

»Verwandte haben wir nicht, unser Sohn besucht uns nur ganz selten, aber so eine Silberhochzeit ist doch etwas Einmaliges, und deshalb werden wir sie ganz groß feiern. Sie kommen doch auch, nicht wahr?«

Festlegen wollte ich mich nicht. »Bis zum Juni dauert's ja noch ein Weilchen«, sagte ich und beschloß, das erst einmal mit Dorle zu besprechen.

»So viel Zeit bleibt gar nicht mehr«, meinte Frau Körngen eifrig, »das Fest muß doch gründlich vorbereitet werden.«

Und sie bereitete es vor. Täglich berichtete sie uns der Reihe nach von den Fortschritten, bat um Ratschläge, welche Torten denn wohl genehm wären und wieviel verschiedene Weinsorten sie besorgen müßte, und wenn jemand von uns zum Einkaufen ging, schloß sie sich meistens an. Am liebsten begleitete sie Frau Heinze. »Sie kennt ja jedes Geschäft und fast alle Ladenbesitzer persönlich. Man wird dann ganz anders behandelt.«

Mir war nur aufgefallen, daß die Kassiererinnen, mit denen ich sonst immer ein bißchen herumgealbert hatte, betont sachlich und reserviert wurden, sobald ich mit Frau Körngen zusammen den Supermarkt betrat. Dorle hatte das auch schon bemerkt.

»Als ich gestern sechs Brötchen eingetütet hatte, mußte ich sie an der Kasse einzeln auspacken. Das ist mir noch nie passiert! Ich war richtig empört! Wenn ich sage, da sind sechs Brötchen drin, dann sind es auch sechs!«

»Vielleicht haben die einen neuen Filialleiter bekommen. Die Angestellten können doch nichts dafür, wenn jetzt ein schärferer Wind weht. Sie tun ja nur ihre Pflicht,« vermutete Frau Heinze, und damit hatte sie wohl recht. Trotzdem wurde ich das Gefühl nicht los, als ob ich neuerdings von allen Verkäuferinnen, und das nicht nur im Supermarkt, mißtrauisch beobachtet wurde.

Eines Tages kam Michael mit der Neuigkeit zu mir, die Millionärssiedlung würde nunmehr um eine Zirkusfamilie bereichert werden. »Sie zieht in das dritte Haus von der letzten Reihe, direkt neben die beiden Krankenschwestern.«

»Glaub ich nicht! Zirkusleute leben doch in ihren Wohnwagen.«

»Aber irgendwo müssen sie ja auch im Winter bleiben.«

»Jetzt geht es doch erst mal in den Sommer!«

»Na, und wenn schon. Vielleicht stellen sie auch nur ein paar Möbel ab oder so. Jedenfalls haben sie schon im Garten Futter für die Ponys und Lamas angebaut«, behauptete Michael. »Oder haben Sie das große Feld mit der Luzerne noch nicht gesehen?«

Aufgefallen war es mir schon, aber ich hatte das Viehfutter mangels einschlägiger Kenntnisse für eine neue Art von Rasen gehalten. Viel mehr als grüne Spitzen waren ja auch noch nicht aus dem Boden gekommen, als ich vor Wochen einmal hinter der letzten Häuserzeile spazierengegangen war. Obwohl inzwischen vier von den sechs Häusern bezogen waren, kannte ich noch nicht einmal die Namen ihrer Bewohner. Ich sah sie kaum, weil wir ja keinen Blickkontakt hatten, und wir »Alteingesessenen« unternahmen auch gar keine Kommunikationsversuche. Anfangs hatte sich wenigstens noch Frau Heinze für ihre »Hintermänner« interessiert, aber sie waren wohl doch nicht das gewesen, was sie sich erhofft hatte. Vielleicht waren die Zirkusleute mehr nach ihrem Geschmack.

»Der Michael ist so blöd, wie er lang ist!« sagte sie kopfschüttelnd. »Eine alte Dame zieht dort ein mit zwei erwachsenen Söhnen. Ich habe sie schon kennengelernt.«

»Aber was bedeutet dann das Pferdefutter?«

»Ökologie. Oder Agronomie. So genau habe ich das nicht mitgekriegt. Der eine Sohn studiert nämlich Landwirtschaft und hat gelernt, daß die Aussaat von Luzerne die beste Bodenvorbereitung ist für Rasen und Zierpflanzen. Unkraut soll dann auch nicht mehr wachsen.«

»Erzählen Sie das bloß nicht meinem Mann!« sagte ich erschrocken. »Der kriegt es fertig und fängt noch mal ganz von vorne an. Dabei habe ich mich gerade entschlossen, auch das

Unkraut zu lieben, damit ich wenigstens in diesem Jahr mal unseren Liegestuhl benutzen kann.«

Ein paar Tage später kam sie morgens aufgeregt über die Terrasse ins Wohnzimmer gestürzt. Ich schälte Kartoffeln und hörte mir nebenher im Radio eine Sendung zur kommenden Bundestagswahl an. Wahlen finde ich herrlich! Was sich da alles für Männer um uns Frauen bemühen...!

Energisch drückte Frau Heinze den Ausschaltknopf. »Wissen Sie, wen ich eben gesehen habe? – Meinen Schwiegersohn!«

»Welchen? Den Künstler oder den Steuerberater?«

Unwillig winkte sie ab. »Der Steuerberater hat ein uneheliches Kind, aber das habe ich erst später rausbekommen. Und der Maler hat mir zwar rein menschlich am besten von allen gefallen, aber irgendwie ist die Malerei eine zu unsichere Sache. Bestimmt ist er ein ganz großes Talent, nur hat es wohl noch niemand entdeckt. Zwei Ausstellungen hat er schon gehabt und noch kein Bild verkauft! Aber wenigstens hat man eins geklaut!«

»Picasso hat mal gesagt: Ein Maler ist ein Mann, der das malt, was er verkauft. Ein Künstler dagegen ist ein Mann, der das verkauft, was er malt.«

Sie überlegte. »So? Na, wenn er recht hat, dann ist Thomas wohl keins von beidem. Ist ja auch egal, er kommt sowieso nicht mehr in Frage. Seitdem ich den anderen Sohn von Frau Harbich kennengelernt habe, weiß ich genau: Das ist der Richtige!«

»Und wer ist Frau Harbich?«

»Die mit der Luzerne im Garten. Ich hab' Ihnen doch erzählt, daß sie zwei Söhne hat – den Landwirt und den anderen. Zahnarzt ist er, hat gerade sein Staatsexamen gemacht und will in Kürze promovieren. Und aussehen tut er einfach fabelhaft! So eine Mischung zwischen James Mason und Gary Cooper. Der wird mein Schwiegersohn! Das spüre ich rein intuitiv!«

Die vielgepriesene weibliche Intuition ist nichts als Schwindel. Sie ist albern, unlogisch, gefühlsbedingt, lächerlich – und fast absolut zuverlässig. Trotzdem erkundigte ich mich vorsichtig: »Was hält denn Patricia von ihm?«

»Die hat ihn ja noch nie gesehen, aber ihren Geschmack kenne ich ganz genau.«

Ich weiß nicht mehr, der wievielte Schwiegersohn es war, den Frau Heinze jetzt ins Auge gefaßt hatte, aber ihre Hartnäckigkeit, Patricia nun endlich unter die Haube zu bringen, war beeindruckend. Dabei schien die es gar nicht so eilig zu haben. Seit fast einem Jahr studierte sie an der Düsseldorfer Kunstakademie, fuhr morgens zusammen mit ihrem Vater in die Stadt, kehrte auch meistens brav wieder mit ihm zurück, und wenn sie es nicht tat, dann übernachtete sie bei einer Freundin, die von Frau Heinze schon längst gründlich unter die Lupe genommen und für zuverlässig befunden worden war.

Entgegen ihrer sonstigen Gewohnheit, Heiratskandidaten nur einzuladen und dann abzuwarten, ob sich »etwas daraus entwickeln« würde, ging sie diesmal ganz zielstrebig vor. Sobald sie Harbich von weitem erspähte – »Er heißt übrigens Tassilo, das klingt so richtig gediegen!« –, lief sie in den Garten und machte sich an ihren Blumenbeeten zu schaffen, um ihn in ein belangloses Gespräch verwickeln zu können. Einmal wurde ich sogar Zeuge eines derartigen Unternehmens.

Wir saßen in Heinzes Wohnzimmer, stierten gelangweilt in den Nieselregen und unterhielten uns über ein Buch, das erst kürzlich auf den Markt gekommen und gleich ein Bestseller geworden war. Mir gefiel es nicht besonders. »Ich hab's noch nicht mal zur Hälfte durch, aber wenn es überhaupt einen richtigen Helden hat, dann sollte er den Autor totschlagen!«

»Finde ich nicht!« widersprach Frau Heinze, »diese Dreiecksgeschichte... Achtung! Da kommt er!« rief sie plötzlich, griff nach einer bereitliegenden Gartenschere und stürmte hinaus in den Mairegen. Während sie die letzten, schon fast verblühten Tulpen abschnitt, redete sie lebhaft auf ihr Gegenüber ein. So hatte ich genügend Zeit, den neuen Favoriten zu betrachten. Gut sah er wirklich aus, auch wenn ich James Mason anders in Erinnerung hatte. Ein bißchen groß geraten war er, und seine Frisur hätte ruhig etwas weniger konservativ sein können, aber vielleicht gefiel er Frau Heinze gerade deshalb so gut. Erst neulich hatte sie sich über Hendrik aufgeregt: »Bei ihm geht alles, was er ißt, in die Haare!«

Endlich kam sie wieder zurück. Die Tulpen warf sie in den Mülleimer, und während sie die Haare mit einem Handtuch trockenrieb, fragte sie atemlos: »Spielen Sie Bridge?«

»Nein. Das hat mir meine Schwiegermutter schon mal beibringen wollen, aber nach dem dritten Versuch hat sie es aufgegeben. Sie meinte, mein Verständnis für Karten beschränke sich wohl mehr auf den geographischen Bereich.«

»Das ist dumm!« Frau Heinze überlegte angestrengt. »Ich habe den Harbich nämlich gefragt, ob er sich nicht an unseren Canasta-Abenden beteiligen will, aber da hat er bloß abgewinkt. Das sei ihm zu langweilig, hat er gesagt. Er spielt nur Bridge, und nun habe ich ihn für Dienstag zum Bridgespielen eingeladen. Da ist Schätzchen nämlich in Frankfurt. Natürlich habe ich angenommen, Sie können es!«

»Können Sie's denn?«

»Nein.«

Das war wieder einmal typisch für sie! Aber es schien sie nicht im geringsten zu erschüttern. »Wir haben noch fünf Tage Zeit. Bis dahin wird sich wohl jemand gefunden haben, der uns dieses blödsinnige Spiel beibringt. Meine Tante hat es noch nach ihrem zweiten Schlaganfall gespielt. Da war sie stocktaub und senil, aber zum Gewinnen hat es immer noch gereicht.«

Da entsann ich mich der Damen Ruhland. Sie sahen genauso aus, wie ich mir die Vertreterinnen des englischen Landadels vorstellte, denn wenn man Shaw und Agatha Christie glauben darf, wird hauptsächlich in diesen Kreisen Bridge gespielt.

Ich hatte mich nicht getäuscht. Im Rahmen einer gemütlichen Teestunde lernte ich die Regeln dieses gar nicht so unkomplizierten Spiels und gab das, was ich behalten hatte, an Frau Heinze weiter. Die unterwies dann noch Dorle Obermüller, weil wir einen vierten Mann brauchten und Patricia sich geweigert hatte, mitzumachen. »Wenn ich überhaupt etwas spiele, dann höchstens Schach.«

»Ausgezeichnet!« lobte ihre Mutter. »Schach setzt Intelligenz voraus. Das wird einen guten Eindruck machen.«

»Die meisten Mädchen möchten aber lieber hübsch als intelligent sein, weil die meisten Männer besser sehen als denken können«, warf Dorle ein.

»Zum Glück ist es bei uns genau umgekehrt«, behauptete ich. »Oder habt ihr schon mal eine Frau gesehen, die einen Idioten heiratet, nur weil er schöne Beine hat?«

»Patricia ist jedenfalls hübsch, und dumm ist sie auch nicht. Der Mann, der sie einmal bekommt, kann froh sein. Und ein Zahnarzt in der Familie ist Gold wert. Wenn ich allein an die Kosten für künstliche Gebisse denke...«

Der Abend wurde eine Katastrophe – zumindest, was die Bridgepartie betraf. Harbich war zu gut erzogen, um sich abfällige Bemerkungen über unser stümperhaftes Spiel zu erlauben, aber sein Gesichtsausdruck versteinerte zusehends, und es muß ihn ziemliche Beherrschung gekostet haben, die Karten nicht einfach auf den Tisch zu werfen. Nach dem ersten Rubber schlug er eine kleine Pause vor.

Das war unser Stichwort! Wie auf Kommando erhoben wir uns und folgten Frau Heinze in die Küche. Harbich blieb allein zurück, wohlversehen mit Bier und Schwarzwälder Kirschwasser.

»Jetzt muß ich ganz unauffällig Patricia ins Zimmer schicken«, erläuterte Frau Heinze ihren Schlachtplan. Die Ärmste hatte sich den Kupplungsversuchen ihrer Mutter rechtzeitig entzogen und war auf ihr Zimmer geflüchtet, nachdem sie den Gast nur kurz begrüßt hatte.

»Patricia, Liebes«, rief Frau Heinze so laut, daß man es auch im Wohnzimmer deutlich hören konnte, »leiste doch Herrn Harbich ein bißchen Gesellschaft. Wir wollen nur schnell etwas zu essen machen!«

Eine geschlagene Dreiviertelstunde lang dekorierten wir zu dritt Käsewürfel, Salzstangen und Essiggürkchen. Zwischendurch versuchten wir beide vergebens, Frau Heinze vom Lauschen abzuhalten. Auf Strümpfen schlich sie mehrmals zur Zimmertür und horchte. »Verstehen kann ich nichts, aber sie scheinen sich sehr angeregt zu unterhalten.«

Es wurde dann doch noch ein recht netter Abend, vor allem, nachdem wir endlich die Karten weggeräumt hatten. Obwohl Patricia nicht mehr als ein höfliches Interesse gezeigt hatte, war Frau Heinze zufrieden.

»Da wird was draus!« versicherte sie uns noch an der Haustür, »Ich werde die Sache schon forcieren.«

Der große Tag war angebrochen. Schon ganz früh am Morgen flatterte Frau Körngen wie ein aufgescheuchtes Huhn durch ihren Garten und plünderte die Blumenbeete. Um halb zehn holte sie von mir ein paar Vasen – »Dauernd werden neue Sträuße bei uns abgegeben, es ist phantastisch!« –, und ab elf Uhr paradierte sie in vollem Staat über die Gehwege, angetan mit einem cremefarbenen Abendkleid und einem Silberkrönchen auf den frisch gelockten grauen Haaren.

»Wie bei Königs!« stichelte Dorle. »Kannst du mir mal sagen, weshalb die jetzt schon in diesem Aufzug herumläuft? Ich glaube kaum, daß eine Abordnung des Gemeinderats zum Gratulieren kommen wird.«

Wir waren erst zum Nachmittagskaffee geladen, hatten aber beschlossen, daß Hendrik und Michael bereits am späten Vormittag das gemeinsame Präsent überbringen sollten. Allzuviel Geld war bei der Haussammlung nicht herausgekommen, aber für eine winzig kleine Teppichbrücke, die Isabell dank weitreichender Beziehungen preisgünstig besorgen konnte, hatte es gereicht.

»Eijentlich finde ick det nich richtich, det een Jeschenk von mir mit Füßen jetreten wird«, hatte Obermüller gemeckert, »aba wenn der Lappen wirklich echt is, denn können se den ja ooch an die Wand hängen. Da wird er wenigstens nich abjenützt.«

Erst bei den tagelangen Beratungen über Art und Umfang der Silberhochzeitsgabe war herausgekommen, daß noch niemand von uns das Haus von Körngens betreten hatte. Wir wußten also gar nicht, wie sie eingerichtet waren, und hatten deshalb auch die Keramikbowle abgelehnt sowie den beleuchteten Tischspringbrunnen, für den Frau Vogt in so beredten Worten plädiert hatte. Überhaupt stellte sich heraus, daß wir über Körngens so gut wie gar nichts wußten. Bestimmt waren beide schon über die Fünfzig hinaus, und wenn sie auch im großen und ganzen ein bißchen hausbacken wirkten, so besaß zumindest Frau Körngen eine verhältnismäßig teure Garderobe. Ich hätte zwar keine ihrer blümchen- und bortenverzierten Blusen haben wollen, aber die hochwertigen Stoffe hätte ich sofort genommen. Ihr Mann schien als eine Art Vertreter zu arbeiten. Ähnlich wie Rolf war er häufig zu Hause, dann wieder sah man ihn tagelang nicht, aber im Grunde genommen war es ja auch egal, ob er nun Kinderspielzeug oder Druckmaschinen verkaufte. Offenbar konnte er recht gut davon leben.

»Was ziehst du eigentlich an?« wollte ich von Dorle wissen, als ich den ausgeliehenen Pfefferminztee zurückbrachte. Sie sortierte gerade Kinderwäsche, und das mußte bei mir wohl eine Art Assoziation ausgelöst haben.

»Anziehen? Wann?« Prüfend hielt sie ein Oberhemd von Michael hoch und legte es auf einen Stapel anderer Kleidungsstücke. »Alles zu klein geworden! Früher bekam die Sachen, aus denen ein Junge herausgewachsen war, der jüngere Bruder. Heute kriegt sie die Schwester.« Sie faltete den letzten Pullover zusammen und steckte alles in eine Plastiktüte. »Was hattest du eben gefragt?«

»Ich wollte wissen, was du nachher anziehst.«

»Weiß ich noch nicht. Frau Körngen rennt mit Schleppe rum, aber ich käme mir wirklich zu albern vor, wenn ich am hellichten Tag was Langes anziehen müßte. Außerdem habe ich gar nichts. Ich könnte höchstens mein schwarzes Perlonnachthemd nehmen und behaupten, es stamme aus Paris und sei der letzte Schrei.«

»Wer sagt denn überhaupt, daß wir in großer Toilette erscheinen müssen? Wir gehen ja nicht zur Nobelpreisverleihung.«

»Der Bräutigam trägt einen Smoking«, gab Dorle zu bedenken.

»Laß ihn doch! Ich glaube trotzdem nicht, daß unsere Männer sich freiwillig in diese Zwangsjacken werfen. Rolf hat seinen zum letztenmal auf dem Presseball getragen. Ich weiß das noch deshalb so genau, weil ich schon fix und fertig angezogen war und mich wahnsinnig geärgert habe, daß ich mit frischlackierten Nägeln noch einmal Svens Windeln wechseln mußte.«

Wir einigten uns darauf, daß ein dezentes Nachmittagskleid dem feierlichen Anlaß wohl genügen würde.

»Holt mich ab, bevor ihr rübergeht«, bat ich Dorle, denn mit eigenem Begleitschutz konnte ich nicht rechnen. Nach Rücksprache mit Alex, der seine Teilnahme verweigert und behauptet hatte, seinen Whisky könne er immer noch selber bezahlen, hatte auch Rolf abgelehnt, sich in das Defilee einzureihen. »Sag einfach, ich sei verreist oder krank oder gestorben, dir wird schon etwas einfallen.«

»Warum müßt ihr Körngens so brüskieren?« versuchte ich es erneut. »Alle anderen kommen doch auch.«

»Eben drum!« beschied mich mein Gatte. »Wenn sie einzeln oder meinethalben auch paarweise auftreten, sind unsere Nachbarn durchaus erträglich. In komprimierter Form möchte ich sie lieber nicht noch einmal erleben. Ich hab' noch vom Sommerfest die Nase voll.«

»Dann kommt doch wenigstens am Abend rüber. Herr Heinze wird auch erst später aufkreuzen. Wenn ihr zu dritt seid, fällt es gar nicht auf.«

»Mal sehen«, sagte Rolf. »Allenfalls der Hunger könnte mich hintreiben. Hast du absichtlich nichts zum Abendessen gekauft?«

Es klingelte. Vor der Tür stand eine sehr verlegene Frau Vogt, die mich um einen Meter Gummiband bat. Gerade, als sie ihr Kleid aufbügeln wollte, sei doch in der Taille das Band..., und ausgerechnet jetzt habe sie festgestellt, daß sie keinen Ersatz..., schrecklich peinlich sei ihr das, und wenn noch genug Zeit wäre, würde sie ja sofort in die Stadt..., aber dann könnte sie nicht pünktlich...

»Kommen Sie doch herein, Frau Vogt«, unterbrach ich ihre Tirade, »meine Kinder sind Reißwölfe, und Gummiband dürfte mit das einzige sein, was ich immer vorrätig habe.«

»Nein, nein«, sagte sie erschrocken, »ich will Ihnen keine Mühe machen, und mit den Schuhen bin ich gerade erst durch unseren Garten gelaufen. Wir haben es ja auch beide eilig.«

Während ich im Nähkasten herumsuchte und ein Sortiment Gummibänder verschiedener Breiten zusammenstellte, unterhielt sie mich durch die weit offenstehende Haustür mit ihren Vermutungen über Isabell Gundloffs »neuen Herrn«. Hoffentlich hielt die sich nicht gerade in der Küche auf. Oft genug schon hatten wir Beweise für die Hellhörigkeit unserer Häuser erhalten.

Ich lief zurück zu Frau Vogt und drückte ihr meine Ausbeute in die Hand. »Irgend etwas Passendes wird schon dabei sein!«

»Aber so viel brauche ich doch gar nicht, mir würde ja schon dieses graue Stückchen genügen, es wird auch die ungefähre Länge...«

»Nun nehmen Sie schon alles mit und suchen zu Hause das Richtige heraus. Den Rest können Sie mir ja morgen zurückgeben.«

»Auf keinen Fall! Ich werde Karsten herschicken, sobald ich...«

»Nicht nötig!« winkte ich ab, »heute brauche ich es bestimmt nicht mehr.« Dann schloß ich nachdrücklich die Tür. Aufatmend tauchte Rolf aus der Küche auf. »Na endlich! Ich dachte schon, die geht überhaupt nicht mehr! Aber sie gehört ja auch zu den Frauen, die zwanzig Minuten vor der Tür schwatzen, weil sie keine Zeit haben, hereinzukommen. Jedenfalls hat sie in mir den Wunsch verstärkt, einen geruhsamen Nachmittag zu Hause zu verbringen.«

»Du könntest ruhig auch mal über deinen Schatten springen!« sagte ich wütend. »Wie sieht das denn aus, wenn ich als einzige ohne Mann komme?«

»Sehr emanzipiert«, grinste der Gatte und schlappte auf die Terrasse, wo er sich im Liegestuhl häuslich einrichtete. Ich ging nach oben und schlief prompt in der Badewanne ein. Erst als Rolf ins Bad polterte und mir mitteilte, daß Obermüllers mich abholen wollten, wurde ich wieder munter. Aber dafür übertraf ich mich selbst. Schon nach zwanzig Minuten war ich fertig und bereit, mich ins Vergnügen zu stürzen.

Obermüllers saßen im Wohnzimmer, tranken Sherry und warteten geduldig. »Wer schläft, sündigt wenigstens nich«, sagte Hans und erhob sich galant.

»Bleib sitzen, trink aus, und dann laßt uns gehen. Es tut mir leid, daß ich so spät dran bin, aber ich kann's jetzt nicht mehr ändern.«

»Janz ejal, wie man et macht, verkehrt is et sowieso immer. Kommste zu früh, denn biste übereifrig. Kommste pünktlich, denn heißt et, du bist'n Pedant. Kommste zu spät, denn sagen se, du bist arrogant, und wenn du überhaupt nich kommst, denn haste keene Manieren!« Zögernd fügte er hinzu: »Muß ick denn unbedingt welche haben? Ick würde nämlich viel lieber hier sitzen bleiben. Die Flasche is ooch noch fast voll.«

»Du kommst mit!« befahl Dorle.

»Viel Spaß«, wünschte Rolf, »und vergiß nicht, ich erwarte Geschäftsbesuch aus Belgien.«

»Wat denn«, empörte sich Obermüller. »Nich jenuch, det dein Mann sich einfach drückt, jetzt willste ihn ooch noch entschuldijen?«

»Er kommt ja später nach«, behauptete ich und schob den protestierenden Obermüller zur Tür hinaus. Auf dem Weg zu Körngens sammelten wir noch Frau Heinze ein. Einigkeit macht stark, und also sahen wir gefaßt dem Kommenden entgegen.

Körngens Haustür war halb geöffnet. Stimmengewirr sagte uns, daß wir wenigstens nicht zu den Übereifrigen gehörten. Dorle drückte auf die Klingel. Sofort verstummte das Gemurmel, die Tür öffnete sich in voller Breite, und vor uns stand das Silberpaar. Es sah wahrhaft majestätisch aus, vor allem die Braut. Das vormittägliche Abendkleid hatte sie gegen ein nachmittägliches ausgewechselt, diesmal in Korallenrot, aber das Krönchen trug sie immer noch. Ihrem Mann hatte sie ein Silbersträußchen ans Revers gesteckt. Ein bißchen seltsam sah es zu dem Smoking ja aus, aber es paßte haargenau zu dem silberfarbenen Ziertaschentuch.

»Ach, wie reizend, daß Sie an unseren Ehrentag gedacht haben«, freute sich die Silberbraut scheinbar überrascht und hatte offenbar vergessen, daß sie seit Wochen von nichts anderem mehr geredet hatte.

»Wirklich, ganz reizend«, echote der Bräutigam und verschwand in den Hintergrund, um uns die Wohnzimmertür aufzuhalten. Ein Smoking und zwei dunkle Anzüge erhoben sich, was bei dem zusammengewürfelten Mobiliar, mit dem das Zimmer vollgestopft war, etwas schwierig wurde. Frieses Stuhl kollidierte mit dem dahinterstehenden Teewagen, Herr Straatmann stieß mit dem Kopf an den tiefhängenden

Kronleuchter, und Herr Vogt verharrte trotz Smoking in demutsvoller Haltung, weil er den schweren Eichentisch vor dem Bauch hatte und sich nicht völlig aufrichten konnte.

»Wat soll denn det Theater? Sonst seid ihr ja ooch nich so förmlich; also setzt euch wieda hin!« Obermüller ließ sich in einen Sessel fallen, sprang aber sofort wieder auf. »Aua, det piekt ja! Hab' ick mir etwa uff'n Kaktus jesetzt?«

Es war kein Kaktus. Nur die blecherne Silbergirlande, mit der man diesen Sessel dekoriert hatte, war ins Rutschen gekommen.

»Für'n Thron fühl ick mir nich königlich jenuch!« Obermüller wechselte aufs Sofa. Indigniert raffte Frau Vogt ihren fliederfarbenen bodenlangen Taftrock zusammen und rückte zur Seite; für Obermüller hatte sie noch nie etwas übriggehabt.

Wir Neuankömmlinge wurden auf die noch freien Sitzgelegenheiten verteilt, mußten aber gleich wieder aufstehen und das Kuchenbüfett bewundern, wo von Sachertorte bis zu Teegebäck alles aufgebaut war, was eine gutbesuchte Konditorei in drei Tagen umsetzt.

»Nehmen Sie die Himbeertorte, die ist erstklassig!« empfahl Roswitha Friese. »Ich hab' schon zwei Stücke gegessen.« Sie musterte die süßen Köstlichkeiten und entschied sich für ein Sahnebaiser.

»Ich denke, zur Zeit sind Sie auf dem Hungertrip?« wunderte ich mich. Nötig hatte sie es wirklich. In dem schwarzen Satinkleid sah sie aus wie eine vollgestopfte Blutwurstpelle.

»Man kann doch mal eine Ausnahme machen. Ich bin ja schon fast wieder auf das Gewicht herunter, das ich eigentlich nie überschreiten wollte. Ich passe ja auch ganz genau auf, was ich esse – aber essen tu ich's.«

Frau Körngen zwängte sich durch die Gäste. Mit der einen Hand raffte sie ihr Kleid, in der anderen hielt sie die Kaffeekanne. Ihr Mann reichte Sahne und Zucker herum.

»Es ist doch etwas eng geworden«, sagte sie entschuldigend, stellte die Kanne auf einen Hocker und begann mit ihrem Spitzentüchlein den Kaffeefleck auf Frau Straatmanns Bluse zu bearbeiten. »Ich habe ja gleich gesagt, Arthur, daß wir für die Feier einen Saal mieten sollen.«

Arthur sagte nichts. Er verschwand halb hinter der Zimmerlinde und tauchte alkoholisch gestärkt wieder auf. Ich konnte ihn nur zu gut verstehen. Krampfhaft bemüht, irgendein Gespräch in Gang zu bringen, erkundigte ich mich bei Frau Körngen, wie viele Gäste sie denn noch erwarte.

»Ich weiß es nicht. Aber mein Sohn wird auf jeden Fall auch noch kommen.«

Bei dem Wort »Sohn« hatte Frau Heinze instinktiv aufgehorcht. »Wie alt ist er denn?«

»Vierundzwanzig«, sagte Arthur.

»Schon verheiratet?«

»Ach nein, das hat noch Zeit. Er wird von sehr vielen jungen Damen umschwärmt, weshalb sollte er sich jetzt schon für eine entscheiden?« Stolz klang aus Frau Körngens Stimme.

»Ihnen kann das doch egal sein«, flüsterte ich leise, »Sie haben sich Ihren Schwiegersohn doch schon ausgesucht.«

Frau Heinze lachte. »Das muß ich ihm bloß noch klarmachen.«

»Wollen Sie das nicht lieber Patricia überlassen?«

»Die weiß doch nicht, wie man das macht. Immerhin ist es ja ihre erste Ehe.«

Arthur erschien mit einem Tablett und sammelte Teller und Tassen ein. Frau Körngen verteilte Gläser.

»Nu kommt der jemütliche Teil«, freute sich Obermüller, der zu seinem Bedauern immer noch nüchtern war.

»Wo bleiben eigentlich Wittingers?« fragte ich ihn, denn die würden sich doch bestimmt nicht die Gelegenheit entgehen lassen, uns endlich wieder einmal ihre Abendgarderobe vorzuführen. »Es sollte mich wundern, wenn er nicht einen Frack anzieht.«

»Ick würde mir viel mehr wundern, wenn die überhaupt kommen. Die haben doch 'n Kopp voll und den Jerichtsvollzieher im Jenick. Oder weeßte det ooch wieda nich?«

»Ich weiß gar nichts. Mir erzählt ja niemand was!«

Obermüller rückte ein Stück näher und begann mit halblauter Stimme: »Wie det Finanzamt neulich Vermöjenssteuer kassieren wollte, is rausjekommen, det überhaupt keen Vermöjen mehr da is. Schon lange nich mehr. Der Rudi hat allet uff 'n Kopp jehauen. Jerlinde hat er erzählt, det er Repräsentant jeworden is und viel uff Reisen is. Na ja, det war er ja denn ooch, bloß haben die Fahrten in Baden-Baden oder Travemünde jeendet. Da hat er denn det Jeld am Spieltisch vajubelt. Und wie det alle war, hat er Hypotheken uff det Haus uffjenommen. Und nu is die Bombe jeplatzt! Zahlen kann er nich, Arbeet hat er ooch keene, überall is er vaschuldet, und wenn nich 'n Wunda jeschieht, denn sitzt er in Kürze uff der Straße. Um ihn is det nich schade, aber Jerlinde und die Kleene tun mir leid. Die könn' doch wirklich nischt dafür, det der Kerl so 'n Windhund is. Von seine Frauenjeschichten will ick erst jarnich reden.«

»Und kein Mensch hat etwas gemerkt«, sagte ich fassungslos. »Von wem hast du denn das alles?«

»Von Jerlinde natürlich. Die weeß ja nich mehr, wat se machen soll. Det muß schon 'ne janze Weile so jehn, aba sie hat ja mit keenem hier jeredet. Aba wie der Jerichtsvollzieher die janzen Möbel jepfändet hat, da hat's denn bei ihr ausjerastet, und sie hat sich bei Dorle ausjeheult. Erzähl det aba nich weiter! Die janze Jeschichte wird noch früh jenug durchjehechelt.«

Zum erstenmal zeigte Obermüller Diskretion, ein Beweis dafür, daß ihm Frau Wittinger wirklich leidtat. Mir ja auch.

Sie war noch so jung und wohl auch gar nicht in der Lage gewesen, mit dem plötzlichen Reichtum fertigzuwerden. Jetzt stand sie vor dem Nichts. »Wenn sie wenigstens einen anständigen und zuverlässigen Mann hätte ...«

»Det hab' ick ihr ooch jesacht. Wenn de vernünftig bist, Jerlinde, hab' ick jesacht, denn läßt de dich scheiden – je schneller, desto besser. Alleene kommste mit der Kleenen immer durch, aba nich, wenn de den Hallodri am Rockzippel hast. Ick jloobe, sie hat ooch jenuch von ihm. Roswitha hat ihr ja schon vor Wochen jesteckt, det er so'n Weibsbild in Düsseldorf hat.«

Was ist paradox? Wenn man auf einer Silberhochzeit über Scheidung spricht. Zum Glück hatte uns niemand zugehört. Die anderen Gäste unterhielten sich über Kohlsorten und Kochrezepte.

»...und als ich die vielen Gläser mit der Babynahrung in meinen beiden Einkaufstaschen endlich verstaut hatte«, kicherte Frau Straatmann, »da fragte doch die Kassiererin neugierig: ›Kriegt jemand in Ihrer Familie etwa Zwillinge?‹ – ›Nein‹, habe ich gesagt, ›aber mein Mann bekommt in der nächsten Woche ein Gebiß!‹«

Dem brüllenden Gelächter konnte Herr Straatmann nur ein gequältes Grinsen entgegensetzen.

Die Party wurde zunehmend munterer und erreichte ihen vorläufigen Höhepunkt, als Isabell ihren großen Auftritt hatte. In eine hellblaue Chiffonwolke gehüllt, schwebte sie über die Schwelle, grüßte hoheitsvoll nach allen Seiten und verkündete in das plötzlich ausgebrochene Schweigen: »Ich habe eine Überraschung mitgebracht!«

Die Überraschung war klein, dick und kahl, trug auch einen Smoking und war zumindest mir flüchtig bekannt.

»Darf ich Ihnen Dr. Heribert Gundloff vorstellen?«

»Det is ja'n echter Verwandter!« staunte Obermüller.

»Wie man's nimmt«, sagte Isabell hintergründig. »Er war es mal, und er wird es bald wieder.«

»Nach fünf Steinhägern kann ick keene Rätsel mehr raten.«

»Ich hab's!« schrie Frau Heinze. »Das ist Ihr Geschiedener, und Sie wollen ihn nochmal heiraten!«

»Wat denn, det is der Zahnklempner mit die jroße Praxis? Den haste doch nich nötig, Babydoll, du hast doch janz prima Beißerchen.«

»Die sind ja auch von mir«, sagte Heribert bescheiden.

Von Silberhochzeit war keine Rede mehr. Jetzt feierten wir Isabells Verlobung. Mit Körngens Sekt. Wir feierten so lange, bis Michael erschien. »Mutti, könntest du mal eben rüberkommen? Püppi ist schlecht. Sie hat den ganzen Teppich vollgekotz... vollgespuckt, meine ich, und Karsten hat Bauchweh, und Sascha heult, und wer die Schlagsahne auf den Sessel geschmiert hat, weiß ich nicht.«

Aus Platz- und wohl auch aus anderen Gründen hatte Frau Körngen angeregt, daß die Kinder ihre Kuchenschlacht möglichst fern von uns austragen sollten, und Dorle, diese hoffnungslose Optimistin, hatte ihr Haus zur Verfügung gestellt und geglaubt, mit Michael und Hendrik als Babysittern könnte eigentlich nicht viel passieren. Dabei sind Babysitter nichts anderes als Teenager, die sich wie Erwachsene benehmen wollen, während die Erwachsenen ausgehen und sich wie Teenager benehmen.

Michaels Hiobsbotschaft löste den allgemeinen Aufbruch aus. Bei dem Versuch, ihren Liebling so schnell wie möglich unter die mütterlichen Fittiche zu nehmen, verwickelte sich Frau Vogt in ihren langen Rock und umarmte hilfesuchend die Standuhr. Die blieb aber wirklich stehen. Nur der Perpendikel fiel herunter – genau auf Männe Frieses Lackschuh. Mit schmerzverzerrtem Gesicht rieb er seinen Fuß und wurde von Frau Heinze glatt überrannt. Es war eine filmreife Slapstick-Szene.

Straatmanns als einzige Nichtbetroffene erhoben sich nur zögernd, setzten sich jedoch sofort wieder hin, als die Silberbraut zu jammern anfing: »Warum wollen Sie denn alle schon gehen? Wir haben doch noch so viel zu essen und zu trinken da, und wenn mein Sohn nachher kommt...«

»Jetzt müssen wir uns erst einmal um die Kinder kümmern«, sagte Dorle. »So, wie es aussieht, haben sie sich schlichtweg überfressen. Sie haben ja auch viel zuviel Kuchen rübergebracht.«

»Ich habe es doch nur gut gemeint. Könnten Sie denn nicht nachher noch mal kommen, wenn die Kinder im Bett sind?« bettelte sie hoffnungsvoll. »Wir sind doch sonst ganz allein, und wo man doch nur einmal im Leben Silberhochzeit feiert...« Sie weinte beinahe.

»Doch, wir kommen nachher wieder!« versprach Dorle und zog mich aus der Tür.

Sehr munter sah unser Nachwuchs wirklich nicht aus. Er war ungewohnt ruhig und nur allzu gern bereit, sofort ins Bett zu gehen. Rolf übernahm die Mutterpflichten, während ich Dorle beim Aufräumen half. Mit einem kurzen Blick hatte Obermüller festgestellt, daß seine Anwesenheit weder erwünscht noch erforderlich war, und sofort begab er sich zurück an die Quelle, aus der so reichlich sein Lebenselixier sprudelte. »Denn also tschüß, bis nachher!«

»Müssen wir da wirklich noch mal hin?« Ich hatte überhaupt keine Lust mehr, hauptsächlich deshalb, weil Rolf noch immer nicht mitkommen wollte.

»Ich hab' es ihnen doch versprochen!« Dorle bearbeitete den Teppich mit Seifenschaum, ich schrubbte auf dem Sessel herum. »Die beiden tun mir ganz einfach leid. Gesetzt den Fall, ihr Sohn kommt nun doch nicht, dann hocken sie womöglich wirklich allein da und kommen noch auf irgendwelche dummen Gedanken. Ich finde es sowieso merkwürdig, daß sich der einzige Sohn nicht öfter blicken läßt. Hast du ihn schon mal gesehen?«

Ich schüttelte den Kopf. »Vielleicht kann er das mit seinem Beruf nicht vereinbaren. Weißt du, was er macht?«

»Keine Ahnung. Sie hat mir nur erzählt, daß er ziemlich viel Geld verdient und gerne teure Autos fährt. – Ob ich es mal mit Benzin versuche?«

Es war schon nach neun, als wir uns erneut auf den Weg zu

Körngens machten. Straatmanns saßen noch immer auf denselben Plätzen, auf denen sie schon seit Stunden thronten, und strahlten mit den Mayonnaisebrötchen um die Wette. Obermüller war in ein tiefsinniges Gespräch mit Herrn Heinze versunken, was man in diesem Fall durchaus wörtlich nehmen konnte, denn ihre Köpfe sanken immer tiefer in die Weingläser. Vogts hatten es vorgezogen, nicht wiederzukommen. Auch das junge Brautpaar fehlte, und das Ehepaar Friese war nur noch durch den männlichen Teil vertreten. Männe trank Bier und pries seiner Gastgeberin die Vorzüge von Perücken.

»Sie werden ein ganz anderer Mensch! Das können Sie mir ruhig glauben. Ein ganz anderer Mensch werden Sie. Ich habe genau das Richtige für Sie. Pechschwarz. Kommt aus China. Ich mache Ihnen auch einen Vorzugspreis. Nicht wiedererkennen werden Sie sich!«

Frau Körngen versprach, sich die Sache zu überlegen, aber eigentlich sei sie mehr für Silberblond. Schwarz sei zu ordinär. »Wenn überhaupt, dann nehme ich aber nur garantiert echte Haa…« Es klingelte. Wie elektrisiert sprang sie auf. »Das wird wohl Detlev sein!« Mit wehender Schleppe eilte sie zur Tür.

Es war Detlev. Einsneunzig groß, zwei Zentner schwer, kantiges Gesicht, tiefliegende dunkle Augen und ein Bart wie weiland Dschingis-Khan. Die dunkelblonden Haare hatte er mit Brillantine bearbeitet und in schwungvollen Wellen auf dem Kopf festgeklebt.

»Ob das ein Findelkind ist? Oder wie sonst sollten die kleinen Körngens zu diesem lebenden Kleiderschrank kommen?« wisperte Dorle. »Er sieht aus, als ob er seine Brötchen als Catcher verdient!«

Detlev gab uns allen artig die Hand, wirbelte seine Mutter einmal kurz durch die Luft, küßte sie herzhaft und setzte sie mitten auf den Tisch wieder ab. Dann zog er ein kleines Etui aus der Tasche, öffnete es, entnahm ihm etwas Blitzendes und steckte es ihr an den Finger.

»Alles Gute für die nächsten fünfundzwanzig Jahre, Muttchen!«

Muttchen strahlte. Jetzt durfte sie auch den Tisch wieder verlassen und uns reihum ihre Hand vorzeigen, damit wir alle den Ring bewundern konnten. Bewundernswert war er wirklich: ein großer Rubin, umgeben von kleinen Brillanten und eingefaßt in Weißgold. Einfach herrlich.

Väterchen erhielt eine goldene Armbanduhr, die er nur zögernd gegen seine bisherige auswechselte. Nachdem er solchermaßen seine Pflicht erfüllt hatte, warf sich Detlev in einen Sessel, orderte Bier und »was zwischen die Zähne« und ließ sich bestaunen. Als das allgemeine Schweigen peinlich zu werden begann, ergriff Frau Heinze das Wort:

»Wie schön, daß Sie doch noch gekommen sind. Ihre Mutter hat schon den ganzen Nachmittag auf Sie gewartet.«

»Humpf!« kaute Detlev. »Sie weiß ja, daß ich abends nicht wegkann. Heute nachmittag konnte ich auch nicht. Muttchen, gib mir mal noch'n Kaviarbrötchen! Ich wäre ja früher gekommen, aber die Lilo hat Sperenzchen gemacht. Ich hab' sie erst zusammenstauchen müssen!«

Dann wandte er sich wieder an Frau Heinze: »Wissen Sie, es ist nämlich so: Ich hab'n Laden, wo ich drin für Ordnung sorgen muß. So'n paar Mädchen gehören auch dazu, und mit denen gibt es manchmal Knies.«

Frau Heinze nickte etwas ratlos. Wahrscheinlich überlegte sie, um welche Art von Laden es sich handeln mochte. Mir war das ziemlich klar. Besitzer gutgehender Nachtbars pflegen selten zu den armen Leuten zu gehören und können sich kostspielige Geschenke leisten.

»Ach, ja. Wo liegt denn Ihr Lokal? In der Altstadt?« fragte Heinze äußerst interessiert nach. Zum heimlichen Zorn seiner Frau mußte er gelegentlich mit erlebnishungrigen Kunden durch das Düsseldorfer Nachtleben ziehen, und nun erhoffte er sich wohl eine Bar, in der er Vorzugspreise erwarten konnte.

»Ne, nicht in der Altstadt«, berichtete Detlev. »Hinterm Bahndamm. Is nicht sehr groß, aber wirklich gute Kundschaft.«

»Ich glaube, die Gegend kenne ich gar nicht«, überlegte Heinze. »Wie heißt denn das Lokal?«

»Fledermaus«, sagte Detlev und köpfte eine neue Bierflasche. Friese schüttelte den Kopf. »Noch nie gehört. Dabei habe ich immer geglaubt, ich kenne die ganzen Nepplokale.« Auch er verfügte über einschlägige Erfahrungen in den Vergnügungsvierteln.

»Nepp gibt's bei mir nicht! Wir haben solide Preise, und die Damen sind alle erste Klasse!«

»Ist gemacht! Nach dem nächsten Kegelabend gucken wir mal bei Ihnen rein!« versprach Friese. »Muß ja nicht immer Altstadt sein. Unsere Frauen haben sich sowieso schon beschwert, weil sie bereits alle Kneipen kennen.«

Detlev zögerte. »Ich glaube, es wäre besser, wenn Sie ohne Ihre Frauen kämen.«

Dorle gluckste verstohlen, und auch mir ging langsam das richtige Licht auf. Heinze und Obermüller wechselten verstehende Blicke, und über Frieses Gesicht zog ebenfalls ein Leuchten. Nur Frau Heinze war noch ahnungslos. »Wie viele Bardamen sind denn bei Ihnen angestellt? Man hört doch immer, daß die meisten von ihnen grundanständige und sehr solide Frauen sind. Stimmt das eigentlich?«

Da konnte ich einfach nicht mehr! Ich brach in ein schallendes Gelächter aus, Dorle fiel ein, und dann wurden auch die anderen angesteckt. Sogar Detlev grinste.

»Hab' ich was Falsches gesagt?«

Frau Heinze ahnte noch immer nichts. Mit einem Seitenblick auf Straatmanns, die unseren Heiterkeitsausbruch mit verständnislosem Lächeln verfolgten, flüsterte Heinze seiner Frau etwas ins Ohr. Sie bekam Augen wie Teetassen, nickte und platzte dann mit ungläubigem Staunen heraus: »Na so was – einen Zuhälter habe ich mir immer ganz anders vorgestellt! Aber ich habe ja auch noch nie einen kennengelernt.«

In diesem Augenblick betrat Frau Körngen das Zimmer. Sie hatte Getränkenachschub geholt und von der ganzen Unterhaltung glücklicherweise nichts mitbekommen. Zufrieden lächelte sie. »Ich freue mich ja so, daß Sie sich alle so gut unterhalten! Nun ist es doch noch ein richtig schöner Abend geworden!«

Trotzdem hatten wir es plötzlich alle eilig. Innerhalb von wenigen Minuten verabschiedeten wir uns, bedankten uns artig und machten, daß wir hinauskamen. Nur Straatmanns blieben noch, aber in ihrem Urwald hatten sie wohl auch keine Gelegenheit gehabt, Kenntnisse über die verschiedenen Zweige der Vergnügungsindustrie zu sammeln.

»Ick jloobe, die Mutter weeß jarnich, uff welche Weise ihr Sohn det Jeld verdient«, sagte Obermüller, nachdem wir uns endlich beruhigt hatten und nicht mehr von Lachsalven geschüttelt wurden. »Die betet dieset Riesenbaby doch förmlich an. Laßt se man in dem Jlauben, det er'n anständijer Mensch is. So brav und bieder, wie die aussieht, tut die sich jlatt wat an, wenn se die Wahrheit erfährt. Mir tut's ja bloß leid, det Vogts det eben nich miterlebt hab'n. Ick hätte zu Jern die Jesichter von denen jesehn!«

Wir nahmen uns also vor, über die ganze Geschichte zu schweigen, den ohnehin sehr lockeren Kontakt zu Körngens aber langsam einschlafen zu lassen.

»Jejen die beeden Alten hab' ick ja nischt, aba irjendwie färbt die ganze Atmosphäre denn doch uff uns ab. Meine Mutter hat mir schon früher immer jepredigt: Zeije mir, mit wem du umjehst, und ick sage dir, wer du bist.«

»Verallgemeinern kann man das aber auch nicht«, sagte ich. »Judas zum Beispiel hat vorbildliche Freunde gehabt.« Ganz so einfach war es aber doch nicht, Frau Körngens Anhänglichkeit zu ignorieren. Nach wie vor mußte sie auch gerade dann zum Einkaufen gehen, wenn wir mit unseren Taschen losmarschierten. Natürlich konnten wir ihre Begleitung nicht ablehnen, ohne sie ernsthaft zu brüskieren, und so änderte sich eigentlich gar nichts. Allerdings habe ich nie wieder ihr Haus betreten, und soweit ich mich erinnern kann, auch keine meiner Nachbarinnen. Im übrigen hofften wir alle, daß den durchweg soliden Bewohnern Monlingens die Existenz jener »Fledermaus« gar nicht bekannt war, und wenn doch, daß wenigstens niemand auf die Idee kommen würde, den Besitzer dieses Etablissements mit unserer Siedlung in Verbindung zu bringen.

Anscheinend war aber etwas durchgesickert. Anders konnte ich mir die Zurückhaltung und die betonte Förmlichkeit nahezu sämtlicher Geschäftsbesitzer nicht erklären. Sie waren höflich, aber reserviert, und hatten wir uns früher oft über Monlinger Tagesklatsch unterhalten, so ließen sie sich jetzt nicht mal mehr auf ein Gespräch übers Wetter ein.

»Stehen wir eigentlich unter Quarantäne und wissen nichts davon?« Dorle war gerade von ihrer Einkaufstour zurückgekommen und knallte das mitgebrachte Suppenhuhn auf den Tisch. »Weißt du, was mir eben passiert ist? Ich wollte meine Pullover von der Reinigung holen, und weil es so wahnsinnig voll war, bin ich wie üblich an den Ständer gegangen und habe mir die Sachen schon mal zusammengesucht. Da faucht mich doch diese hysterische Ziege hinter dem Ladentisch an: ›Nehmen Sie Ihre Hände da weg! Sie haben hier überhaupt nichts anzufassen!‹ Sag mal, die muß doch verrückt geworden sein! Immerhin habe ich noch im vergangenen Jahr zwei Wochen lang bei ihr ausgeholfen, als sie diese scheußliche Kieferoperation gehabt hatte. Und jetzt behandelt sie mich, als sei ich aussätzig!«

Dorles Empörung dauerte nur noch ein paar Tage, dann platzte endlich die Bombe. Und natürlich war ich es, die zum Räumkommando gehörte. Frau Körngen hatte mich wieder einmal zum Supermarkt begleitet und sehr erfreut vernommen, daß Frau Heinze mit dem Wagen folgen und später unsere Einkäufe mit nach Hause nehmen würde.

»Wenn ich nicht alles zu tragen brauche, dann kann ich ja gleich ein paar Vorräte kaufen. Ich habe immer gern etwas im Haus.«

Während ich mich um Blumenkohl und Marmelade kümmerte, verschwand Frau Körngen hinter dem Regal für finanzkräftige Kunden. Dort konnte man von russischem Kaviar bis zu kanadischem Lachs alle Delikatessen finden, die sich in Dosen konservieren lassen. An der Kasse trafen wir wieder zusammen. Als ich meine gerade bezahlten Einkäufe in die Plastiktüten packte, legte Frau Körngen nur eine Tube Senf und zwei Gurkengläser auf das Transportband.

Plötzlich stand der Geschäftsführer vor uns. »Würden Sie mir bitte in mein Büro folgen?«

Entgeistert sah ich ihn an. »Weshalb denn?«

»Wir sind angewiesen, Stichproben zu machen. Im übrigen meine ich nicht Sie, sondern die Dame neben Ihnen.« Mit einem sonnigen Lächeln erklärte sich Frau Körngen zum Mitkommen bereit. Vorher drückte sie mir noch ihre Strohtasche in die Hand. »Stellen Sie die doch bitte schon ins Auto. Da sind nur die beiden Brote und der Hefezopf vom Bäcker drin.«

Wir waren noch gar nicht beim Bäcker gewesen!

»Auf diese Tasche kommt es mir aber gerade an«, sagte der Geschäftsführer, nahm sie und kippte ihren Inhalt auf das Transportband.

Ich traute meinen Augen nicht! Neben Büchsen mit Artischockenböden, Kaviar und Nordseekrabben kamen auch Pralinen zum Vorschein, ein Glas Hummermayonnaise und Gänseleberpastete – alles Dinge, die gut und teuer waren.

Angesichts des so sichtbaren Beweises half auch die Ausrede nichts mehr, daß sie die Sachen selbstverständlich habe bezahlen wollen, nur sei ihr völlig entfallen, daß sie sie überhaupt eingepackt hatte.

»Hab' ich also doch recht gehabt!« triumphierte Frau Heinze, nachdem ich ihr während der Heimfahrt alles erzählt hatte. »Vor ein paar Tagen war sie mit, als ich mir Strümpfe gekauft habe. Ganz genau habe ich es nicht gesehen, aber ich wäre jede Wette eingegangen, daß sie zwei Büstenhalter geklaut hat. Ich hab's nur nicht glauben wollen!«

Die Geschäftsleute übrigens auch nicht. Obwohl sie uns später im Brustton der Überzeugung versicherten, daß sie natürlich niemals uns, sondern immer nur Frau Körngen in Verdacht gehabt hätten, war ich davon keineswegs überzeugt. Vermutlich haben sie angenommen, wir hätten alle unter einer Decke gesteckt. Was konnte man auch anderes von Leuten erwarten, die quasi in einem Getto lebten?

Ein paar Wochen später verschwanden Körngens genauso unauffällig, wie sie gekommen waren. Noch wochenlang haben wir uns den Kopf darüber zerbrochen, ob die Delikatessen, die wir auf der Silberhochzeit vorgesetzt bekommen hatten, auf ähnlich preisgünstige Weise beschafft worden waren.

»Wenn ja, denn möchte ick zu jerne mal wissen, wie se det mit den Torten jedreht hat! 'ne Dose Lachs kannste dir in de Manteltasche stecken, aba 'ne janze Biskuitrolle...?«

16

Urlaub ist der kürzeste Abstand zwischen zwei Gehaltszahlungen«, sagte Frau Heinze. »In diesem Jahr bleiben wir zu Hause und genießen den Garten. Herr Harbich verreist auch nicht. Er will jetzt endlich seine Doktorarbeit fertigschreiben.«

»Haben Sie die Hoffnung noch immer nicht aufgegeben?« Wir saßen auf ihrer Terrasse und schnippelten frisch geerntete Bohnen, die Frau Heinze in riesigen Mengen angepflanzt hatte und nun einwecken wollte. »Gläser brauche ich noch«, überlegte sie, »und die Gummiringe werden auch nicht reichen.«

Hendrik brachte neue Bohnen. »Spätestens zu Weihnachten können Sie die Dinger nicht mehr sehen!« prophezeite ich. »Glauben Sie wirklich, daß Sie durch die Einkocherei so viel Geld sparen?«

»Na klar! Stellen Sie sich bloß mal vor, ich würde statt dessen jetzt einen Einkaufsbummel machen!« Dann kam sie auf meine Frage zurück. »Wenn wir nicht verreisen und Harbich den ganzen Tag über seinen Büchern hockt, hat er ja zwangsläufig Patricia dauernd vor Augen. Sie rennt doch bei jedem Sonnenstrahl sofort in den Garten. Dieser Mensch müßte einen Blindenhund beantragen, wenn er dann nicht endlich anbeißen würde. Ihren Urlaub können die beiden ja nachholen – während der Flitterwochen. Venedig ist auch im Herbst noch schön.«

Im vergangenen Jahr hatten wir aus Geldmangel auf eine Reise verzichten müssen; sehr viel rosiger sah es auch jetzt nicht aus, aber nach Rolfs Ansicht würde es für drei Wochen Allgäu gerade noch reichen. Damals war ein Urlaub in

Deutschland noch preiswert und längst nicht so teuer wie Alassio oder Mallorca. Aber auch nicht so vornehm. »Selbst wenn die Raumfahrt einmal etwas Alltägliches ist, wird es immer noch Leute geben, die sich einen Urlaub nur auf der Nachtseite des Mondes leisten können«, sagte Rolf, nachdem er lange stöhnend über dem Reisebudget gesessen hatte.

Ich versuchte ihn zu trösten. »Du mußt das mal von der positiven Seite nehmen! Sei froh, daß wir nur blank sind und nicht arm!«

Sein Blick sprach Bände. »Ich wäre aber viel lieber mit euch ans Meer gefahren.«

»Als Frau fährt man entweder in die Berge, um die Aussicht zu genießen, oder an den Strand, um Aussicht zu bieten. Eine Badeschönheit bin ich aber nicht mehr, also ist mir das Gebirge sowieso lieber.« Die letzte Behauptung war absolut falsch. Ich bin nicht schwindelfrei, habe fürs Wandern nichts übrig, finde Berge zwar beeindruckend, aber nur von unten, und weil ich keine Kuh bin, können mich auch die saftigen Wiesen nicht reizen. Weshalb es unbedingt das Allgäu sein mußte, verstand ich ohnehin nicht. Das Sauerland hätte den gleichen Zweck erfüllt, und es lag näher dran.

Urlaub ist, wenn man drei Koffer, zwei Reisetaschen, zwei Kinder, einen Goldhamster und noch eine Menge Diverses ins Auto packt und sagt: »Wie gut, mal alles hinter sich zu lassen!«

Dann hängt man stundenlang auf der Straße, vor sich mit ihren Wohnwagenanhängern wedelnde Autos, hinter sich streitende Kinder, denen dauernd schlecht wird, und wenn man eine Raststätte anfährt, ist sie hoffnungslos überfüllt und man kriegt nichts zu essen. Schließlich fragte Rolf den Kellner: »Was haben wir eigentlich verbrochen? Seit einer Stunde sitzen wir hier bei Wasser und Brot.«

Trotz unseres langen Aufenthalts im Restaurant war die Autobahn nicht leerer geworden. Alles kroch nach Süden, beladen bis zum Dach und noch darüber hinaus. Seit die Fußgänger langsam rarer werden, haben manche Autofahrer Boote gekauft und machen nun wohl Jagd auf Schwimmer.

Erst lange nach Einbruch der Dunkelheit erreichten wir unser Ziel, eine kleine Pension etwas außerhalb eines bekannten Ferienortes. Der Mond schien, die Wiesen waren nicht grün, sondern silbrig, und ruhig war es auch. Mißtrauisch schnupperte Rolf in die ungewohnt klare Luft. »Hier kann man ja nicht mal *sehen*, was man atmet!«

Im Morgengrauen weckten uns Kühe – genauer gesagt, ihre Glocken. An sich pflegen auch Kühe ziemlich geräuschlos zu speisen, aber im Gegensatz zu anderen Wiederkäuern tragen sie speziell in Urlaubsgebieten mehr oder weniger laute Bimmeln um den Hals, vermutlich deshalb, weil die Feriengäste diesen Anblick von ihren Milchdosen her gewohnt sind. Da sieht es ja auch sehr hübsch aus. Leider gehören Kühe zu den Frühaufstehern. Wir wurden auch welche!

Nun ist ein Morgen im Gebirge etwas Wunderschönes. Man braucht nur bei Luis Trenker nachzulesen oder bei Ganghofer. Es muß sehr beeindruckend sein, wenn sich der feurige Sonnenball hinter den majestätischen Berggipfeln erhebt... Wir haben es leider niemals gesehen. Es regnete nämlich. Es regnete morgens, es regnete mittags; abends nieselte es manchmal nur noch, aber nachts regnete es wieder. Wir steckten die Köpfe aus den Fenstern, atmeten die gesunde feuchte Luft und verschoben den Spaziergang auf später. Wir plünderten das örtliche Spielwarengeschäft und wurden Dauerkunden in der Leihbibliothek. Leider war sie mit Kinderbüchern nur sehr mangelhaft ausgestattet. Einmal brachte ich Sven die »Reise um die Erde in achtzig Tagen« mit. Mein Sohn las den Titel und legte das Buch gelangweilt zur Seite. »Dieser Jules Verne muß zu Fuß gegangen sein.«

Nach einer Woche Dauerregen beschloß Rolf, das Angenehme (?) mit dem Nützlichen zu verbinden und einen Kunden zu besuchen, der ganz in der Nähe wohnen sollte. Inzwischen hatten wir Anschluß gefunden an ein etwa gleichaltriges

Ehepaar, das sogar drei Kinder hatte und auch nicht wußte, wie es sie beschäftigen sollte. Als er nun auf fünf Köpfe angewachsen war, stellte der Nachwuchs fest, daß Regen herrlich und ein Bauernhof interessant ist. Von da ab sahen wir sie nur noch zu den Mahlzeiten.

Rolf fuhr also zu dem bewußten Kunden und nahm seinen neuen Bekannten mit. Wir Frauen blieben getreu unserer vorgeschriebenen Rolle zurück und hüteten die Kinder. Ab und zu sahen wir mal aus dem Fenster, aber den Anblick kannten wir nun schon. Es regnete.

»Die Einheimischen sagen, der Regen sei dringend nötig«, sagte Frau Dombrowski.

»Na schön, er ist gut für die Bauern. Zahlen die aber auch jeden Tag sechzig Mark?« Mißmutig rührte ich in meiner Kaffeetasse. »Wer sagt eigentlich, daß man niemals alles zugleich haben kann? Wir haben doch jetzt Nachsaisonwetter zu Hochsaisonpreisen!«

Die Wirtin rief mich ans Telefon. Am anderen Ende der Strippe war aber nicht Rolf, sondern Frau Heinze. Vor der Abreise hatte ich ihr unsere Ferienadresse gegeben, damit sie uns in Katastrophenfällen benachrichtigen könnte.

»Nun kriegen Sie keinen Schreck! Ihr Haus steht noch, und der Wasserrohrbruch bei Babydoll hat bloß Ihre ganzen Buschrosen ersäuft. Aber deshalb rufe ich ja gar nicht an. Ich wollte Ihnen nur erzählen, daß sich Patricia vor zwei Stunden verlobt hat!«

»Herzlichen Glückwunsch«, sagte ich matt, »und was die Rosen betrifft...«

»Ein paar sind ja noch übriggeblieben. Aber was sagen Sie nun zu meiner Tochter? Hinter meinem Rücken haben die das eingefädelt! Hier zu Hause haben sie getan, als kennen sie sich kaum, und dabei haben sie sich immer heimlich in Düsseldorf getroffen. Patricia hat mir alles erzählt. Ich bin schon ganz runter mit den Nerven. Geheiratet wird im Oktober. Nach Venedig wollen sie aber nicht. Tassilo ist ein Wintersportfanatiker, der möchte in die Schweiz fahren. Jetzt muß Patricia auch noch Skilaufen lernen. Schätzchen bringt heute abend Skier mit, dann kann sie schon mal ein bißchen im Garten trainieren.«

»Wieso? Liegt denn in Monlingen Schnee?«

»Ach bewahre! Wir haben herrliches Wetter. Sie auch?«

»Doch, natürlich!« log ich eisern und beschloß, gleich morgen eine Höhensonne zu kaufen.

Endlich ging Frau Heinze der Atem aus. »Ich muß jetzt Schluß machen. Wir sind heute abend bei Tassilos Mutter eingeladen. Nur zu einer ganz kleinen Feier. Die richtige findet erst in zehn Tagen statt. Außerhalb natürlich, denn Harbichs haben offenbar ziemlich viel Verwandtschaft. – Wann kommen Sie eigentlich zurück?«

»Nächste Woche.«

»Na wunderbar! Dann erzähle ich Ihnen alles ganz ausführlich.« Sie legte auf.

Ich fühlte mich ja schon so gut erholt, daß ich lieber heute als morgen nach Hause gefahren wäre, rauf nach Norden, der Sonne entgegen.

Als ich Rolf am Abend von Frau Heinzes Anruf erzählte, zuckte er nur mit den Schultern. »Nun hat sie es ja endlich geschafft! Anscheinend gehört sie auch zu den Frauen, die sich am liebsten an die einfachen Dinge des Lebens halten – Männer!«

Übrigens machte er einen sehr zufriedenen Eindruck. Der Seitensprung ins Geschäftliche mußte wohl erfolgreich gewesen sein.

Eine Woche später waren wir wieder zu Hause. Damit uns der Abschied nicht allzu schwer fiel, hatten wir etwas Vertrautes mitgenommen: den Regen. Kaum hatten wir die Signalflaggen gehißt, d. h. die Jalousien aufgezogen, als auch schon der erste Besucher klingelte. Es war Dorle.

»Gott sei Dank, daß ihr wieder da seid! Ich bin beinahe

verrückt geworden! Seitdem Patricia den Brillanten am Finger hat, gibt es für ihre Mutter kein anderes Gesprächsthema mehr. Die anderen sind alle verreist, also kommt sie sechsmal pro Tag zu mir und schildert die Hochzeitsvorbereitungen. Wenn der englische Kronprinz mal heiratet, gibt es in London bestimmt nicht halb soviel Wirbel!«

»Ich denke, erst kommt die Verlobung?«

»Die ist übermorgen, also schon fast überstanden. Aber was bis zur Hochzeit auf uns zukommt, kann nur der ahnen, der die vergangene Woche miterlebt hat.«

Noch am selben Abend holte uns Frau Heinze ab, damit wir die Geschenke bewundern könnten. Sie waren schon recht zahlreich eingetroffen und deshalb in der Bauernstube aufgebaut worden.

»Wie kommt es nur, daß zwei Menschen nie dasselbe denken, außer wenn sie Verlobungsgeschenke kaufen?« seufzte die Braut und zeigte auf die drei Toaströster.

»Den von Obermüllers kannst du sicher gegen einen Kaffeekessel umtauschen«, schlug ihre Mutter vor.

»Laß das lieber bleiben!« warnte Hendrik. »Kauf niemals was, wo ein Griff dran ist. Das bedeutet immer Arbeit.« Er hatte wohl so seine Erfahrungen.

»Am besten gefallen mir ja die Kochtöpfe mit den Glasdeckeln, die du von Tante Hermine bekommen hast. Da kannst du wenigstens durchsehen und zugucken, wie das Essen anbrennt!«

»Mutti, du bist wirklich ekelhaft!«

»Nur ehrlich, mein Kind, nur ehrlich!« lachte Frau Heinze. »Ich weiß noch ganz genau, wie sich dein Vater lange nach unseren Flitterwochen gewundert hat, als das Hühnerfrikassee plötzlich anders schmeckte als sonst. Mir war nämlich zum erstenmal der Reis nicht angebrannt.«

»Wann sind die Flitterwochen eigentlich vorbei, Vati?« fragte Hendrik neugierig.

»Wenn der Mann nicht mehr beim Abwaschen hilft, sondern es allein macht. Die modernen Ehefrauen stellen heutzutage keine Haushaltshilfe mehr ein – sie heiraten eine!«

Frau Heinze lächelte süßsauer und wechselte das Thema. Den Bräutigam lernten wir später auch noch kennen, d. h. ich kannte ihn ja schon. Er brachte den Ring zurück, der ein bißchen zu groß ausgefallen und enger gemacht worden war. Stolz zeigte uns Patricia das hübsche Schmuckstück.

»Schätzchen hat mir auch einen Ring zur Verlobung geschenkt.« Frau Heinze hielt mir ihre linke Hand entgegen. »Er meinte nämlich, ich hätte ihn mir redlich verdient.«

Leise flüsterte mir Rolf ins Ohr: »Grenzt es nicht ans Wunderbare, daß die Natur einen herrlichen Diamanten hervorzaubern kann, indem sie einen Mann nimmt und ihn einem ungeheuren Druck aussetzt?«

Bevor wir mit einem Glas Sekt auf das glückliche Brautpaar anstießen, enteilte Frau Heinze: »Ich muß Ihnen noch etwas zeigen«, hatte sie gesagt, »aber das liegt oben.« Nun kam sie mit einer Zeitschrift zurück. Eifrig blätterte sie. Endlich hatte sie die gesuchte Seite gefunden.

»Hier, ist das nicht zauberhaft?« Ich sah eine wunderschöne Braut in einer Woge von Seide und Tüll, die mit professionellem Lächeln die neueste Creation des Hauses Dior präsentierte. Zumindest wurde das in der Bildunterschrift behauptet.

»Genauso wird Patricias Kleid aussehen! Ich weiß auch schon eine Schneiderin, die das haargenau kopieren kann.« Entsetzt blickte Heinze auf das Hochglanzfoto. »Ich hab' ja nichts dagegen, daß der Tassilo sie bekommt, aber muß es denn unbedingt in einer Geschenkpackung sein?«

»Ich nehme sie auch ganz ohne!« beteuerte der.

Sein Schwiegervater runzelte die Stirn. »Das glaube ich dir gerne! Eure Mütter sind noch so altmodisch, daß sie sich genau erinnern können, wann und wo sie von ihrem Mann den ersten Kuß bekommen haben, aber ihre Töchter können sich oft genug nicht mal mehr an ihren ersten Mann erinnern!«

»Aber doch nicht Patricia!« empörte sich Frau Heinze. »Natürlich nicht!« Heinze bekam einen hochroten Kopf. »Das sollte nur eine ganz allgemeine Feststellung sein.«

Ein grundlegender und unausrottbarer Widerspruch in der männlichen Natur: Kein Vater von vierundvierzig will, daß seine Tochter tut, was die Töchter anderer Väter tun sollten, als er zweiundzwanzig war!

Es wurde doch ziemlich spät, als wir endlich ins Bett kamen. Und selbst dann war an Schlafen nicht zu denken. Rolf zündete sich eine Zigarette an, was gleichbedeutend war mit der Einleitung zu einem längeren Gespräch. »Kennst du eigentlich Süddeutschland?« begann er denn auch.

»Und ob ich es kenne! Berge, Wiesen, Kuhglocken und vor allem Regen.«

»Unsinn! Ich rede doch nicht vom Weißwurstäquator. Was ich meine ist zum Beispiel Stuttgart. Eine wunderhübsche Stadt, gemütlich, sauber, herrlich gelegen, sogar Weinberge gibt es. Hast du schon mal einen Weinberg gesehen?«

»Nein. Weinflaschen sind mir lieber.« Ich gähnte herzhaft. »Was soll das Gequassel überhaupt? Könntest du den Geographieunterricht nicht bitte auf morgen verschieben? Ich bin müde.«

Zwei Augenblicke lang war Ruhe. Dann: »Manchmal fehlt dir die Großstadt ja doch, nicht wahr?«

»Natürlich. Besonders jetzt! Dann könnte ich nämlich ins nächste Hotel gehen und schlafen.«

»Entschuldige!« Er drückte seine Zigarette aus, zündete aber sofort eine neue an.

»Du weißt genau, daß ich es nicht leiden kann, wenn du das Schlafzimmer vollqualmst!«

»Entschuldigung!« Die Zigarette wurde im Aschenbecher zerquetscht. »Mach doch endlich das Licht aus!« Maulend drehte ich mich auf die andere Seite.

Der Schalter klickte. Himmlische Ruhe.

»Den Heuss hast du doch immer gerne reden gehört?« Mit einem Ruck saß ich aufrecht. »Jetzt reicht's mir langsam! Papa Heuss war ein netter alter Herr, und ich hörte ihn auch gerne reden, aber nicht mitten in der Nacht!«

»Ich meine doch nur – ich wollte sagen, du findest den schwäbischen Dialekt also auch hübsch?«

»Ja, verdammt noch mal!« Was wollte dieser Mensch eigentlich?

»Weißt du überhaupt, daß die Schwaben ein ganz besonders tüchtiger Menschenschlag sind? Fleißig, genügsam, arbeitsfreudig, sparsam, immer bestrebt, sich etwas zu schaffen, aufzubauen...«

»So was nennt man Bienen! Willst du Imker werden?«

»Quatsch! Aber...« Die nächste Zigarette. »Nun paß mal auf, aber geh nicht gleich wieder die Wände hoch!« Rolf gab sich einen energischen Ruck. »Dieser angebliche Kunde, den ich in der vorigen Woche besucht habe, ist gar keiner gewesen. Ich war nämlich in Stuttgart. Eine namhafte Druckerei will mich als Werbeleiter und Repräsentant für Baden-Württemberg haben. So ein Angebot kriegt man nicht alle Tage. Anständiges Gehalt, großzügige Spesen, Provisionen, sogar einen Wagen bekäme ich gestellt. Du könntest also unseren ganz allein für dich haben. Der einzige Pferdefuß bei der Sache: Wir müßten nach Stuttgart ziehen.«

Jetzt angelte ich auch nach einer Zigarette. »Und wann?«

»Möglichst schon vorgestern. Aber so Hals über Kopf geht es natürlich nicht. Ich denke, zwei bis drei Monate haben wir noch Zeit. Es kommt auch darauf an, wie schnell wir eine Wohnung finden.«

»Du glaubst also nicht, daß es länger dauert als drei Monate?«

»Auf keinen Fall. Warum?«

Ich holte tief Luft: »Weil unsere Tochter dann ein Schwobemädle wird!«

»Unsere – waaas???« Jetzt hatte ich ihn aus der Ruhe gebracht.

»Wer wollte denn mindestens drei Kinder haben?«

Mit gespieltem Entsetzen raufte er sich die Haare. »Aber doch nicht stückweise! Weißt du denn nicht, daß ein erhöhter Produktionsausstoß die Kosten senkt? Wenn ich zwanzigtausend Kataloge drucken lasse, ist der Einzelpreis erheblich niedriger als bei nur fünftausend Exemplaren.«

Ich schwieg beeindruckt. Dann fragte ich zögernd: »Wie hattest du dir denn das mit der Massenproduktion vorgestellt?«

Rolf grinste. »Na ja, vielleicht zweimal Zwillinge oder auch Drillinge mit eventuell einer Nachbestellung.« Zärtlich sah er mich an. »Wann ist denn mit der Lieferung zu rechnen?«

»Im Februar. Eigentlich hab' ich es dir ja noch gar nicht sagen wollen, aber nachdem du mich so erschreckt hast, ist es nur recht und billig, wenn ich mit gleicher Münze zurückzahle.«

Er nahm mir die Zigarette aus der Hand und drückte sie aus. »Geraucht wird nicht mehr!« Dann löschte er das Licht und zog mich in seinen Arm. »Glaubst du wirklich, daß es ein Mädchen wird.«

»Auf jeden Fall! Die männliche Vorherrschaft in dieser Familie muß endlich gebrochen werden!«

»Kleine Mädchen sind süß«, sagte er verträumt. »Sie sind viel anschmiegsamer als Jungs und viel zärtlicher. Wenn sie größer sind, muß man sie ausführen, sie brauchen hübsche Kleider... Schwierig wird es nur sein, den richtigen Mann für sie zu finden. Aber wenn es soweit ist, werde ich mich selbst darum kümmern! Wie, sagtest du doch, hat Frau Heinze die Sache mit Patricia eingefädelt...?«

Nachwort

»Sie haben sich in all den Jahren wirklich kein bißchen verändert!« rief ich enthusiastisch, als ich Frau Heinze die Tür öffnete. »Wollen Sie etwa behaupten, ich hätte schon in Monlingen diese Tränensäcke unter den Augen gehabt?«

Dabei hatte sie gar keine. Sie sah im Gegenteil immer noch sehr jugendlich aus, war noch genauso lebhaft, wie ich sie in Erinnerung hatte, und machte auch gar kein Hehl aus ihrem Alter. »Seit kurzem trage ich sogar eine Brille. Die Neugier hat endlich über die Eitelkeit gesiegt!«

Ein Zufall hatte uns wieder zusammengebracht, nachdem wir die Verbindung verloren und 15 Jahre lang nichts mehr voneinander gehört hatten. Nun saß sie tatsächlich auf unserer Terrasse, vor sich ein Glas Campari, neben sich einen Stoß Fotografien, und befahl: »Jetzt erzählen Sie mal!«

Was sollte ich denn erzählen? Unseren auf fünf Köpfe angewachsenen Nachwuchs hatte sie bereits besichtigt und für recht gelungen befunden. »Mir ist bloß unklar, wie Sie das unbeschadet durchgehalten haben. Ich bin ja schon bei meinen beiden verrückt geworden, aber gleich fünf...? Haben Sie überhaupt mal ein paar Minuten für sich alleine?«

»Doch«, sagte ich prompt, »wenn ich in die Küche gehe und Geschirr spüle!«

Sie lachte. »Patricia geht es so ähnlich. Sie sagt immer, Mutterglück sei das, was sie empfindet, wenn ihre Kinder abends im Bett seien.«

Nun mußte ich mir Fotos von den Enkelchen ansehen. Es waren eine ganze Menge Aufnahmen, und alle zeigten zwei niedliche Mädchen, die große Ähnlichkeit mit ihrer immer noch sehr hübschen Mutter hatten.

Dann folgten Aufnahmen von Hendrik. Auch er hatte sich zu einem stattlichen Jüngling gemausert und blickte würdevoll in die Kamera.

»So blasiert sieht er sonst niemals aus, aber als die Fotos gemacht wurden, war er gerade Referendar geworden. Jetzt steht er schon dicht vor dem Assessor-Examen«, erläuterte seine Mutter. »Wenn er und mein Schwiegersohn mal zusammen bei uns sind und sich über Dinge unterhalten, von denen ich nichts verstehe, komme ich mir immer richtig dumm vor. Das kommt davon, wenn man plötzlich lauter Akademiker in der Familie hat. Andererseits werde ich nie vergessen, daß die beiden Geistesheroen im letzten Herbst einen halben Tag gebraucht haben, um unsere Doppelfenster einzuhängen.«

Schätzchen hätte ich trotz der langen Zeit, die vergangen war, auf Anhieb wiedererkannt. Er hatte sich tatsächlich kaum verändert – nur einen Teil seiner Haare hatte er lassen müssen. »Wie ein Opa sieht er wirklich nicht aus«, sagte ich und gab die Fotos zurück.

»Er ist aber einer! Sogar viel zu gerne! Ich hab' ja schon immer gesagt, daß Babys ihre Väter zu Männern machen und ihre Großväter zu Kindern!«

Es dauerte nicht lange, und wir hatten die Gegenwart vergessen und waren in die Vergangenheit getaucht.

»Wissen Sie noch, wie mich der Brauer mitten in der Nacht rausgeklingelt und mir zwei Dutzend Austern in die Hand gedrückt hat, weil ich ihn doch ein paar Stunden vorher wegen seines unmöglichen Benehmens rausgeschmissen hatte? Ganz zerknirscht stand er mit seiner Versöhnungsgabe vor der Tür und wünschte ›Guten Appetit‹. Wo er die Dinger um diese Zeit hergekriegt hat, ist mir noch heute ein Rätsel. Dämlicherweise hatte er die Schalen schon alle geöffnet, und so blieb mir nichts anderes übrig, als meinen Mann zu wecken und ihm zu erklären, daß und warum wir jetzt Austern essen müßten. Da saßen wir also nachts um zwei im Bett, schlürften die glibbrigen Viecher und tranken Brause dazu.

Sekt wäre natürlich stilvoller gewesen, aber den hatten wir nicht im Haus.«

Frau Heinze lachte noch im nachhinein.

»Übrigens sind Brauers kurz nach Ihnen weggezogen. Man hatte ihm eine Stellung am Tropeninstitut in Hamburg angeboten.«

»Wissen Sie eigentlich, was aus Vogts geworden ist?«

Frau Heinze stärkte sich mit einem neuen Schluck. »Nicht direkt. Herr Vogt ist gestorben, als Karsten gerade fünfzehn geworden war. Drei Jahre lang soll er noch brav zur Schule gegangen und sogar ein glänzendes Abitur gebaut haben. Dann hat er sich angeblich Haare und Bart wachsen lassen, zog Jeans und Parka an und übersiedelte in eine Wohngemeinschaft. Was er jetzt macht, weiß ich nicht. Vielleicht ist er Berufsdemonstrant oder Hausbesetzer. Wundern würde es mich nicht. An dem armen Kerl ist in seiner Kindheit viel zu viel herumerzogen worden.«

Auch über Babydoll oder Familie Friese konnte Frau Heinze nichts sagen. »Wir haben ja auch nicht mehr lange in Monlingen gewohnt. Als Schätzchen mit dem Gedanken spielte, sich selbständig zu machen, wollte er das natürlich nicht in Düsseldorf tun. Ihm schwebte Frankfurt vor. Da kann man aber nur arbeiten und nicht wohnen, also sind wir in den Taunus gezogen.«

Wir kamen vom Hundertsten ins Tausendste. Die ganze damalige Zeit wurde noch einmal lebendig: Ikiko und die McBarrens, der Aufmarsch von Isabells Neffen, die Gartenparty und Körngens Silberhochzeit... Wir schwelgten in Nostalgie, wischten uns zwischendurch die Lachtränen aus den Augen und bedauerten nur, daß Dorle nicht bei uns war. »Ich habe keine Ahnung, was aus ihr geworden ist«, sagte Frau Heinze. »Das Haus gehörte ja Obermüllers Vater, aber soviel ich weiß, haben sie es nach dessen Tod verkauft. Wo die Familie dann abgeblieben ist, kann ich beim besten Willen nicht sagen.«

Wochen waren seit Frau Heinzes Besuch vergangen, und noch immer ließ mir unser Gespräch keine Ruhe. Ob ich nicht doch mal versuchen sollte...? Die Dame von der Telefonauskunft zeigte sich trotz der späten Stunde dienstbereit. Doch, ein Hans Obermüller sei in Monlingen registriert; ob ich die Nummer haben wolle? Eigentlich war es ja schon zu spät für einen Anruf, andererseits hatten Obermüllers nie zu den Hühnern gehört, die bei Sonnenuntergang schlafen gehen. Kurz darauf hatte ich Dorle an der Strippe, und sechs Wochen später fuhr ich nach Monlingen.

Ich erkannte es nicht wieder. Aus dem verschlafenen Nest war eine kleine Großstadt geworden, was sich besonders daran zeigte, daß es von so ziemlich allen namhaften Versandhäusern Filialen gab.

Zahlreiche Supermärkte, noch mehr Boutiquen und sogar ein Steakhouse zeugten vom Bevölkerungszuwachs. Hatte es früher nicht mal eine Realschule gegeben, so besaß Monlingen nun sogar zwei. Ferner ein Gymnasium und ein Pudding-College, wie Riekchen die Hauswirtschaftsschule nannte, die sie zwei Jahre lang besucht hatte. (Jetzt bekochte sie ihren Freund. Ihm scheint das zu gefallen, denn er will sie noch in diesem Jahr heiraten.) Kindergärten hatte man ebenfalls eingerichtet und sicher auch ein Altersheim. Monlingen hatte sich dem Trend der Zeit angepaßt. Zum Wiesengrund fand ich gar nicht hin. Ich gab die Suche auf, fragte mich zur Weidenstraße durch und stand vor einem dreistöckigen Wohnhaus. Wenigstens Obermüllers hatte ich gefunden.

Nachdem wir Familiäres und Berufliches durchgekaut und abgehakt hatten, erzählte ich von meiner Irrfahrt durch die Stadt. »Ihr könnt mich totschlagen, aber ich weiß noch immer nicht, wo genau ich jetzt bin.«

»Aba ick! Wo du jetzt stehst, da war mal Köbes sein Hof. Der is'n kleener Millionär geworden, als seine janzen Äcker zu Bauland erklärt wurden. Jetzt hat er sich drüben in Bornfeld 'n dollen Schuppen hinjestellt und macht in Schweinezucht. So, und nu komm mal mit!«

Ich folgte Obermüller auf den Balkon und blickte direkt auf den Baggersee. »Weeßte jetzt Bescheid?«

»So ungefähr. Aber wenn hier schon der See ist, dann muß der Wiesengrund doch auch ganz in der Nähe sein.«

»Isser ja ooch. Wenn du aus'm Küchenfenster guckst und dir die janzen Häuser dazwischen wegdenkst, dann kannste'n beinahe sehen.«

Unter Dorles kundiger Führung machte ich später einen nostalgischen Spaziergang. Wir schlenderten durch unsere ehemalige Straße, die ihren Namen nun wirklich nicht mehr verdient. Abgesehen von den manikürten Rasenflächen, von denen jedes Haus einige Quadratmeter aufweisen kann, gibt es kaum noch etwas Grünes. Sogar die Gemeinschaftswiese ist zubetoniert. Kunigunde hatte parkenden Autos weichen müssen.

»Wahrscheinlich hat sie ein pietätloser Mensch verheizt! Die Bungalows da hinten haben alle offene Kamine.« Dorle zeigte in die ungefähre Richtung, wo früher mal Köbes' Scheune gestanden hatte. Ich sah asphaltierte Straßen, Reihen von Fertiggaragen, Betonklötze für Mülltonnen, Parkplätze und Häuser, Häuser, Häuser...

Ich war erschüttert. »War das hier wirklich einmal alles grün? Wenn man diese Steinwüste sieht, kann man sich beim besten Willen nicht mehr vorstellen, daß das mal der Vorort eines Vorortes gewesen ist.«

»Das findest du doch überall«, sagte Dorle. »Wenn man endlich die letzte Rate für sein Häuschen im Grünen bezahlt hat, stellt man fest, daß das Grüne schon dreißig Kilometer weiter hinausgerückt ist. Deshalb haben wir uns damals auch für eine Wohnung entschieden. Wenn auch das letzte Stückchen Natur zugebaut ist, ziehen wir woanders hin.«

Langsam bummelten wir zurück. »Wohnt eigentlich noch jemand von der ursprünglichen Belegschaft hier?«

Dorle schüttelte den Kopf. »Außer Straatmanns niemand mehr. Sie müssen beide schon ziemlich klapprig sein, denn seit kurzem lebt eine Pflegerin bei ihnen. Gesehen habe ich sie schon lange nicht.«

»Und Babydoll?«

»Die hat tatsächlich ihren Ex-Mann zum zweitenmal geheiratet und ist wieder zu ihm gezogen. Ich glaube, sie wohnt jetzt in der Nähe von Godesberg.«

Ich fragte weiter. Dorle entpuppte sich als ein lebendes Einwohnermeldeamt. »Frieses sind bald nach euch weggegangen. Nachdem Frau Leiher eines Morgens ganz einfach verschwunden war, haben sie keine neue Hausangestellte mehr gefunden. Da kam Roswitha auf die Idee, daß ich doch tagsüber ihren reizenden Nachwuchs betreuen könnte. Nun bin ich ja wirklich kinderlieb, das weißt du, und das Geld hätte ich damals auch recht gut gebrauchen können, aber Püppi und Achim? Nee, danke. Also mußten Oma und Opa wieder ran. Die wollten aber ihre Wohnung nicht aufgeben, und so sind Frieses in die Stadt gezogen. Wohin genau, weiß ich nicht. Wir haben ja schon vor ihrem Auszug nicht mehr miteinander gesprochen.«

Zu Hause wartete Michael. »Der ist extra deinetwegen gekommen, obwohl er sich nur noch dunkel an dich erinnern kann«, lachte Dorle, stellte sich auf die Zehenspitzen und drückte ihrem Sohn einen Kuß auf die Wange.

»Ich habe Torte mitgebracht. Der Kaffee ist auch schon fertig!«

Michael balancierte Kanne und Kuchenteller durch die Gegend, setzte beides unsanft auf den Tisch und sprudelte los: »Beim Bäcker habe ich eben Frau Weise getroffen, und die hat mir erzählt, daß der Fischhändler...«

»Das darf doch nicht wahr sein!« unterbrach ich ihn lachend, »bist du denn immer noch das Monlinger Tageblatt?«

»Wat jloobste denn, warum der Jura studiert? Der sammelt sich doch seine künftigen Mandanten schon jetzt uff der

Straße zusammen! Nu erzähl mal, wat is denn mit dem Fischhändler?« Obermüllers Neugierde hatte sich aber auch nicht gelegt!

Wir überließen Vater und Sohn den Tagesneuigkeiten und verkrümelten uns in Dorles Zimmer. »Du hast mich vorhin nach Wittingers gefragt«, nahm sie das unterbrochene Gespräch wieder auf. »Viel gibt es von denen nicht zu erzählen. Das Haus mußten sie natürlich räumen, es wurde versteigert, und nachdem alle Schulden bezahlt waren, blieben nur noch ein paar tausend Mark übrig. Die hat Gerlinde bekommen. Mir hat sie gesagt, daß sie mit dem Kind wieder zu ihren Eltern ziehen wollte. Die hatten im Bergischen Land ein kleines Ausflugslokal. Vielleicht hat sie das inzwischen übernommen. Von ihrem Mann hat sie sich nach langem Hin und Her dann doch scheiden lassen, aber es hat eine Ewigkeit gedauert, bis sie ihn überhaupt gefunden hatte. Das Jugendamt hat ihn schließlich aufgestöbert. In einer Bahnhofswirtschaft irgendwo in Norddeutschland hat er als Aushilfskellner gearbeitet. Ich bezweifle aber, daß seine Trinkgelder auch nur annähernd so hoch gewesen sind wie die, die er in seiner großen Zeit überall so großzügig verteilt hatte. Kannst du dich noch an den Stapel Zehnmarkscheine erinnern, der immer auf dem Dielentischchen lag? Jeder Lieferant bekam einen in die Hand gedrückt, auch wenn er bloß sechs Brötchen oder eine Flasche Hustensaft gebracht hat. Die sind ja sogar liebend gern wegen dreier Suppengrünstengel in die Siedlung hinausgefahren.«

Und schon waren wir wieder mitten in der Vergangenheit. Stundenlang ging es »Weißt du noch?« und »Als wir damals im Sommer ...«

Nach drei Flaschen Wein und unzähligen Zigaretten gluckste Dorle: »Sch-schade, daß niem-niemand von uns T-Tagebuch geführt hat. Ein g-ganzes B-Buch könnte man über die Sie-Siedlung schreiben. So viele v-verrückte L-Leute auf einem Hauf-Haufen hat es bestimmt n-nicht noch mal geg-gegeben!«

Das Werk einschließlich aller seiner Teile ist urheberrechtlich geschützt.
Jede Verwertung außerhalb des Urhebergesetzes ist ohne Zustimmung
des Verlages unzulässig und strafbar. Dies gilt insbesondere für
Vervielfältigungen, Übersetzungen, Mikroverfilmungen und
die Einspeicherung und Verarbeitung in elektronischen Systemen.

Weltbild Buchverlag – Originalausgaben –
Genehmigte Lizenzausgabe 2007 für
Verlagsgruppe Weltbild GmbH,
Steinerne Furt 67, 86167 Augsburg

Copyright © 2002 by Schneekluth Verlag GmbH, München
Die vorliegende Ausgabe erfolgt mit freundlicher Genehmigung
der Droemerschen Verlagsanstalt Th. Knaur Nachf., München.
2. Auflage 2007
Alle Rechte vorbehalten

Projektleitung: Dr. Ulrike Strerath-Bolz
Umschlagabbildung: Andrea Dölling, Augsburg
Satz: Uhl + Massopust GmbH, Aalen
Druck und Bindung: GGP Media GmbH, Pößneck

Gedruckt auf chlorfrei gebleichtem Papier

ISBN 978-3-89897-567-4